河合隼雄著作集

子どもの宇宙

6

岩波書店

序説　〈子どもの宇宙〉へ

大人と子ども

自分の子ども時代をふり返ってみると、大人の横暴さに憤慨していたことが多いように思う。その一方では「よい子」になろうとして非常に努力して、大人に好かれる子、素直で従順な子になろうとしていたことも事実である。しかし、どう考えても大人のすることが理屈に合わないとか、ずるいとか、感じることがあり、しかも、他の子どもたちがそれに対してあまり問題にしないのを不思議に思うこともあった。

私が子どもの頃は、軍国主義が国中を掩う力をもち、上位の者に反抗することが極めて難しい時であった。そのようななかで、何とか自分自身の考えを持ち続けることができた理由のひとつは、当時にしては非常に珍しい個人主義的な傾向をもった家庭に育ったことである、と思っている。――と言っても、家の中でも結構、反撥を感じたりはしていたが。ともかく、子どもの頃は大人どもに対して「今に見ていろ」というような気持でいたものである。

現代において「大人になる」というのは、イニシエーションの儀礼を社会が共有していた非近代の時代のように、子どもであることをやめて、さっぱりと大人になるのではない。大人でありつつなお子どもであることを共存させ、その共存のあり方についての自覚をもつことではないか、と私は考えている。大人になってしまっては面白くないし、いつまでも子どもでいるのは馬鹿げている。そして、子どもを見ていると、子どもたちも結構、老人の知恵を持っていることがわかったりする。人間は子どもから大人へと直線的・段階的に「進歩」してゆくような存在ではなく、もっと複雑な存在なのである。

自分のなかに「大人」の部分を見出し、それを生きてみると、子どもの頃に憤慨していたほど、大人に対して単純に怒れないこともわかってきた。人間が集団を構成して生きてゆくことはなかなか大変であり、妥協を必要とするものだ。

自分が教育分析を受けたために、自分自身のことがよくわかってくると、それほど単純には人を非難できなくなる。他人に対して非難したくなるようなことを、自分も持っていることが確実にわかってくるからである。従って大人に対して怒ってばかりもおれないが、それにしても、一般の大人たちは子どものことを知らなさすぎる、という気持は強い。子どもに対して、大人は自分たちが正しいと思いすぎている。それに何よりも大人は子どもより強い権力を持っている。こういうのを見ていると、我を忘れて弱い方に味方したくなってくるのである。

何となく弱い方に味方したくなる気持は、子どものときからあった。そのような気持の延長として、心理療法家という職業を選ぶことになったとも言える。しかし、この職業について仕事を続けていると、「同情」というのはあまり役にたたないことがわかってきた。特に「弱い人を助けてあげよう」などという気持は、むしろ害になることさえ明白になった。それほど、人間は甘くできていない。そんな同情心よりも、子どもたち、「弱い」と思われる子どもたちにじっくりと接していると、子どもたち自身のなかから思いがけない可能性が生まれ、その展開に頼る方が、よほど効果的であることがだんだんとわかってきたのである。

子どもの可能性

一九五二(昭和二十七)年に京都大学を卒業すると、中学・高校を併設した学校の数学の教師をしつつ、京都大学の大学院で心理学を学ぶことになった。臨床心理学といっても何をしていいかわからないような草分けの時代であった。カウンセリングということは少しずつ広まりつつあったが、私は人間のことをはっきりわからないのに人の相談をする、ということに気がすすまず、もっぱら心理テスト（特にロールシャッハ法）の研究ばかりしていた。そのうちにカウンセリングや遊戯療法（子どもとの遊びを通じて行なう心理療法）をするようになったが、そこで感心したのは、子どもたちの自己治癒力の強さ、ということであった。

遊戯療法といっても当時は何をしていいかはっきりわからなかった。ともかく徹底的に子どもの自主性を尊重して遊ぶべきだ、ということだけが頼りであった。それでともかくやってみると、思いがけないことを子どもたちが遊びのなかで行ない、それに目を見張っているうちに、治ってゆくのである。

たとえば、小学生の夜尿症の子と遊んでいると、その子はこわれている玩具の電気洗濯機に関心を示し、その修繕をはじめた。一回では修繕はできず数回通ってきて、洗濯機の修理が完了し、無事に排水できるようになったとき、その子の夜尿は完全になくなっていた。「先生はどんな指導をして下さったのですか」と母親に訊かれて、何とも言えぬ気持になったものである。

まったく元気のない小学校低学年の女の子の遊戯療法を担当した。遊ぶといっても、とりたててすることもなく、ともかく子どもの自主性を尊重するのだから、こちらから勝手なことはしてはならぬと辛抱を重ねていた。ふとある日、その子が珍しく「私、いのしし撃ちに行ってくる」と言って鉄砲を肩にかけて歩いていたが、何をするのかといぶかしく思っていると、「先生がいのししや、撃つで、ズドン！」と撃ってきた。思いがけない展開に驚いてしまって、私はいのししになって死ぬことができず、ただ「あっ、あっ」と声を出しただけだった。

幸いにも遊びは続き、私は次にはいのししになって見事に死ぬことができたが、突然に生じてくるこのような子どもの表現力には、まったく感嘆するばかりであった。もちろん、この日の遊びを契機として治療は展開していったのである。このような経験の積み重ねによって、子どもたちに「自由にして保護された空間」（箱庭療法の創始者のカルフの言葉）を保証してやれば、子どもたちは自分自身の力によって相当に立ち直ってゆくのであり、そのことはまた、いかに大人たちが一般的に子どもの可能性の発現をおさえつけているかを示すものである、と思われた。

そのうちに、子どもの治療は若い人たちにまかせ、自分はもっぱら成人の方にまわるようになった。しかし、京都大学の教授をしている間に、実に多くの遊戯療法や子どもの箱庭療法の例の報告をきくことができた。そこで感じたことを一言で言えば「子どもは凄い！」ということである。報告をききながら、われわれは子どもの表現のあまりの素晴らしさのために腹をかかえて笑ったり、一同シーンとして声もないという状態になったりした。子どもたちの自己治癒の力がはたらくとき、それはその子自身だけではなく、その話をきいているわれわれをも癒してくれるほどのものがあった。

このような子どもたちの素晴らしさを世の大人たちに知って欲しい、という気持が強くなったが、なかなか適当な方法がない。遊戯療法の報告を一般の人にわかりやすく示すのは、あんがい難しいのである。それに、夢や箱庭などについては今でこそ一般の人も関心を示すほどになったが、私がスイスから帰国してきた頃は、学会においてさえ理解されることが少なかった。心理学界においては、いわゆる科学万能の考え方が強く、うっかり夢や遊びが大切などというと、学者として相手にされないほどであった。

子どもの可能性に注目することは、すなわち、成人にもそれと同様——子どもほどわかりやすくはないが——と考えるわけで、本人もその存在に気づいていなかった自分自身のなかの潜在的傾向が実現《リアライズ》される、ということの重要さ、つまり、ユングが個性化と呼び自己実現と呼ぶことの意味を一般に伝えるのに私なりに苦労したのである。

子どもの目

ユングの言う自己実現ということを一般の人たちにわかりやすく伝える方策のひとつとして、ル＝グウィンの『ゲド戦記』を取りあげて話すことを思いついた。ただ、私は児童文学の専門家ではないし、日本では専門外の者がその領域内にはいり込んでくるのを歓迎しない傾向が強く、どうかと思ったが、これがあまりにも適切な話なので、思い切って岩波の市民講座で話をし、その記録が一九七八年九月の『図書』に掲載された。

ところが、それに対する反応がすぐにあり、京都の児童文学者、今江祥智、上野瞭の両氏が会いたいと言って来られた。私は今でもこのお二人にはじめて会ったときの感激をよく覚えている。門外漢が余計な口出しをしたと思われないかと危惧している私に対して、お二人は児童文学の魅力を語り、私のような専門外の者の参加こそ望ましいとうまくおだてあげて、私に児童文学の世界にはいる手引きをして下さったのである。そして、お二人のすすめにより私が最初に書いた児童文学の評論が、本巻に収められている「「うさぎ穴」の意味するもの」である(「『ゲド戦記』と自己実現」は、『ゲド戦記』に関するもっと詳細なコメントを第四巻『児童文学の世界』に収めたので、この第六巻には収録しなかった)。

児童文学はもともと好きであった。私の子どもたちの読む名作を私も読んで感心していた。そこへ、今江祥智、上野瞭のお二人の手引でいろいろと多くの児童文学者と近づきになったり、私の知らなかった作品を紹介してもらったりして、私の児童文学に関する興味は急激に増大した。そのようにして、児童文学の作品をつぎつぎと読んでゆくうちに、これは私が何とか人に伝えたいと思っている「たましい」ということについて述べるのに非常に好都合な方策を提供してくれる、と思いはじめた。

既に述べたように「自己実現」ということを非常に大切に考えていたが、この言葉が一般化するにつれて誤解も生じてきた。まずそれは、自分のやりたい事をする、というように単純に受けとめられ、カルチャーセンターに行ったり、趣味に力を入れたりするようなレベルで受けとめられるところがあった。それほどでないにしても、社会的名声や地位や財産など、ユングがむしろ人生前半の仕事として位置づけていることを「自己実現」として誤解するのである。ユングは「自己実現」の重点を人生の後半に置き、人生前半の仕事とは質的に異なることを強調している。

ユングの言う「自己」は意識的把握を超えた、まったく仮説的な存在である。それは実のところ、自分の内にあるのか外にあるのかさえ明らかではない存在である。しかし、「自己」と名づけることによって、それは意識的に把握している自分、ということに誤解されやすいし、「真の自己」などというのが発見されたり、「自己実現した人」などというのがそこらに居るような錯覚を起こさせやすい。そこで、私はだんだんと「自己」という言葉より、もっとつかみどころのない「たましい」という言葉を好むようになった。

「河合さんが「たましい」と言うときは、眉に唾を三回ぐらいこすりつけてきかないと」と言う人が居たので、「たったの三回では足りません」と答えておいた。人間のいのちということの不思議さ。それは在ることは在るのだが、誰も確実に取り出してみせることはできない。ある程度のことがわかっても、それを「わかった」と思った途端にその人はいのちの真実から切り離されてしまう。このような人間存在について考えるとき、つかみどころのない「たましい」という言葉を用いることは非常に意義あることだ、と思っている。「たましい」ということについて「わかった」と思いかけては眉をこすり、また眉をこすりしてそれを繰り返し続けることが、ユング派の分析家ジェームス・ヒルマンの言う「ソウル・メーキング」ということなのだろう。

このように非常に他に伝えにくい、たましいの真実ということを端的に語ってみせてくれるものとして、私は児童文学に惹かれたのである。そして、そこで感じた重要な点は、「子どもの目」ということであった。この世の表層の現実にかかわることで忙しい大人たちは、常識によって眼が曇らされている。そのときに「子どもの目」は透徹して、たましいの現実を見ることができるのである。

たとえば、エンデの名作『モモ』を例にとってみよう。「時間どろぼう」たちの、大人の常識に乗った上手な説得に対して、すべての大人がつぎつぎとだまされてゆくが、子どものモモだけは、その本質をしっかりと見抜いていた。彼女のもっている「子どもの目」が本質を見透す力を発揮したからである。大人のなかにも「子どもの目」をもった人がいる。本文中にも論じているが、モモの友人の掃除人ベッポも「時間どろぼう」たちの恐ろしさを、はっきりと見て知っていた。しかし、必死になって「真実」を訴えたベッポは精神病院に入れられてしまう。

「子どもの目」でものごとを見ることによって、われわれはたましいの真実に触れることができる。しかし、それをいついかなるときにどのように語るかは非常に難しい問題である。下手に話すと、ベッポのように精神病扱いをされたり、時には殺されることさえあるだろう。命は失わないにしても社会的地位などを失ってしまう。さりとて、ベッポがしたように、精神病院から退院させてもらうためにたましいとの接触を放棄することによって、「社会人」としての地位を獲得するのも残念なことである。

心理学の世界では、「たましい」などという非科学的な言葉は禁句である。「こころ」という言葉さえ禁句に近かった。私は従って極めて慎重に沈黙を守っていた。しかし、児童文学の世界においては、非常に優れた作品があるので、それに即して語る方法によって、徐々に「たましい」のことに触れてゆくことができた。また、この世界には恐ろしい「科学者」が居ないという利点もあった。もっとも科学的思考力のなさすぎる人も、現代人としては困ったことではあるが。

児童文学の世界の人たちが、門外漢の私を暖かく受けいれて下さったので、本巻に収録されているような評論をつぎつぎと書くことができた。そのうちにまた思いがけないことが起こった。鶴見俊輔さんの上手なおだてに乗ってマンガを読むことになった。鶴見さんが「見計らい」で送って来られる作品を見て、一番感心したのは、いわゆる「少女マンガ」であった。本文を見ていただくとわかるように、私はかねがね思春期の女性の内界を語ることはほとんど不可能と思っていたが、それが見事に表現されているのである。このような作品を教えていただいた鶴見さんには、ほんとうに有難いと感謝している。

ただ残念ながら、私のマンガに対する興味はこれ以上続かなかった。年齢的にマンガを受けつけにくいということが大きい原因であろう。最初から絵が描かれていて、文章を読みつつ自分のイメージの世界の展開を楽しむことが妨害されている、ということもあるかも知れない。当時は、鶴見さんという名ガイドがあったので少しは仕事ができたが、洪水のように生まれてくる新作に接して、意味あるのを自分で見出す時間とエネルギーは、今はとうてい持っていない。

子どもの宇宙

たましいの真実を不用意に語ったばかりに、精神病院に入れられたベッポについて既に述べた。大人が生きてゆくためには常識が必要である。常識のない大人はまったく話にならない。しかし、常識が絶対的真理としてはたらきはじめると、それはたましいを圧殺する猛威を発揮する。しかも、多くの場合、それは大人たちの「指導」とか「教育」とかの名によってなされるので、ますます痛ましい感じがする。

私は心理療法家として、たましいを傷つけられた多くの子どもたち、あるいは、子どものときに受けた傷がもとになって苦しんでいる大人の人たちに会ってきた。そして、この事実を一般の大人たちに伝えたいという気持が強くなった。そんなときに、「岩波新書」という一般にひろく読まれる形で、子どものことについて書く機会を与えられた。一九八七年だから、『ゲド戦記』について岩波市民講座で話をしてから十年、その間に私の考えも随分と一般に受けいれられるようになっていたので、もうあまり遠慮することはなかった。

子どもたちのもっている途方もなく広がる可能性、その素晴らしさを一般の大人たちに伝えたいという願いをこめて、「子どもの宇宙」について書いた。「宇宙」は言葉が大きすぎるとも思ったが、子どものもつ可能性から考えて、思い切ってこの言葉を使った。そして、私の好きな児童文学の作品を総動員し、遊戯療法の例のなかで一般にわかりやすい、全体のコンテキストに沿うものを選んで構成を考えた。最初のうちは比較的理解のしやすい話題を選び、だんだんと深い心の層に関係するようになることも心がけた。書いているうちに、子どもたちのたましいの叫びを大人——それに耳を傾けようとしなかった大人——に伝えたい気持が強くなって、筆がすべってしまうようなところさえあった。

子どもたちは大人が勝手に推察しているよりはるかに深く、死について、生について考え、感じている。そこに「子どもの目」が光っているのだ。しかし、彼らはそれをなかなか言語で表現できない。時に、われわれ心理療法家と深い関係が成立すると、遊びのなかなどにそれが表現される。あるいは、「子どもの目」でものごとを見ることのできる児童文学の作家によってそれが示されるのである。従って、児童文学は子どものために書かれた作品ではなく、子どもも大人も読んで意味のある作品である。

子どもの本によって伝えたい重要なことのひとつは、ファンタジーの意味についてである。ファンタジーを意識的な願望によって作られる単純な空想と混同している人がいる。そのような人はファンタジーを現実からの逃避などと考えてしまう。しかし、私がその意味を強調したいファンタジーは、心のもっと深い層から湧き出てくるもので、人間の意識によってはコントロールできない自律的なはたらきをもっている。このことを体験しないと、なかなかファンタジーの意味はわかりにくい。日本人は欧米人に比して、意識と無意識の隔壁が弱いので、ファンタジーの世界をしっかりと捉えて「作品」に結実させる力が弱い。そんな点から考えて、石井桃子『ノンちゃん雲に乗る』を取りあげることができたのは、嬉しいことであった。そして、それを欧米のファンタジー作品と比較することによって、彼我の差も明らかにされたと思う。日本にもそのうちに本格的なファンタジー作品が生まれてきて欲しいと願っているが、なかなか困難なことであろう。

たましいの次元で見る限り、子どもは老いや死と近接したところに居る。このことも一般にあまり気づかれていない。しかし、これも児童文学の名作に頼ることによって、相当に説得的なことが言えたと思っている。今江祥智『ぼんぼん』のなかの佐脇老人のイメージは、昔話や神話などでおなじみのトリックスター老人が、現代においても活躍していることを生き生きと示していて、心が躍るように感じられた。

「子どもの宇宙」は、実は子どものことを言っているだけではない。はじめに述べたように、現代に生きる大人は、自分のなかに存在する子どもを意識していなくてはならない。つまり、大人も子どもと同様に、大きい宇宙をそのなかに持っているのだ。ただ、そのことを忘れた大人は自分のたましいとの接触を失い、灰色の生活をあくせくとおくらねばならない。児童文学の名作はそのような事実を端的にわれわれにわからせてくれる。従ってこのような作品は大人にぜひ読んで欲しいと願っているが、児童文学に関心を持つ大人がだんだんと増えてゆくようで、そのことを大変嬉しく思っている。

河合隼雄著作集第6巻　子どもの宇宙　目次

序説　〈子どもの宇宙〉へ

I

Ⅱ

I

子どもの宇宙

はじめに

この宇宙のなかに子どもたちがいる。これは誰でも知っている。しかし、ひとりひとりの子どものなかに宇宙があることを、誰もが知っているだろうか。それは無限の広がりと深さをもって存在している。大人たちは、子どもの姿の小ささに惑わされて、ついその広大な宇宙の存在を忘れてしまう。大人たちは小さい子どもを早く大きくしようと焦るあまり、子どもたちのなかにある広大な宇宙を歪曲してしまったり、回復困難なほどに破壊したりする。このような恐ろしいことは、しばしば大人たちの自称する「教育」や「指導」や「善意」という名のもとになされるので、余計にたまらない感じを与える。

私はふと、大人になるということは、子どもたちのもつこのような素晴らしい宇宙の存在を、少しずつ忘れ去ってゆく過程なのかとさえ思う。それでは、あまりにもつまらないのではなかろうか。

子どもたちの澄んだ目は、この宇宙を見すえて、日々新たな発見をしている。しかし、残念なことに、子どもたちはその宇宙の発見について、大人たちにはあまり話してくれない。うっかりそのようなことをすると、無理解な大人たちが、自分たちの宇宙を破壊しにかかることを、彼らが何となく感じているからだろう。それでも、子どもたちの宇宙からの発信に耳を傾けてくれる大人を見出したとき、子どもたちは生き生きとした言葉で、彼らの発見について語ってくれるのである。

かみさま

やましたみちこ

かみさまはうれしいことも
かなしいこともみなみています
このよのなか
みんないいひとばっかりやったら
かみさまもあきてくるんとちがうかな
かみさまが
かしこいひともあほなひともつくるのは
たいくつするからです(1)

これは小学一年生の詩である。やましたみちこさんの宇宙に存在している神様は、なんと素晴らしい神様だろう。私はこの詩を、現代の世界で、正義のためには戦争も止むなしといきまいている多くのファンダメンタリストたちに見せてやりたい。彼らの神が肩をいからせ、まなじりを決して、正義のための大量殺人をも辞せずと言っているとき、やましたさんの宇宙の神様は、見事な自然体で、世のなかいろいろあっていいのじゃないの、とゆったりと構えているのである。やましたさんは小学校一年生なりに、どうして世のなかには、嬉しいことばかりでなく悲しいことがあったり、善い人だけでなく悪い人もいるのだろう、と考え続けているうちに、自分のなかの宇宙に存在する、このような神の像を見出したのだろう。

こんな詩を見て、面白いからうちでも作らせようとされてもうまくいくとは限らない。よい詩が生まれるには、その土壌として、あくまで子どもの宇宙に開かれた教師の態度が必要なことを忘れてはならない。

もうひとつ子どもの詩をあげてみよう。小学二年生の詩である。

おとな

中谷　実

だれか人がくると
ぼくを見て
「大きなりはったね」
「もう何年生です」
「こんど二年」
「そう早いもんね、
こないだ一年生やと
思っていたのに」
といってあたまをなでてくれる
おとなは
みんなおなじことをいう(2)

子どもはそのなかに無限の宇宙をもっているのに、大人はそれにまったく気づかず、「みんなおなじことをいう」。「大きなりはった」と言って頭をなで、大人たちは子どもと「対話」をしたと思ったり、「可愛がってやった」と思ったりしている。しかし、何のことはない。子どもの方はちゃんと大人を観察して、そのステレオタイプを見抜いているのである。子どもの目は透徹して世界を見ている。

子どもたちの詩があまりに素晴らしいので、多くの人に読んでもらいたいと思い、「職業、年齢を問わずだれにでも、ともかく一度読んでくださいとすすめたくなるような本」ということで、ある雑誌に子どもの詩の本について書いたことがあった。それを、私のところに心理療法を受けに来ておられる人(成人)が読まれて、次のように言われた。

「それでも、あれはフツウのことでしょう。」

この言葉は私の心に強く響いた。それは、私があの本をできるだけ多くの人に読んで欲しいなどと宣伝しているが、その内容はまったく「フツウ」のことではないか、という意味合いがこめられていた。私はこれに対して、「フツウのことを知らない人があまりに多すぎるのでね」と答えた。本書の執筆にあたって、このエピソードがすぐ心に浮かんできた。それは本書をどのように書くか、いったい何が書けるのか、という点で反省を強いるのである。

私は心理療法という仕事を通じて、多くの子どもにも大人にも会ってきたし、そのようなことについて報告を受けたり、指導をしたりすることを長年にわたって続けてきた。そして、私は実に多くの子どもたちが、その宇宙を圧殺されるときに発する悲痛な叫びを聞いた。あるいは、大人の人たちの話は、彼らが子どものときにどれほどの破壊を蒙ったか、そしてその修復がいかに困難なものであるか、ということに満ちていた。彼らの発する悲痛な叫びや、救いを求める声はまったく無視されたり、かえって、「問題」だという判断のもとに大人たちからの圧迫を強めるだけに終ったりした。本書を書こうとする私の主要な動機は、そのような宇宙の存在を明らかにし、その破壊を防止したいからに他ならない。

ところで、私が推薦した子どもたちの詩が、「フツウのこと」だと言った人は、何を言いたかったのだろうか。「子どものなかに宇宙がある」とは、冒頭に述べたことである。しかし、宇宙は途方もなく広いのである。私の家の庭も「宇宙」の一部であるが、何億光年の彼方に存在する恒星も「宇宙」の一部である。宇宙について述べると言っても、私自身の日常生活を語ったとしたら、それは確かに宇宙の話の一部であることは間違いないにしても、それをもって「宇宙」を語ったというのは、あまりにおこがましいことになるだろう。子どものなかの宇宙も、あまりにも広いものなので、それについてどれだけのことが語れるのか。それに、どれだけ説得力のある論が展開できるか、なかなか自信がもてないのである。

子どもたちの詩集が「フツウのこと」を語っていると言った人は、自分の体験から、子どもの宇宙がもっと広く凄いものであることを知っており、私がそれを知っていながら、どうして、あのようなフツウのことを書いた本を多くの人に推薦するのかという気持をこめて言っている。私はフツウの人間である。ただ、フツウにしては少しフツウでないこともわかる人間として、心理療法などをしているのだが、このフツウでないことを一般の人々に知っていただくのは、あんがい難しいのである。それに「子どもの宇宙」という点に関しては、フツウのことも知らない人があまりに多いので、それについて語るだけで十分という気もしてくる。

それでも宇宙などという大きい題をつけた以上は、少しはフツウでないことも話さねばならないと思う。ただ、このような話を理解できるようにすることは、なかなか困難なことである。それについて自分がどれほどの能力をもっているか疑わしいのだが、精いっぱい努力してみることにしたい。幸いにも児童文学の名作には、子どもたちの宇宙について素晴らしい記述がなされている。それに、最近では、子どもに対する心理療法の事例も相当に発表されて、多くの素材が提供されている。これらのことを用いて、何とかこの大きい仕事に挑戦してみたい。結局のところは、フツウの話になってしまいそうな予感もするのだが、その点については、読者の御判断にまかせることにしよう。

大人になるということは、子どものときにもっていた素晴らしい宇宙の存在を忘れることではないか、と先に述べた。実際、われわれ大人もそのなかにそれぞれが宇宙をもっているのだ。しかし、大人は目先の現実、つまり、月給がどのくらいか、とか、どうしたら地位があがるか、とかに心を奪われるので、自分のなかの宇宙のことなど忘れてしまうのである。そして、その存在に気づくことには、あんがい恐怖や不安がつきまとったりもするようである。

大人はそのような不安に襲われるのを避けるために、子どもの宇宙の存在を無視したり、それを破壊しようとするのかも知れない。従って、その逆に子どもの宇宙の存在について、われわれが知ろうと努力するときは、自分自身の宇宙について忘れていたことを思い出したり、新しい発見をしたりすることにもなる。子どもの宇宙への探索は、おのずから自己の世界への探索につながってくるのである。このようなことについても配慮しながら、子どもの宇宙について考えてみることにしよう。

注

(1) 鹿島和夫/灰谷健次郎『一年一組せんせいあのね』理論社、一九八六年。

(2) 灰谷健次郎＝編、宮崎学＝写真『お星さんが一つでた　とうちゃんがかえってくるで』理論社、一九八四年。

I　子どもと家族

ほし

原　ひろし

おほしさんが
一つでた
とうちゃんが
かえってくるで(1)

この詩の作者、原ひろし君は二歳である。この短い詩は、ひろし君とお父さんの関係を、そして、ひろし君の宇宙空間のひろがりを見事に描いている。二歳の坊やのひろし君にとって、とうちゃんは空に輝き出てくる星であり、そして、おそらく、この父親にとって、ひろし君は希望の星なのであろう。二つの星は宇宙のなかで輝きあい、交信し合っている。この詩を読んで、思わず微笑が浮かびあがってくるのを感じる人は多いことであろう。

しかしながら家族の関係は、誰もが、いつもこのような関係にあるとは限らない。ひとつの屋根の下に住み、血のつながりがありながら、互いに憎しみ合ったり、深い恨みの感情を抱いていたり、ということもある。あるいは、愛し合っていながら、憎しみの感情が湧いてくるのをどうしようもない、ということもある。おそらく、人間というものは真に心の成熟を遂げるためには、一般に否定的な評価を受けている、憎しみ、怒り、悲しみ、などの感情を体験することも必要なのであろう。そして、そのようなことを体験しつつ、なおかつ関係の切れない人間関係として、家族というものは大きい意味をもつものなのであろう。ただ、大人たちは、子どもがそのような体験をしつつあることを、ある程度は知ってやることが必要で、大人の共感が少なすぎるとき、大人と子どもの絆は断ち切られてしまうことになる。親にとって、子どもの心がそのままわかることなど不可能に近いが、せめて少しはわかろうとする努力を払いたいものである。

1　憎まれっ子

自分は家族のなかの憎まれっ子だと感じている子どもたちがいる。家族のなかで自分だけが、よそもののように扱われている。この感情はもう少し強くなると、自分は本当はここの家の子どもではないのではないか、という想いにまで発展してしまう。このような感じをずっともち続ける子もいるし、ある時期に特別そのように感じることもある。このようなことは、両親の子どもに対する態度と関係なく生じてくるところがあって、両親がどれほど子どもをかわいがっていても、あんがい生じてくる。つまり、子どもの成長過程において、ある程度の必然性をもったものと言っていいであろう。

愛のある両親と暮らしながら、誰も彼もが自分を嫌っていると思わざるを得ない状況にだんだんと追いこまれてゆく少女の姿を、的確に、そしてユーモラスに描いた素晴らしい児童文学がある。ベバリイ＝クリアリーの『ラモーナとおかあさん』[2]がそれである。しばらく、この話に沿って、憎まれっ子のことを考えてみよう。

主人公のラモーナは七歳半の少女である。お父さん、お母さんと、姉さんのビーザスとの四人家族。アメリカのごく普通の家庭であり、両親の愛情も豊かにあるのだが、ラモーナにとっては悩みがつきないのである。まず、はじめは、ラモーナの家で開かれるパーティのお話である。パーティに招かれた人たちのなかで、ケンプ夫妻はラモーナよりも年下の女の子のウィラジーンを連れてくるという。こんなことはアメリカではあまりないことだし、ラモーナの両親も迷惑そうだが、ともかく来るというものを拒否できぬのはアメリカでも同様である。そこで、ラモーナはウィラジーンの守り役をさせられる。大人たちはパーティ。それに姉さんのビーザスはサービス係りとしてそちらに入れてもらっているのに、ラモーナは勝手もののウィラジーンのお相手をして台所にいなくてはならぬのだから、ラモーナがだんだん不機嫌になるのも無理もない。その上、台所にちょっとはいってきたお母さんは「おりこうにしてるのよ！」とラモーナの耳もとで言ったりする。

「してるじゃないか、とラモーナは思いました。でも、おかあさんは、ばたばたしていたので、ラモーナがおりこうにしていることには気がつきませんでした。」本当に大人は勝手なものである。忙しくて気がつかない上に、まだ「おりこうに！」なんて押しつけてくるのだからたまらない。

このあと、ウィラジーンはラモーナが苦心の末考え出したティッシュ・ペーパーのプレゼントを、一枚一枚まき散らし、愉快な活劇を繰り広げるが、その部分は割愛しておこう。ともかく、大変なパーティが終って、お客さんは引きあげてゆく。そのときに、誰かがビーザスを見て、「あなたは、どうやらおかあさん子ね」と言い、お母さんは「ええ、そうなんですよ、この子がいなかったら、とてもやっていけませんわ」と優しく答える。ラモーナの耳には、この会話が聞こえてしまった。その上、他の客たちがウィラジーンは、ラモーナの小さいころにそっくりだったなどと言っているのさえ聞こえてきたのである。

ラモーナはその夜、寝室の鏡に自分の顔を映してみた。

「どうして、だれも、わたしのことを、いちどもおかあさん子ねっていわないんだろう？　ラモーナは、考えました。どうして、おかあさんは、あたしのこと、この子なしにはやっていけませんわ、といわないんだろう？」

ラモーナがこのように考えて悩み、眠れずにいるときに、ラモーナの両親は、自分たちの何気ない言葉や行動が、愛する娘の心をどれほど傷つけたかなどとは露知らず、パーティの疲れの後で安らかに眠っていることであろう。親は自分が子どもを愛しているということに、あまりに安心しすぎている。どれほど愛しているにしても、その愛をいかに伝えるか、ということ、それに、愛していることにかまけて、自分たちの行なっている行為を子どもたちがどのように受けとめているか、を知ろうとすること、などにおいて努力しないのは、親として怠慢であると言わねばならない。

それからしばらくした、ある日のこと、ラモーナはお母さんが縫物をしている傍で、自分も何かしようというわけで、人形の象のエラファンちゃんのズボンを作ろうとしている。お母さんの傍で何かしながらおしゃべりができる、こんな嬉しいことはない。ラモーナは上機嫌で雰囲気を楽しみながらも、大切なことを聞くのを忘れない。「おかあさん、あたし、ちいちゃいとき、ウィラジーンみたいだった？」

これだから子どもは怖いのである。何気ない質問のなかに極めて重大な意味が隠されているのだ。このようなとき忙しい親がうるさがって答えた一言が、子どもたちの心に深い傷を負わせるのである。このときラモーナのお母さんは「あなたは、とっても想像力のゆたかな元気のいい女の子だったわ。そして、いまもそうよ」と答えたので、ラモーナもほっとするのだが、実はこれも百点満点の答ではなかったことは後で述べる。ともかく、ラモーナはお母さんとおしゃべりしながらの縫物を楽しんでいたが、どうもエラファンちゃんのズボンつくりは難しいことがわかってきた。そこで、お母さんはもっとやさしいものを縫ってはとすすめ、それにビーザスが口出しをして、ズボンなどやめてスカートにすればいいのにと言う。ラモーナはここで爆発し、スカートなどではなく、「ズボンをつくりたいの！」と大きい声を出す。

ビーザスはもちろんラモーナの苦境を助けようとして、スカートにしろと助言してくれたのだろう。しかし、このような姉の一言は、妹には随分きつく聞こえるときがある。「私やお母さんならできるけれど、あなたにはズボンつくりはまだ無理よ」と、自分をのけものにされたように感じたり、「不当に子ども扱いをされた」と思ったりするものだ。ラモーナがズボンつくりを宣言するのも無理からぬところがある。

ここで、ラモーナのお母さんはアメリカの母親らしく、人生には失望することがいっぱいあるが、それを乗り越えていかなくてはと理を立ててラモーナをさとすが、ラモーナの怒りはますます増大する。「あたし、のりこえてなんかいきたくないもん！」と叫んで、エラファンちゃんを壁に投げつける。このとき、ラモーナは先ほどお母さんに、自分が小さいときウィラジーンに似ていたかと聞いたとき、はっきりとはお母さんが打ち消さなかったことを思いつく。ラモーナの例の質問に対する母親の答は、確かに直接的には答えていない。こんなところも、子どもとの対話をいいかげんに出来ぬことをよく示している。

ラモーナはついにわっと泣き出し、お手洗いにとびこんで、泣き続けるが、ふとそこに歯みがきの新しいチューブがあるのを見つけると、生まれてからずっとやってみたいと思いつづけてきたことを、やってみたくてたまらなくなった。つまり、超大型徳用サイズの歯みがきを、一本まるごと全部しぼり出してみたくなったのだ。ラモーナは思いきってそれを決行し、歯みがきのとぐろ巻きをうずたかくつくりあげる。「やった!」とラモーナは大満足だった。もちろん、後が大変である。これを見つけたビーザスの御注進で、ラモーナがビーザスとお母さんにとっちめられるところは省略しておこう。ラモーナはこんなことは二度としませんと約束させられ、一件落着する。

どんな小さい子どもでも、家族のなかでは、精いっぱいに自分も一人前であることを主張したいのである。ラモーナはお母さんとビーザスに出来て、自分に出来ないことがあるのが我慢ならぬのだ。そこで、彼女は他の家族には出来ないが彼女だけに出来ること、つまり、歯みがき全部のしぼり出しという大事業をやってのけたのである。それに、それは彼女の心に溜めに溜めこんだ感情を、全部吐き出してしまうことにもつながる行為だったのだろう。それで彼女は、お母さんにきつく注意されながらも、その後で「なんともいえず楽しい気分」になったりもするのである。子どもは無茶苦茶をやっているように見えて、あんがい意味の深いことをやっているものなのだ。

ラモーナとその家族との愉快な話はまだまだあるが、思いきって割愛して最後のお話のみを取りあげよう。ラモーナは新しいパジャマを着せてもらって大喜びである。何でもかでも姉のお古ばっかりだったのに、このときは新しいものをもらって嬉しくて仕方ない。そこで、ラモーナは思いきってパジャマの上に服を着て登校する。はじめのうちは楽しかったが、だんだん暖かくなるにつれて、ラモーナは苦しくなってくる。ラモーナが病気じゃないかと気づかってくれる担任のラッジ先生に、ラモーナは秘密をそっと打ち明け、先生の助言で彼女はトイレでパジャマを脱いできて、机のなかにいれておくことにする。先生は、このことは母親には言わないと秘密を守る約束をしてくれ、ラモーナは先生を大好きだと思う。

ところが、ラモーナはパジャマを学校に忘れてきてしまったのだ。それでも何とか両親をごまかして、ラモーナはうまくやっていたのに、担任のラッジ先生からお母さんに電話がかかってきた。実はこれはまったく他のことだったのに、ラモーナは早合点をして先生が約束を破ったと思い、逆上してしまう。

ラモーナはお母さんを正面から見すえて、どなりはじめる。「あたし、ラッジ先生大きらい！　おしゃべりなんだから。あたしのことちっともかわいがってくれないで、うそばっかりいうんだもん！　にくんでやる！」両親も姉のビーザスもこれには驚いてしまう。それに、ラモーナがパジャマは学校にあるなどと言い出すので、わけがわからずトンチンカンになるにつれ、ラモーナの怒りはますます手がつけられなくなる。

「だれも、あたしのことすきじゃないんだ。世界じゅうのだれも」とラモーナは叫ぶ。お父さんもお母さんも姉さんばかり大事にして、とラモーナが言うとビーザスが抗弁しはじめた。ラモーナのテストや絵などは冷蔵庫にはってもらっているが、自分のは一枚もどこにもはってもらってない、というのである。これには両親もびっくりする。ビーザスがそんなことを思っているなど、まったく考えてもみなかったからである。それはともかく、ビーザスの抗議でラモーナの怒りは火に油を注がれた形になり、ついに「家出」を宣言する。

ラモーナは皆をぎょっとさせようと大宣言をしたのに、効果はむしろ逆であった。お母さんは「いつでかけるの」などと冷静にきくのである。こうなると、ラモーナも引くに引けなくなる。「荷作りしてくる」と言って自分の部屋にゆくが、誰かがとめに来てくれるのを待つ気持は強くなる一方である。やっとお母さんが来たので、ほっとしていると、案に相違して、お母さんはスーツケースを手にもって荷作りの手伝いに来たと言う。

お母さんが荷作りをどんどん進めてゆく間に、ラモーナはお母さんがどんなに優しくよいお母さんであったかをつぎつぎに思い出し、たまらなくなるのだが、もうどうしようもない。泣く泣く荷物を下げようとしたラモーナは、それが重くてどうしても持ちあげられないことがわかったとき、ふと心のなかに望みが湧いてきた。「お母さんはわざと荷物を重くしたのではなかったか……。」顔を見合せた母と娘は、ここで抱き合って涙を流した。そしてラモーナはお母さんが、「大事なラモーナなしにはやっていけないわ」という、前から一番聞きたかった言葉を聞いたのである。

これで「憎まれっ子」と思いこんでいたラモーナの心も安らぎ、明るい終末を迎える。ところで、ラモーナはこのことの後で、お母さんにどうしてあんなやり方をしたのかと尋ねている。これに対して母親は「おまえと言い争っても、どうにもならないと思ったからよ」と答えている。これを見て、このお母さんは随分賢明だなと思う。ラモーナが「家出」を言い張り、家中で自分だけが嫌われていると主張するとき、「言い争っても、どうにもならない」のである。人間の感情が一方向に猛然と流れはじめたとき、それを堰き止めようとすると、かえって大爆発を助長することになるし、さりとて、そのまま放っておくと、取り返しのつかない状況に追いこまれるときもある。流れに沿いながら、どこかでうまく逆転せしめるのが一番いい方法である。ラモーナの母親は、ラモーナの気性をよく知り、愛情の深い人として、最上の方法を見出したのである。つまり、ラモーナの「家出」を助けながら、お互いの心を傷つけることなく心の流れが逆転するポイントをつかんだのである。そして、ラモーナにしても少しの時間の間に、家族に対する憎しみと愛とを深く体験することによって、自分の心の宇宙空間の広がりを知り、次の成長へと向かうことになったのである。

2　家出願望

『ラモーナとおかあさん』は、日常のごく当り前の家庭の状況について語りつつ、子どもの心を理解する上で大切な多くのことを提示している。そのなかで、最後に生じてきた「家出」ということを特に取りあげて考えてみることにしよう。子どもの頃に家出したいと思ったり、家出の真似ごとのようなことをしたりする人は非常に多いのではなかろうか。そんなことは一度も考えたことはないという人の方がよほど少ないと思われる。

子ども時代の悩みについて、なだいなだと工藤直子が対談を行なったなかで、やはり、家出のことが取りあげられていて興味深い。(3) なだいなだは兄たちに「橋の下から拾った子」だとウソをつかれ、悩んだ末に家出を考えたことがあると述べている。ところで、なだは兄弟のなかでは自分だけが親に特別かわいがられるのでつらかったことも述べているので、既に述べたように、子どもが自分はこの家の子でないと思ったり、家出をしたいと思ったりするのは、親にかわいがられているかどうかという点には無関係であることがここにも明確に示されている。なだは小学校四年くらいのときに、理不尽に怒られたあとで「ぼくはもうこんな家にいない」と飛び出したと語っている。結局は物置に隠れていて、自分を探している母の声を聞き、「「あ、ぼくを捜してる」とそのことがわかっただけでホッとした記憶があります。オレは母が心配して探してくれる存在なんだ」とわかって安心するのである。これは小学四年生くらいの「家出」の典型例を示していると言えるもので、似たような体験をされた方は多いことだろう。

工藤はこれに対して、「家出空想」をよくやったと述べている。タタミの上に寝ころがったままで、自分が家出する姿を心に描く。それを繰り返しているうちに、家出をして帰ってきたような気持になったと言う。空想の世界で家出をこころみた人も実に多いことであろう。

このような家出の背後に、子どもの自立への意志、個としての主張が存在していることは、誰でも気づかれることと思う。自分は一人の人間であり、自分なりの主張をもっているのだという気持が急激に起ってきて、それを行動によって示すとなると、「家出」ということになるが、外的現実はそれほど甘くなくて、一人立ちして生きてゆくにしては自分は未だ駄目であることを思い知らされることになる。そのために、家出のときには意気盛んであっても、結局は家に帰るより仕方がないことになって、下手をすると、子どもは敗北感のみを味わうことになる。

子どもの家出を親に対するひとつのプロテストとして受けとめて、親が子どもに対する自分の態度について反省してみる場合は、親子関係の改変が見られ、まさに「雨降って地固まる」ということになる。このような典型的な場合については既に他に詳述した(4)ので、今回はもう少し違う角度から、家出を取り扱った児童文学の作品を取りあげてみよう。

カニグズバーグの『クローディアの秘密』(5)は、子どもの家出を主題とする名作である。一般に、家出が児童文学のなかで取りあげられると、感情的なしがらみがそこに述べられることが多いと思うが、カニグズバーグはそのような感情を突き抜けた、もっと深い本質との関連において「家出」を取りあげている。この物語は、主人公の少女クローディアが弟のジェイミーをさそって家出し、家に帰ってくるまでのことが語られているのであるが、その間に作中人物の誰一人、一滴の涙も流さないのが特徴的である。ともすると、家出物語には涙がつきものとなるのではなかろうか。これは明るく楽しい家出物語なのである。と言っても、話が軽く上すべりしているのではない。むしろ、既に述べたように、子どもの、そして人間の本質にかかわる重要な知見が述べられているのである。

「むかし式の家出なんか、あたしにはぜったいにできっこないわ、とクローディアは思っていました。かっとなったあまりに、リュック一つしょってとびだすことです。」このような書き出しでこの物語は始まるのだが、前節に述べたラモーナの家出は、まさに「むかし式の家出」ということになろう。クローディアは十二歳には一か月足らぬ少女だが、確かに彼女の家出は新式であり、ユニークである。彼女は周到に計画を練って家出をするし、そもそもその家出先がニューヨークのメトロポリタン美術館だというのには、あっと言わされる。それでは、彼女はなぜ家出をする気になったのか。彼女は長女で弟が三人あるが、両親の子どもに接する態度に不公平がある、つまり、弟たちが遊んでいるのに彼女にだけは仕事をさせたりするようなことが多い、という点が彼女に家出を決意させることになったのだ。というと、これはむしろ昔からある家出の理由のように思われる。

ところが、クローディアは家出の費用を貯めたりして準備をしているうちに、なぜ自分が家出しようとしているか忘れそうになったりする。このことについて、作者はクローディアがはっきりとは意識しない家出の原因をもっていたのでは、と述べ、それは「毎週毎週が同じだということからおこる原因です。クローディアは、ただオール5のクローディア・キンケイドでいることがいやになったのです」という面白い表現をしている。

クローディアはこの世に唯一のかけがえのない少女である。しかし考えてみると、自分の毎日の生活はそれにふさわしいものであろうか。毎日毎日の生活は他の多くの少女たちと同様である。オール5と言ってみても、そんな子はアメリカ中にたくさんいるだろう。「私は他ならぬクローディア・キンケイドであって、私が私であることは、このとおり明白なのです」と自分自身に対して腹の底から言えるだろうか。それを立証することは大変なことだ。毎日の日常生活の繰り返しでは——それをいかに立派にやりこなそうと——、自分の独自性を証明できない。つまり、クローディアの家出は、本人がどこまで意識していたかはわからないが、アイデンティティの確立ということに深くかかわっていたのである。

しかし、アイデンティティの確立と言えば、これまでの「むかし式の家出」も、それが一見いかに馬鹿げて見えるものでも、アイデンティティにかかわるものと言えるのではなかろうか。従って、クローディアの家出は本質的には、それほど新式ではないにしても、今まで正面から問題にされにくかったことを、明確に意識して取り組んでいったものとして、新式であると言えるのであろう。

もっとも、メトロポリタン美術館への家出は、新式であろうが、これは物語の本質から言えば一種のおそえものであり、そのこと自体にも作者の才能がよく輝いているが、ここでは美術館で起る種々の面白いエピソードはすべて省略することにしよう。ただひとつ大切なこととして、クローディアと弟のジェイミーが美術館に「住む」ようになったときに展示された、ひとつの小さい天使像のことはぜひ取りあげねばならない。この天使像はメトロポリタン美術館が競売で僅か二百二十五ドルで買入れたものだが、ミケランジェロの初期の作品ではないかと騒がれだしたものである。クローディアはこのことに異常な関心を払うのである。

クローディアは弟のジェイミーと共に、美術館に「住んでいる」特権を利用して、この天使の秘密の解明にやっきとなる。像を調べたり、文献を調べたり、それでもわからないので、クローディアは遂にこの像の元の所有者であった富豪のフランクワイラー夫人に直接会いに行こうと決心する。弟のジェイミーはそろそろ家に帰りたくなってくるのだが、クローディアはそれをはねつけて、このまま帰ったら、「もとのまんま」になってしまうので、何のために家出したのかわからないと叱りつける。

二人は有り金全部をはたいて、フランクワイラー夫人の豪邸を訪ねる。フランクワイラー夫人は、「イタリア・ルネサンスのことでおききしたい」という二人の子どもの訪問に好奇心をそそられて会ってみるが、その二人が最近の新聞紙上に大きく取りあげられている行方不明の二人の子どもであることに気づく。いろいろとやりとりをしているうちに、クローディアはあの像がミケランジェロの作なのかどうかが知りたいので、それさえ知ればすぐ帰るからという。夫人は「それはわたしの秘密よ」と答え、この一週間子どもたちがどこにいたかを尋ねる。これに対して、クローディアは、「それはあたしたちの秘密です」ときっぱりと答える。

「うまい!」と感心した夫人は、このあたりで、この二人の子どもを自分が好きになってきたことを感じはじめる。夫人はクローディアのけなげな態度に打たれると共に、なぜこの少女が天使像の秘密を熱心に知りたがろうとするのかという「秘密」を明確に悟り、ますます好きになったのである。この「秘密」について、夫人は次のように語っている。

「秘密を胸にもって帰るっていうのが、クローディアの望みなのよ。天使には秘密があったので、それがクローディアを夢中にもさせたし、重要にもさせたのですよ。クローディアは冒険がほしいのではないわね。……クローディアに必要な冒険は、秘密よ。秘密は安全だし、人をちがったものにするには大いに役だつのですよ。人の内側で力をもつわけね。」

秘密をもつことによって、クローディアは今までとちがった人になれる。秘密の存在がアイデンティティを支えてくれるのである。そこで、クローディアがフランクワイラー夫人から、どのようにして天使像の秘密を教えてもらったか、また、二人の子どもたちがどのように帰宅したかなどは、読者が原作を読まれるときの楽しみのために取っておくことにして、ここではこのような素晴らしい家出があること、あるいは、「家出」の現象の背後に、アイデンティティの確立という大切なことが存在していることを知ったことに満足して、『クローディアの秘密』についての考察を終ることにしよう。なお、秘密をもつこととアイデンティティの関係という点については、次章において詳しく考えてみたい。

「家出」についてもうひとつぜひとも述べておかねばならないことがある。それは現在の家出のなかには「家を求めての家出」、「家が家でないことへの警告の家出」とも言うべきものも相当ある、ということである。家庭裁判所の調査官の佐々木譲は、そのような家出こそ、むしろ「現在の家出」の特徴を示すものだと例をあげて論じている。(6)「家出」をしようにも、土台となる「家」が弱体なので、「家出」という現象をとってはいるが、それはむしろ家の不在を訴えているのである。このような家出の場合は、むしろ家に帰って来ずに、何らかの疑似家族のなかにはいりこむような形になることが多い。疑似家族というのは、大人たちのいう不良集団とか暴力団とか、ともかく異常に濃密なしがらみによって結ばれている集団である。もとの家族内の関係の稀薄さを補償するものとして、それはどうしても異常な濃密さを必要とするのである。

たとえば、佐々木のあげている例では、ある少女A子の母親は二度も蒸発を繰り返し、父は服役したりしている。A子は小学六年生のときに近県の大都市に遊びに出てしまったりしているが、中学校では家出が常習化し、年長の男性と同棲するようになる。そして同棲の相手は暴力団関係者にかわってゆき、覚醒剤を常習するまでになる。この少女の行為をつっぱりとか非行とか言うのはたやすいが、この少女の度重なる家出が実は「家を求める」行為であり、疑似家族や疑似オッパイとして、暴力団や覚醒剤が無意識のうちに選ばれていることを、われわれは理解しなくてはならない。このような子どもが真に求めている「家」を用意することなく、暴力団と手を切りなさいと言ったり、非行少年のグループから出て来なさいなどと言ってみても、何の効果もないのは当然のことである。

3　変革者としての子ども

子どもが「家出」によって両親に警告を与えることを既に述べた。子どもはこのような意味で、両親や家族全体の変革の原動力となることがある。もっとも、子どもはそれをはっきりとは意識していないので、言語によって表現するよりも、何らかの行為によって示すことが多い。

馬殿礼子の発表している、家庭内暴力の女子中学生をもった母親のカウンセリングの例によって、これを考えてみよう。(7)

中学二年生のA子は一年生のときの十月から不登校をはじめ、家にとじこもり、首を吊って自殺をしようとする。そして母親に対して食事がおそいとか、まずいとか言って、髪をひっぱったり、物を投げつけたりする。母親の寝床のそばで大声を出したり、足を踏みならしたりして眠らせない。また、父親の容貌を悪く言い、自分を「なぜ父親似に生んだ」と母親を責めたてる。両親としては、まったく無茶苦茶なことをA子がするのでどうしていいかわからない。担任からすすめられて母親がカウンセラーのところに来るが、「問題はA子であるのに」、自分が来ても仕方ないのではないかと不満げな様子である。

ところが、カウンセラーの傾聴する態度に支えられて、母親はA子が悪くなったのは自分の夫と姑のせいであると語り、結婚以来、自分がどのように苦労したかを詳しく述べはじめる。このように自分の感情を吐き出して、カウンセラーが聴いてくれることがわかると、この母親は毎週カウンセラーのところに通い、自分の苦しみを訴えるようになる。そして、自分の生い立ちや夫の生い立ちまでも話すのである。もちろん、その間にはA子の不登校や暴力を嘆くときもあるが、それ以上に自分自身の生活や感情について語るのである。

その詳細について語ることはやめるが、要点は、この母親の嘆きの最大のこととして、彼女の夫がその母親とあまりにも強く結びついており、妻である自分を「ただ働きの女中」のように扱ってきたということである。彼女はその苦しさを誰にも話すことができず、自殺をしようとして未遂に終ったこともあったという。彼女に言わせると、夫は働くだけが取りえで、他には何の見どころもない人ということになる。

ところで、A子は母親を非難して、暴力をふるったりする反面、夜は母親の寝床にもぐりこんでくるので、母親はA子が立ち直るまでは、ということで夫に別室で寝るように言い、夫もそれに従う。このことは、はからずも母親にとっては、今までいろいろと不満を抱いていた夫に対して、「正面から拒否できた感じ」をはじめて味わうことになったのである。

このような話が毎週続き、A子は母親に甘えたり、反抗したりする一方、父親に関しての悪口をさんざんに言って、「こんな人と結婚したのが悪い」と母親を責めるが、母親はむしろ、「A子が私の代弁をしている」と感じるようになる。そして、数回のカウンセリングの後に、母親はパートタイムででも外に出て働こうかなと思いはじめる。しかし、なかなか決心がつかないでいるうちに、A子は家事は自分が半分手伝うから、と母親を応援するのである。

そして興味深いことに、次の回頃から、母親の外見が大分変ってきて若返った印象を与え、母親がカウンセリングに来るのを、夫が車で送ってくるようになるのである。彼女はまた、とうとう決心して外で働くことになった。ただ、それもA子の登校中の時間だけで――A子も登校をはじめていた――、カウンセラーとしても、母親が問題を避けるために外に出ているのでないことは明らかで、賛成であった。それに何よりもA子が母親の外で働くことを後押ししているのが嬉しいことであった。

A子が比較的早く登校するようになってしまったので、母親のカウンセリングも九回で終了ということになった。カウンセラーとしては、夫婦関係があらたに確立されるところまで見とどけることが出来ず心残りではあったが、それでも夫が車で送ってくれるようになったり、母親が夫の心情について前よりも理解を示し、夫の生い立ちをふりかえりつつ、夫の不幸な状態に共感を示すことも認められたので、夫婦関係も改善の方向に向かいつつあると考え、終了に同意することにした。カウンセリングによって何もかも解決というのではなく、ある程度までがカウンセリングで行われ、後は本人が自力によって進んでゆくことはよくあることである。

カウンセリングの詳細について述べず、要約のみを示したので、何か誤解が生じないかと危惧しているが、ここで言いたかったことは、A子がその母親の生き方の変革に大いに貢献したということである。この母親は日本の家庭の主婦によくある生き方として、夫がその母親との結びつきを切ることができずにいるのを、ひたすら耐えてきたのであるが、A子の不登校や暴力をきっかけに、自らの生き方を考え直し、以前とは異なる自主的な生き方を見出していったのである。A子が母親の寝床のそばにゆき、大声をあげたり足を踏み鳴らしたりして、母親を眠らせなかったという事実は、極めて象徴的な意味をもっているとさえ思われる。すなわち、中学二年生の娘が、その母親に「目覚めること、目覚めて立ち上がること」を要請していたのだ、と考えることができるのである。おそらく、このような娘の強力な要請なしには、母親は自分の生き方を変革できなかったであろう。

なお、この事例において、カウンセラーは母親に面接するだけで、A子に一度も会っていないのに、A子の家庭内暴力も収まり、登校も開始しているのが印象的である。このようなことはよくあることである。蛇足ではあるが、このような例に対して、A子の家庭内暴力の原因は母親であるとか、母親が悪いからだとか考えないようにしていただきたい。そういえば、父親は、姑は、あるいは、暴力に訴えたA子自身はどうか、などと言いだすと切りがない。「悪者探し」は徒労に終ることが多い。それよりも、この家庭全体に変革の必要が生じ、その起爆剤としてA子が作用したと考えるのが適切であろう。また、この例では家庭の主婦が外に出て働くということが、変革の過程において生じているが、これとまったく逆の例もある(事実、この例の発表された本に、逆の例が発表されている)[8]。女性は家にいるべきだ、とか、外で働くべきだ、とか単純な一般原則は立てられず、むしろ、それをどのように考え、いかに生きたかが重要なこととなるのである。

大人の生き方の変革を促す存在としての子ども像を、楽しく見事に描いた名作として、ケストナー『ふたりのロッテ』[9]をあげることができる。これはもともと映画のシナリオとして書かれたものだけに、何度も映画化されたので、話を御存知の方も多いであろう。この本が最初に出版された一九四九年頃は、離婚のことを児童文学において取りあげるのは画期的と感じられたものである。

九歳の二人の少女、ルイーゼ・パルフィーとロッテ・ケルナーは、ある夏の合宿キャンプで出会い、二人とも瓜二つなので驚いてしまう。実は二人は双子なのだが、両親が離婚するときにルイーゼは父親に、ロッテは母親に引きとられ、それぞれウィーンとミュンヘンに別れて住んでいてお互いの存在を知らなかったのである。最初は驚いた二人だったが、いろいろ話し合っているうちに自分たちの運命を知り、両親が離婚を決意するときに、「ほんとうは、あたしたちを半分に分けてよいかどうか、まずあたしたちに、たずねなくちゃいけなかったんだわ!」、「そのころは、あたしたち、まだ話なんかできなかったのよ!」などと語り合うようになる。

そこでこの二人の少女は素晴らしい計画をたてる。それはルイーゼとロッテが入れ代ってそれぞれ両親のもとに帰り、互いに連絡を取り合って、もう一度父親と母親を結び合わそうというのである。このことには、なかなか多くの困難があった。もちろん、二人は知らぬところに「帰って」ゆくので、お互いのそれまでの歴史、人間関係などを知っておかねばならぬということもあったが、何しろルイーゼとロッテは外見はそっくりでも、性格が対称的と言っていいほどに異なるのである。ルイーゼは陽気な元気ものだし、ロッテは静かで芯は強いが控え目な子である。それに、ルイーゼはオムレツが大好物だが、ロッテはそれほど好きではない、という具合である。

さて、ルイーゼとロッテはそれぞれロッテとルイーゼになりすまして帰宅し、怪しまれたりしながらも、なんとか苦労して役割をこなしてゆく。そして、父親のパルフィーはウィーンで作曲家として活躍している一方、母親のケルナーは雑誌の編集を手伝ってミュンヘンに住み、それぞれが別に暮らしていたのだが、二人の少女たちの涙と笑いの大活躍によって最後はめでたく再婚することになるのである。その間の素晴らしい話は、またもや割愛して、読者が原作を読んで下さることを期待したいが、その間に、父親も母親も自分たちのそれまでの生き方や性格などについて、反省したり変えていったりするところが印象的である。お互いの生き方の改変を行わず、ただ元の鞘に収まるだけなら、それはあまり幸福な生活をもたらさないであろう。

この物語においては、大人たちの生き方の変革者としての子どもの役割が、ユーモラスにしかも本質をついて語られている。ところで、これをもう少し異なる角度から読んでみてはどうであろう。一人の人間の内界には多くの人間が住んでいる。従って、この物語を思いきって、一人の人間の世界のこととして読んでみるのである。一人の人間——男であれ女であれ——の内界に住む男性と女性が、うまく折り合いをつけて共存するのはなかなか難しい。そのことが物語におけるルードウィッヒ・パルフィーとルイーゼロッテ・ケルナーの離婚として語られていると考えられる。この二人の再婚、つまり内なる男性と女性の再結合に際して、ルイーゼとロッテという双子の少女が役割を入れかえ、相当な苦心を重ねたことは何を意味しているのだろうか。それは男性と女性の結合という仕事を成し遂げるためには、われわれは自分の内界において相当に思いきった価値変換をなさねばならぬことを意味しているのではなかろうか。

実のところ、内界とか外界とかそんな区別は不要なのかも知れない。要するに男性と女性が真に関係を見出すためには、実に思いきった価値の顚倒が必要なのではなかろうか、ルイーゼとロッテが役割を取り替えたばかりに生じたさまざまの苦労は、そのことを具体的に示しているようである。ユーモラスな記述のなかにわれわれは、男性と女性の関係に伴う深刻な問題を見ることができる。おそらく、これはこのようなことを深く体験したケストナーによってこそ書くことができた名作と言えるだろう。

子どものことを述べているつもりが、知らぬ間に大人の深刻な問題に変ってきてしまった。これは最初にも述べたとおり、子どもの宇宙について知ろうとするのは、大人の宇宙について知ることになる事実を示している。変革者としての子どもは、大人のなかに住んでいる、とも言えるのである。こんな風に考えてゆくと、児童文学が子どものため《・・》の文学などではなく、大人にとっても子どもにとっても意味ある文学であることが、よくわかるのである。それは透徹した「子どもの目」によって見た宇宙を描いているものとして、大人たちに思いがけない真実を開示するのである。

注

（1） 灰谷健次郎＝編、宮崎学＝写真『お星さんが一つでた　とうちゃんがかえってくるで』理論社、一九八四年。

（2） ベバリイ＝クリアリー、松岡享子訳『ラモーナとおかあさん』学習研究社、一九八三年。

（3） なだいなだ／工藤直子『だれだって悩んだ』筑摩書房、一九八七年。

（4）河合隼雄『大人になることのむずかしさ』岩波書店、一九八三年。〔本著作集第十四巻所収〕
（5）E・L・カニグズバーグ、松永ふみ子訳『クローディアの秘密』岩波書店、一九七五年。
（6）佐々木譲「現在の家出」、『岩波講座 精神の科学7 家族』岩波書店、一九八三年、所収。
（7）馬殿礼子「ある女子中学生の母親の場合」、河合隼雄／佐治守夫／成瀬悟策編『臨床心理ケース研究4』誠信書房、一九八二年、所収。
（8）長谷川哲郎「登校拒否児A子の変貌」、前掲注(7)書所収。
（9）エーリヒ・ケストナー、高橋健二訳『ふたりのロッテ』岩波書店、一九六二年。

Ⅱ　子どもと秘密

第一章に取りあげた『ラモーナとおかあさん』、『クローディアの秘密』、『ふたりのロッテ』の三作を通じて、まるでライトモチーフのように、繰り返して生じてきている大切な事柄がある。それは「秘密」ということである。ラモーナはパジャマを着て登校したが、その秘密を担任の先生と共有したとき、先生を大好きと思う。そして、先生がその秘密を守れなかったと思ったとき――それはまったく誤解だったのだが――家出を決意することになるのだ。クローディアにとって秘密がどれほど大切なものであるかは既に少し論じた。この物語が「クローディアの家出」とされず、「秘密」と題されているところにも、秘密のもつ意味の重要さが示されている。次に『ふたりのロッテ』においては、二人の少女ルイーゼとロッテは、二人が偶然にも出会ったことを、父親にも母親にも秘密にしておこうとする。それに、お互いに入れかわったという秘密は誰にも知られてはならないのだ。

この三作を見ると、それぞれの主人公が、その年齢や境遇にふさわしい秘密をもとうとし、それをめぐって話が展開されるといってもいいほどである。ラモーナを喜ばせたかわいらしい秘密と、クローディアが獲得しようとする秘密との差に、年齢差を認めることもできるであろう。ルイーゼとロッテの秘密は、両親の離婚という大変なことに対応しなくてはならぬので、それは大きく、また危険性を伴うものでもあった。

自分の子ども時代を思い出して、何らかの意味で「秘密」ということが、そのなかで重要な部分を占めているエピソードを見出せない人はないことだろう。秘密のグループ、秘密の宝、など、それがいかに他愛のないものであっても、不思議に自分の心に残っていることに気づかれると思う。それは子どもの宇宙に輝く恒星ともなれば、ブラック・ホールともなる性質をもっている。秘密をもつなどと言うよりは、大きな秘密を生まれたときから背負わされて、その秘密というブラック・ホールに自分が吸いこまれないようにと、ひたすら生き抜いて来た人もいることであろう。

1 秘密の花園

子どもにとって(大人にとっても)、秘密がどれほど大切であるかを物語るものとして、児童文学の古典であるバーネットの『秘密の花園』[1]を取りあげることにしよう。バーネットの作品としては『小公子』や『小公女』が名高いが、『秘密の花園』の方が、作品としては前二者を上まわるのではなかろうか。

主人公のメアリ・レノクスは十歳の少女である。彼女は両親と共にインドに住んでいたが、両親がコレラで急死したため、本国のイギリスの伯父のもとに引きとられることになる。彼女が「おじさんといっしょに暮らすことになったとき、みんなはこんな感じのわるい子は見たことがないといいました。それも、もっともなことでした。メアリは顔が小さくてやせこけていましたし、からだも小さくてやせこけていました。髪の毛もうすくてふわふわしているし、顔つきはひねくれていました。その髪の色は黄色でした。顔も黄色でした」というわけで、この物語の主人公は最初から、とびきりの「感じの悪い子」として登場するのである。

このような感じの悪い少女のメアリは、物語の進行と共に感じのいい健康な少女に変貌してゆくのだが、そのような変化が生じる秘密はどこにあったのだろうか。その鍵となるのが、まさに「秘密の花園」なのである。メアリの伯父さんは最愛の妻に十年前に亡くなられたとき、悲しみのあまり、妻の愛した庭園の入口に錠をおろし、その鍵を地中に埋めてしまうのである。しかも、妻が残していった赤ん坊が、妻に似ているので顔を見るのが辛く、一室に閉じこめておくような育て方をしたために、その子、コリンという男の子は病弱で寝たままの生活をおくるようになった。コリンは背中にコブがあって、足も立たない子と思われ、誰もがコリンについて話をすることを禁じられ、一室に寝かされていた。つまり、コリンもこの一家にとってのひとつの「秘密」であったのである。

メアリの伯父は大金持で、大きい城に住み、ひろい領地をもっていた。メアリは召使のマーサの明るい性格に助けられ、屋外に出かける。そのときに一羽のコマドリが近寄ってきて親しさを示す。インドでも多くの召使にかしずかれながら、両親とは疎遠で、暖かい人間関係を経験したことのなかったメアリも、コマドリとの触れ合いから、その心の窓を開くようになる。暖かい人間関係は、人がその心を開くベースになるものだが、そのような経験をもたなかった薄幸な子どもの心の窓を、そっと開けてくれるのは、動物であることが多い。メアリの場合、それは一羽のコマドリであったのだ。

メアリはコマドリの導きで「秘密の花園」の入口も、その鍵も見つけ出すことができた。そこは誰も想像したこともないような、美しい、不思議な感じのする庭であった。しんとした静けさのなかで、耳をすましていたメアリは、「静かなのもふしぎはないわ」、「十年間に、ここで声をだしたのはわたしがはじめてなんだもの」とつぶやくのである。メアリは「秘密の花園」に魅了されるが、まだ冬の頃であり、いったいそこにある多くの木が死んでいるのか、生きているのかもわからないのである。メアリは何とか庭を手入れしたいと思うが、それには手助けが必要であった。

召使のマーサの弟、ディッコンは自然児と呼ぶのにふさわしい男の子であった。メアリはディッコンに心を惹かれて、庭園の世話を頼もうと思う。彼女はわざわざディッコンに「秘密がまもれて?」「これ大秘密なのよ」と念を押して、彼を秘密の花園に連れてゆく。そこで、メアリは自然児ディッコンの適切な指導を得て、庭つくりに精を出しはじめ、庭が整ってゆくにつれ、彼女もふっくらとした体になり、「つむじまがり」のところが消えてゆくのである。

そのうち、メアリはこの家のもうひとつの秘密に出会う。誰もが隠していたコリンの存在に気づくのである。コリンは一室に閉じこめられているような存在だったが、ある夜その泣き叫ぶ声に気づき、メアリはコリンの部屋を訪ねるのである。コリンは召使たちに、はれものにさわるように扱われ、母親は亡く、父親からは見棄てられているという最悪の状況のなかで育ち、虚弱であるとか、頭も悪いとか思われていた。しかし、メアリが接してみると、そんなことはなく、コリンはだんだん元気になってくる。メアリは最初は警戒して、秘密の花園を空想上の存在として、その様子を語っていたが、とうとう本当のことを打ち明ける。そして、コリンを庭に連れてゆくのである。

メアリとディッコンは車椅子に乗せてコリンを秘密の庭に連れて行くのだが、それを人に見られずやり遂げるために、いろいろと計画を練る。コリンは庭に行けるのを楽しみにしているが、「一日一日とたつうちに、コリンは、こんどのことでいちばんおもしろいのは、お庭のことが秘密になっているからだということがはっきりわかってきました。この秘密はどんなことがあってもやぶれてはならないのです」というわけで、三人の少年少女は心を合わせて、この秘密を守り抜き、「秘密の花園」の世話を続ける。

やがて春が来て、死んでいるのではないかとメアリが心配していた木も、芽をふきはじめ、秘密の花園が活気づきだしたとき、子どもたちが庭にいるところを、おかかえの植木屋のじいさん、ベンに見つけられる。しかし、結局のところ、前の奥さん、つまりコリンの母親を敬愛していたベンが、梯子で塀を乗りこえて「秘密の花園」の手入れを続けていたが、ここ二年ばかりはリュウマチのためそれが出来ずに困っていたことがわかった。子どもたちは、そこでベンじいさんも仲間に入れこんで、庭の手入れに励むことになる。じいさんは、不具で頭が悪いと信じこんでいたコリンが健康な子であることを知り、大いに喜んで、庭つくりに精を出すのである。

こんな風にして「秘密の花園」に素晴らしい春が来て、夏、秋と続く間に、長い旅に出ていて何も知らなかったコリンの父が帰宅してきて、立派になったコリンを見て驚き喜ぶところで、この物語も大団円を迎える。

もっとも、こんなに筋だけ追って話すのは、味もそっけもないことだ。まさに「細部に神は宿り給う」わけで、話の展開につれて語られる、「秘密の花園」の描写や、子どもたちのやりとりの細部にこそ、この物語の素晴らしさがあるのだが、その点については読者に原作を読んで下さるようにお願いすることにしよう。

この物語には、子どもが成長し、傷ついた心が癒されてゆく過程において、秘密をもつことがどれほど大切であるかがよく示されている。しかしその秘密は、育てられ、親しい人と共有され、最後にはすべての人の前に開示されるものへと変化し、発展してゆくものなのである。その経過が、この物語に見事に描かれている。考えてみると、すべての少女はその内界に「秘密の花園」をもっていると言うことができる。それがどのように世話をされるかによって、どのような形で公の場に「花開く」ことになるかが異なってくるのであろう。少女のメアリと共に花園の世話をした、自然児のディッコン、病弱の子と見なされていたコリン、植木屋のじいさんのベン、という三人の男性を、メアリの内界の住人と考えてみるのも面白いのではなかろうか。

『秘密の花園』は一九〇九年の作品であるが、このテーマをそのまま継承し、まさに少女の内界のことを記述したと思われる作品が、同じくイギリスの女流児童文学者によって、一九五八年に発表された。それは、キャサリン・ストーの『マリアンヌの夢』(2)である。紙面の都合で、この作品について論じることは他に譲るが、興味のある方は、この二つの作品を読み比べていただきたい。『秘密の花園』において、一応は花園として外在化されていた少女の内界は、『マリアンヌの夢』においては、夢のなかの出来事として、あくまで内界のこととして描かれているし、このような「秘密」にかかわることに伴う恐ろしさについても、詳しく述べられている。

『マリアンヌの夢』の主人公マリアンヌは、メアリと同年の十歳である。そして、ここにも体の弱い少年マークが登場し、『秘密の花園』のコリンと対応している。話の展開に沿ってマークがだんだんと元気になってゆくところも、コリンの場合と同様で、なかなか興味深い。それにしても、十歳の少女の宇宙に生じている現象の凄さには心を打たれるものがある。

2　秘密の意義

秘密をもつということは、取りも直さず「これは私だけが知っている」ということなので、それは「私」という存在の独自性を証明することになる。秘密ということが、アイデンティティの確立に深くかかわってくるのもこのためである。少女のクローディアが「秘密」の獲得に強い熱意を示したのもこのためである。

アイデンティティというのは不思議な言葉である。本気で考え出すと何のことか解らなくなってきたりするが、「私は私である」という、この単純な文章が、なかなか人間には納得のいくものとして感じられにくい、ということをそれは反映しているのであろう。「父親アイデンティティ」とか、「職業アイデンティティ」などという言葉があるように、たとえば、私が父親であることや大学教授であることに、私の存在の基礎を置いているとすると、それはあくまで自分以外の他人、子どもとか学生とかとの関連によって生じていることである。言うなれば、それは自分のアイデンティティが他人の存在によって支えられているのだから、もし、その他人がいなくなったり、そっぽを向いたりすると、たちまちにして、私のアイデンティティは崩壊することになる。

これに対して、「私しか知らぬ秘密」は他人に依存していないので、アイデンティティを支えるものとしては、真に素晴らしいものと言わねばならない。それでは、どうしてメアリは「秘密の花園」の存在をディッコンやコリンにまで打ち明けたのであろうか。ラモーナはパジャマの秘密をラッジ先生と分け合うことに、なぜあれほど喜びを感じたのだろうか(もっともそれを先生が両親に洩らしたと思ったときは激怒したのだったが)。ここに、秘密ということ、アイデンティティということの難しさが存在している。秘密は一人で保持していることに価値があるし、他人と共有することによって価値が上がるところもある。私は私が唯一無二の存在であることを確信したい反面、他の人々とも同じであるとも思いたいのである。

秘密がアイデンティティの確立に関係しているなどというと、子どもは親や教師に対して秘密をもってはならないと思っている人や、子どものときから秘密を背負わされて苦労してきた人などは、この考えに反対したくなるであろう。確かに秘密は非常に否定的な性質ももっている。それは時に、なかなか抜けないとげのように、何かにつけて痛みを感じさせる。とげどころか、それは人を不治の状態に陥れる癌のような作用をさえもっている。

秘密の心理について考察した小此木啓吾は、「秘密は対人距離を決める」と述べている(3)。秘密の種類、その持ち方によって、他人との距離が決まる。「私しか知らない秘密」をもつことは、自分と他人との距離を明らかにし、アイデンティティの確立につながる一方で、自分を他人から離れた孤立へと追いやる可能性をもっている。あるいは、秘密を誰か他人に語ることによって、親しさを得たと思っても、そのうちその人間関係の深さがうとましくなり、適切な距離を取ろうとしても、秘密を知られているばかりにそれも出来ない、などということにもなる。

自分の子ども時代を振り返ると、何らかの秘密をもつようになった年齢と、その内容について思い出されることもあるであろう。メアリもマリアンヌも十歳だということを先に述べたが、十歳くらいのときに何らかの秘密をもった人は多いのではなかろうか。それは友人と共有されることもあり、仲のいい友人と二人で秘密の宝物をどこかに隠したりする。私も小学四年生の頃、友人たちと秘密の仲間をつくり、日が三つでヒミツということで、晶というマークをつくり、お互いの手紙のやりとりに、このマークを書いて喜んでいたりしたことがある。子ども心に、このマークはなかなか素晴らしいと思っていたので、兄弟に教えたくて仕方がない。しかし、教えてしまうと秘密でなくなってしまうので、葛藤を感じたものである。

『クローディアの秘密』のなかで、クローディアは、「人が秘密をもってたとしても、その人が秘密をもってることをだれも知らないと、そのうちつまらなくなっちゃうからよ。それで、その秘密が何かってことは人に知られたくないけど、せめて秘密をもってるってことくらい、人に知られたくなるのね」と言っている。秘密の扱いというものは、なかなか厄介なものである。それをいつまでも自分だけでもっていたいという気持と、誰かと共有したいという気持との相克の間に存在している。このことは、取りも直さず、アイデンティティというものが、あくまで自分だけに固有のものでありつつ、他の人々とのつながりのなかに存在しなければならぬというパラドックスをもつことと相応するものである、と思われる。

秘密のなかには、それをもつ本人や、それに関係する人たちの存在を脅かす類のものと、「安全な」秘密とがあることにも注目しなければならない。たとえば、『秘密の花園』の場合の秘密は、その存在がメアリに対して何の脅威にもなっていない。もちろん、その秘密を守り抜くことに彼女は相当に気を使わねばならなかっただろうが。それに対して、自分の欠点や弱点とかかわる秘密の場合は、その存在が常に脅威としてはたらくのである。外見からはわからない身体の欠陥とか、出生にまつわる秘密など、運命的に背負わされる秘密というものがある。このときは、それを守り抜くために多量のエネルギーを必要とするし、他人との間に不必要な「距離」を感じたり、感ぜしめたりする。このような秘密を背負っている子どもたちは、測り知れぬ苦労をするのである。

3　秘密の保持と解禁

子どもたちの好きな昔話に「王様の耳はロバの耳」というお話がある。どういうわけかロバのような耳をした王様がいた。それを知られるのが嫌でいつも帽子をかむっていた。ただ、床屋にはそれがバレてしまうので、床屋に散髪してもらうたびにその床屋を殺していた。とうとう、ある床屋があまりにも助命を願うので、「秘密を守る」ことを約束させて帰らせてやった。ところが、その床屋は秘密を守っているうちに変な病気になってしまう。占師が彼に対して、その病いは言いたいことを言わずにいるためのものだから、誰にも聞かれないようにして町のはずれの柳の木に向って、言いたいことを言えばよい、と教えてくれる。

そこで床屋は柳の木に向って、「王様の耳はロバの耳、王様の耳はロバの耳」と話すと、病気はすぐに治ってしまった。ところが、その後、風が吹いて柳の枝が揺れる度に、「王様の耳はロバの耳」と鳴りはじめたので、国中の人が王様の耳の秘密を知ってしまった。王様はそれを聞いて、皆に知られてしまったのなら仕方がないと、帽子をぬいでしまわれた。ところで、国民はむしろそのような王様を尊敬して、「ロバの耳の王様」として敬愛するようになった、というお話である。

子どもたちは、この話のなかで「王様の耳はロバの耳」という面白い繰り返しを何度も楽しみながら、彼らにとっても大変重要な「秘密」ということと深く関連するものとして、興味をもって聞くようである。確かに、この話は秘密の機微について多くのことを教えてくれる。まず、秘密を守っていて病気になった床屋のこと。これは秘密を守ることの辛さや難しさを端的に示している。秘密は身体内に侵入してきた異物のように、外に排除しないとたまらないときがある。

人間の心はある程度のまとまりをもって存在している。多くの場合、秘密はそのまとまりを壊しそうなものであることが多い。王様を尊敬することと、王様がロバの耳をもっていることとは簡単には両立し難い。それに、王様がロバの耳だということは、凄いニュースバリューももっている。床屋がしゃべりたくなるのも無理はない。そして、それを辛抱し続けることは身体の病気をさえ引き起してしまうのである。

われわれ心理療法家は、多くの個人の秘密を聞き、それを守り通さねばならない。そのためには、相当な心の統合性と安定性をもっていなければならないのである。心理療法家が心身の病いにおかされがちになるのも、こんなことが大いに関連しているだろう。これは文字どおり、体を張って行う職業である。

「王様の耳」の話を、王様の立場から考えてみよう。王様にとって「ロバの耳」は運命によって与えられ、いかんともし難い欠陥であった。彼にとって出来ることは、あらゆる手段を講じてそれを隠し通すことであった。そのためには、殺人ということも避けられなかった。王の犯した多くの「殺人」は、彼が秘密を守るために、どれほど多くの「感情を殺し」、「人間関係を殺し」てきたか、と考えると了解しやすいだろう。実際、われわれは自分の欠点を隠すために、どれほど多くのことを殺すことだろう。

ついでながら、殺されるのが床屋というのも面白い。床屋は髪型を変えるという意味で、「人格の変化」との関連で夢や物語によく現われる(『フィガロの結婚』のフィガロはその典型である)。王は自分の欠点を隠すことに固執して、自分の人格の変化のチャンスを見殺しにしていたのである。

ところで、ある床屋の嘆願に王は心を動かされ、殺すのをやめる。誰かの心情に動かされることは、何か意味あることが行われるきっかけとなることが多い。王はそれまで殺してきた自分の感情に敢えて身をゆだねることを決意した、ということができる。王はその後、自分の隠したい秘密が国中に広がっていることを知ったとき、すぐに床屋を罰することをせず、その経緯を知って、それが「柳の木のそよぎ」によって広まったことを知った。人間がいかに努力をしても、「自然」の力には抗し難いときがある。そのことを知った王は、自然の力の前に文字どおり「脱帽」したのである。

王のこのような態度に接して、国民は王の隠したがっていた欠点を知ったにもかかわらず、前よりも王を敬愛するようになった、という点が大切である。人間は自分の大きな欠点が他人に知られたとしても、必ずしもそれによって他から軽蔑されるとは限っていないのである。国民が「ロバの耳の王様」と言って敬愛したということは、王の欠点がかえって国民の親愛の情を引き出す通路となっている、とさえ言えるのである。

欠点を知られること、秘密を知られることなどは、必ずしも軽蔑されるきっかけとはならないし、むしろ逆のことさえ生じるのであるが、「ロバの耳の王様」の話が示唆するように、そのようなことが生じるためには、それにふさわしい努力や、時の熟することなどの要素が必要なことを忘れてはならない。安易な秘密の公開は、危険を伴うだけのものである。あるいは、秘密を知ることになった者も、慎重にそれに対応しないと、やはり危険な状態を招くことになるのである。

ある五歳の女の子が、痴漢に襲われそうになり、大変な恐ろしい感情体験をした。しかし、彼女はこのことを誰にも話さなかった。母親には話そうとしたのだが、どうしても言うことができなかった。その後、彼女が成長してゆく間に多くの不幸が重なり、その不幸はこの幼児期の体験の秘密を中心として、心のなかに強いわだかまりをつくり出した。三十歳近くなって結婚話のもつれから、ますます苦しくなり、ついに耐えられなくなって、彼女は今まで秘密にしていた幼児期の体験を思いきって母親に打ち明けた。

彼女のせっかくの思いきりに対して、母親から返ってきたものは、「その年になって、今さら何を言っているの」という冷たい言葉と嘲笑とだけであった。彼女は母親の嘲笑に接して、自分が世界から切り離されていると感じた。しばらくして、彼女は自らの命を絶った。

「三十歳近くなって、今さら子どものときの痴漢のことなど言い出して……」という母親の認識は、ひとつの事実の認識としてそれほど間違っていないかも知れない。しかし、娘が母親に共有を願った「秘密」の意味は、母親の感じ方をはるかにこえる深さをもっていた。母親の何気ない拒否は、娘にとって世界からの拒否とさえ受けとめられ、死ぬより他にないと感じられたのではなかろうか。この女性にとって、痴漢に襲われたことは、人生の恐ろしさ、不可解さ、それらすべてを凝集した体験であったのである。それは簡単に言語化できるものでもなかった。それは身体的とか精神的とか区別して呼べるような体験ではなく、存在そのものにかかわる体験なのであった。彼女が当時そのことを母親に言うことができず、三十歳近くなってやっと話したという事実は、深く心を打つものがある。また、それだけに母親の嘲笑は彼女の命を奪うほどのものとなったのであろう。

秘密をいつ、誰に、どのように打ち明けるかは極めて重要なことである。あるとき、ある母親から、自分の子どもが養子なのであるが、そのことを本人に告げるべきかどうかで相談を受けたことがある。生まれてすぐ親類からもらい受けて、本人はまったく知らないはずである。ところが、本人が高校二年になってから急に成績が低下し、どうも不安定なように思われる。これはひょっとして「秘密」を知ったのではないかと思い心配になってきた。そこである教育者に相談すると、「真実は隠すべきではない」と言われ、それでも不安になって他の人に相談すると、「本人が知らない限りは、言うべきではない」と言われた。いったいどちらにするのがいいのだろう、という相談であった。

このような場合、どちらが正しいかという議論は無意味である。どちらも一理があって、議論をするなら何とでも言えるであろう。そんなことよりも、いろいろな人間関係や家の歴史などがあるにしても、ともかく養子としてもらわれてきた本人にとって、その事実がどれほど簡単に受けいれ難く大変なことか、ということである。子どもにとって、それがどんなことかということを、大人がどれほど共感し得るかが最も大切なことなのである。

このようなときに、私が「専門家の意見」として、秘密を保持し続けるべきだとか、打ち明けるべきだなどと答えると、この親たちは専門家に自分たちの責任を肩代りさせて、養子となった子どもと共に背負うべき苦しみを放棄してしまうであろう。だから、このようなとき私のするべきことは、期待されているような「答」を言うのではなく、この子どもの置かれている状態を、親たちに心からわかってもらうように努力することなのである。

このときは、話のよく通じる親であり、私との話合いから示唆を得て、養子をもらった親だけでなく、実の親の方もそろって、この子に対して、どうしても養子としなくてはならなかった由来を話すと共に、子どもに苦しい思いをさせてきただろうと手をついてあやまられたのである。この場合、このことによって子どもは事実を受けいれることが出来て、以後、養父母に対しても実父母に対してもよい関係を維持してゆくことができた。

秘密を打ち明け、それを共有してゆこうとするとき、それに伴う苦しみや悲しみの感情も共にしてゆく覚悟がないと、なかなかうまくはゆかないものである。

4　秘密の宝捜し

秘密ということは人間にとって極めて大切なことであるので、心理療法の場面においては常に何らかの形で関連してくると言っていいほどであるが、子どもに対する遊戯療法の場面でも大切なこととして生じてくるものである。子どもに対する心理療法とは、結局のところ、子どもの自主性をできる限り尊重して、子どもの自由な遊びを促す。そうすると、その遊びのなかに子ども自身の自ら治ってゆく力が発揮されて、治ってゆくのである。要は子どもたちが潜在的にもっている自然治癒の力を、自由に発揮する場を与えるということであるが、実際にやってみると、なかなか簡単にはいかないものである。次に「秘密」というテーマが大きい役割をもった遊戯療法の例を簡単に紹介しよう。治療者は木村晴子(当時、大学院学生)である。(4)

小学三年生のP子は、情緒不安定、集団不適応などという名をつけられて相談に連れてこられる。知能も一年程度遅れているという。初対面のP子は治療者に「直立不動の姿勢から体をペコンと二つ折りにして挨拶する。棒切れが途中から折れたような感じである」。さっそく遊ぶことになり、P子のいう「野球」、つまり治療者がボールをなげ、それをP子が打つ遊びを一時間中続けてする。このときの印象を治療者は、P子は「すらりと背が高く、愛くるしい顔立ちの少女なのに、いつも目がカッと見開いて、ピンと張りつめたような表情をしている。

どこか調子の狂ったカン高い声でしゃべり続ける彼女の言葉は、文字にすれば片仮名にしかなりえない」と記している。

二回、三回と遊びを続けているうち、時折遊びの間にP子が急にすっと治療者に近寄ってきて体に触れ、「アノネー、センセー、聞イテクレル？」と甘えた声でいう。ところが治療者が聴く姿勢をとると、何も言わずに離れてゆく。そして、第四回には「私ノ秘密、センセーニミセタゲル」と鞄のなかから本を取り出し「壊れたプレーヤーのように強迫的に」説明を繰り返し、治療者に抱きついてくる。治療者はもちろんP子を抱き返すが、「初めてP子を抱いた時、そのあまりのぎこちなさに驚いてしまう。なにかおかしいのである。接触感が乏しいというか、子どもを抱いている感じがしない」。

三回目には何か秘密を打ち明けてくれそうで何も言えなかったP子は、四回目に「私ノ秘密」を見せてくれた。しかし、残念ながら治療者はP子の繰り返す説明を聞いても、なかなか内容がつかめなかった。それより、この回において治療者にとって一番気になったことは、「私はこの子を本当にしっかりと抱けるようになるだろうか」ということだったと記録されている。

このような遊びと抱きつきが繰り返され、第八回目には偶然次のようなことが生じた。遊戯療法が終った後で、P子はトイレに行きたがった。ところが、P子を待っている母親が居眠りをしておられ、治療者はP子を励ましてトイレに行くことになる。トイレから出てきたP子は、「センセー、アリガトウ、アリガトウ、気持ヨクナッタ。ウンコ、タクサンデタヨ、五ツモデタヨ」と何度も言う。

これは極めて大切な事が起ったと言わねばならない。「たまっていたものを外に出す」行為としての大便は、夢においても子どもの遊びにおいても意味あることとして出現する。おそらく、P子は治療者の助けを得て、今までつかえていた感情のしこりを「五ツモ」出して、随分とすっきりしたのではなかろうか。それに、ここでは治療者が偶然に母親代理の仕事をすることになったことも、注目すべきではなかろうか。この大便事件で、治療者とP子との距離はぐっと近くなったのである。心理療法の過程においては、「偶然」に生じたことが大きい意味をもつことが多い。この偶然に生じたウンコ事件も、内的な必然性を強くもっていたのであろう。

治療者とP子の距離が接近したことの結果は、十一回目に明白に現われてきた。P子は治療者に向って、「オ母サン！」と呼びかけ、「アレッ！　木村センセーヲオ母サント間違エタ。ドウシタノカナアー」と不思議がる。これ以後、P子はしばしば治療者を「オ母サン」と呼び、気がつかないときは治療者もそれに対して「はい」と答えることになる。

このように子どもが治療者に「お母さん」と呼びかけることは、時に生じるものである。私のような男性に対してさえ「お母さん」と呼びかけた子どももいる。そんなに、母と子とのような関係になって離れられなくなるのではないか、などと心配する必要はない。治療者の姿勢がしっかりさえしていれば、子どもは必要なときには――むしろ、治療者が非情とさえ感じるほどに――あっさりと離れてゆくものなのである。本例の場合もそうなのだが、そんなときには、子どもの成長する力の強さに驚嘆させられる。

P子と治療者の距離はますます接近し、P子は「センセーハ何歳」と問いかけ、「三十九歳」だろうと推察したりする。P子の母親が三十九歳であり、実際は治療者は二十歳代なのである。二十回の頃、P子は風邪で二週間休む。これもよくあることで、深い変化が生じるときに身体的な病気になる子どもは多いように思われる。

第二十一回目、P子は「オ母サンの秘密」と、家での母親の行動をそっと耳うちしてくれるが、中身は定かでない。この頃より、治療者は「後になって気付いたのだが、記録の文字が部分的に片仮名でなくなっている」ことを記している。

第二十二回に劇的なことが生じる。Ｐ子が発案して「刀ごっこのお芝居」がはじまるのである。Ｐ子は銭形平次、治療者はヤクザ「ゴンボウ組」の子分になる。ゴンボウ組から平次への「果たし状」を治療者は読まされ、「先生のやさしい声はあかん、恐い声で!」と注文をつけられる。平次は女房（Ｐ子の母親の名前をつける）に「達者でなア」と別れを告げ、決闘に臨む。治療者は第一の子分「三太郎」、第二の子分「七五郎」などになり、平次にやられる。Ｐ子は「どう？　先生、私うまかった？　おもしろかった?」と目を輝かせる。

このときの印象を治療者は「Ｐ子の演技は真に迫っており、あっけにとられるほどうまい。日常場面の会話よりも感情がこもっている」と記している。このような劇を「治癒劇」と呼んでいいと思うが、その劇の脚本、演出がすべて子どもに任されていて、大人の治療者はひたすらそれに従ってゆくところが特徴的である。こんなとき、われわれは不思議と子どもの意図が察しられて、何の「打合せ」もなく劇に参加できるものである。それにしても、知能が遅れているとか、情緒不安定などと言われている小学三年生の子が、自由に表現できる場を与えられるとき、これほど生き生きと迫真性をもって、表現活動を行うことは驚くべきものがある。子どもの宇宙は、大人の考えるよりはるかに広大なのである。

次の回も「刀ごっこのお芝居」が続く。最後の子分の「五郎」も平次にやられ、平次は帰宅して女房と無事を喜び合う。さあ、次はいよいよゴンボウ組の親分登場と治療者が張り切っていると、「ヤクザはいなくなって、町は平和になりました。終り!　ゴンボウ組は三人しかおれへんかった!」と意外な結末を迎える。続いて、二回は野球遊びが主となり、お芝居はなかったが、第二十六回にまた面白い劇が展開される。

第二十六回、「宝捜し」をしようと、Ｐ子は「ゴンボウ一号」、治療者は「二号」になり、「盗まれたダイヤ」

を捜すことになる。二人はトランシーバーで連絡を取りつつ宝捜しをする。治療者は適当な石やビーズ玉などを見つけて、「アッ、これかな」と言ってみるが、その度にP子は首を横にふり、結局のところ秘密の宝は見つからなかった。しかし、P子は「ああ面白い、こんな面白い遊び、先生したことある?」と大喜びで、その感激ぶりに治療者は感動する。このときの感想を治療者は次のように記している。

「肝心のダイヤは見つからず、親分の登場しないチャンバラに似ている。しかし、ダイヤの隠されている周辺を、P子はこれまでの人生にないほどエネルギーを使い、感情をこめて探索する。ダイヤそのものの発見よりも、今は治療者とともに捜すことに意味があるのだと思う。」

ここから経過をもう少し省略して述べる。この頃になると、P子は治療者を「お母さん」と呼び間違えることはなくなってくる。第三十回、P子はいきなり「ここ、来年は来ないの」と宣言する。それはP子自身の決定かといぶかる治療者に対して、「そう、悲しいけど。私、きのうで十歳になった」と、彼女ははっきりと答える。こんなところが、子どもの素晴らしいところである。別れの悲しみを感じつつ、来年からは自分で進んでゆくことを決意するのだ。治療者はいったんは戸惑いながらも、来年までの十か月を有効に過ごそうと決意するのである。

この頃から、P子は自分の作詞作曲の歌を歌いはじめる。「涙の最後のおくりもの」「別れの歌」などの悲しい曲と共に、「二人で行こうあの野原へ」「Tシャツを着たあなた」などの楽しい曲も歌う。治療者への別れと、自分で道を拓いてゆこうとする気持とを歌に託して表現しているように感じられる。

第三十六回、P子は突然に「木村先生、死ぬか」と問いかけ、ここからしばらく「死」に関する問答が続けられる。一方では、随分と元気な遊びをし、ついにサーカスごっこと称して卓球台の上にのせた梯子から飛び降りたりする。元気なのはいいが危険もあるので、治療者はハラハラして、やめにしてはと言うが、P子はもっとするといって聞き入れない。P子の好きなことは何でもさせてあげたいが、あまり心配だから、と治療者は懸命に説得して、次回に五回だけ飛ぶということで妥協が成立する。

「死」についての問答が続くが、第四十九回「先生、死ぬか？　私も死ぬか？」という問いに対して、「二人のどちらかが死ぬように思うの」と治療者がきくと、P子は「ううん、うそや！　死んだりしたらえらいことや！」と言って元気になる。「先生大好き」と久しぶりに抱きついてくるが、最初の頃に比べると、はるかに「接触感」がある。「木村先生はとっても素敵、お目がキラキラ、太陽のよう……」と「木村先生の歌」を歌って、治療者を讃えてくれる。

最終回の一回前、第五十四回には、「お別れ」、「淋しい」と言いながら、怪獣カネゴンを箱庭療法(六九頁)に用いる砂箱の中央に寝かせ、ゆっくりと砂をかけて埋める。P子はそれをカネゴンの墓と呼び、「カネゴンは悪いことや乱暴なことはしない。けれどお金を食べるから、やっぱりみんなを困らせる」と言い、お墓を花で飾り、墓の左右に指で、「カネゴンのおはか」、「さようなら、カネゴン」と書く。治療者は、「埋葬されたカネゴンは、これまでのP子自身であると思い、胸のつまる思いであった」。

最終回の第五十五回、P子はいろいろな遊びをサラッとする。「今日でお別れ」と繰り返し、「先生、さよなら、私、中学生になっても来てもいいか？」と言う。「先生はいつでもPちゃんのこと待っている」という治療者の保証を得て、P子は「わりに淡々とした表情で帰って行った」。なお、彼女はこの頃、クラスのなかで以前のようにはみ出した行動をしなくなっていることが報告されていた。

専門誌に発表されているものよりは大分省略したものの、比較的詳しく、ひとつの遊戯療法の経過を紹介した。

それは、このような場が与えられると、子どもがいかに生き生きと創造的に自分の世界を表現するか、という事実をまず知っていただきたかったことと、遊戯療法というものの実態を少し知っていただきたいと思ったからである。心理療法というと、とかく来談者の秘密をあばき立てるものと思っている人もあるようだが、この例に示されるように、われわれはむしろ、その秘密をできるだけ大切に扱うのである。そして、そのような姿勢のなかで、秘密が自然に共有されることにもなってくるのである。

この例を見てもわかるとおり、治療者にまず要求されることは、子どもの心に探りを入れたり、測定したり分析したりすることではなく、子どもの心の細やかな動きに敏感に反応し、そこに示された世界のなかで、できるかぎり共に生きようとする、感受性とコミットする姿勢なのである。

ところで、この例のなかの「秘密」は何だったのだろうか。P子は「私ノ秘密」を語りかけてきたが、内容ははっきりわからなかった。敵の親分も不明だし、宝も見つからなかった。これについてどう考えるか、いろいろと意見はあるだろうけれど、私は次のように考える。P子にとっての「秘密」は非常に大切なものであったが、おそらくそれは簡単に言語で表現できないものであったのだろう。そして、それはそれほど簡単には手に入れ難いものでもあったのであろう。これは、P子の年齢から考えても、明確に言語化できぬのは当然と思われる。

P子が獲得したかった「宝物」は、はっきりと形をとったものではなく、むしろ、その宝物捜しをP子と共に熱心に共同してやり抜いてくれる人を得て、そのことを体験することだったのではなかろうか。だから、P子はあのお芝居をあれほどまでに喜んだのではなかろうか。そして、それはあくまで持続されるべきものであり、ここで完了などと言えるものではないのである。「刀ごっこのお芝居」で親分が登場しなかったことも、これに関係していると思われる。言うならば、P子が遊戯療法の部屋で体験したすべてのことが、「宝」であり、それは治療が終結した後も、P子にとっては持続されるべきことなのだった。

P子が「お母さんの秘密」について話そうとしたり、治療者を「お母さん」と呼び間違ったり、しっくりと抱かれることができなかったりした事実から、P子の求めていた宝が、母親との関係の在り方と大いに関連していることが推察される。治療者とのかかわりを通じて、P子は母親との関係を改変していったと想像されるが、それこそが「お母さんの秘密」であり「宝」ではなかっただろうか。P子はそれらを明確に言語化し得なかったが、欲するものを手に入れて満足したことと思われる。

それにしても、はじめは治療者を「お母さん」と呼び間違ったりするほどだったのに、自らの演出する劇で、自分が銭形平次となり、治療者の扮するヤクザの子分をやっつける大活躍の後に、母親の名と同名の「女房」のところに帰ってきて無事を喜び合う。その後しばらくして、治療者を母親と間違うことがなくなり、「悲しいけど」と言いつつ、別れを宣言したりする見事な展開が、あくまで、子どもの主体的な動きのなかから生み出されてくる事実は驚嘆に値する。大人たちが、この知恵の遅れた情緒不安定な子を、何とか「指導」してやろうとしていたら、決してこのような素晴らしいことは生じなかったであろう。子どもの宇宙の広がりに対して、われわれ大人はもっともっと敬意を払うべきである。

注

（1） F・E・H・バーネット、吉田勝江訳『秘密の花園』上下、岩波書店、一九五八年。
（2） キャサリン・ストー、猪熊葉子訳『マリアンヌの夢』冨山房、一九七七年。
（3） 小此木啓吾『秘密の心理』講談社、一九八六年。
（4） 木村晴子「少女P子との二年間―プレイセラピイの記録」、河合隼雄／佐治守夫／成瀬悟策編『臨床心理ケース研究3』誠信書房、一九八〇年、所収。

Ⅲ　子どもと動物

子どもたちは動物が好きである。これは時代や文化の差をこえる真理と言えそうだが、最近はとみにその傾向が強くなったような気がする。鶴見俊輔は小学生との座談会で、「たのしいことは何か？」とたずねると、異口同音に「動物と一緒にいる時」という答が返ってきて驚いたことを報告している[1]。そして、現代における人間関係のぞんざいさを嘆きつつ、「人と人とのあいだのぞんざいな関係をやめてほしいとうったえるよりも、動物、植物、風景とのしたしみを深めるほうが、たよりがいのある方法だと思えるようになった」と結論している。確かに、子どもたちは動物とのつき合いから、人間とのつき合い方について深く学んでいるようにさえ思われるのである。

既に第二章に紹介した『秘密の花園』においても、心に深い傷をもつ少女メアリに最初に親しみを示したのは一羽のコマドリであった。彼女はこのコマドリとの触れ合いから、閉ざされた心を他に開くようになるのである。本章の「子どもと動物」という題を書いたとたんに、いろいろな子どもと動物とのかかわりの例が思い出されてきて、いったいどれを取りあげようか、と迷うほどである。なかには、そんな話は本当にあったのですかと言いたいほど、不思議な交流が人と動物との間に生じる。この動物は、この子の身代りになって死んでくれたのだ、と思わせるようなこともある。もっとも、「不思議」な話というものは、その場に居合せて深いかかわりをもったものには納得できても、後で話を聞いたり、文字にされたものを読んだりすると、むしろ、馬鹿げたことにさえ思われたりするので、どんな話をどのようにするかは、難しいことである。

おそらく、心が病み、体が病み、するときは、人間の感受性が不思議な鋭敏さをもち、動物との思いがけない交流を体験するのであろう。病むということは、時には特権ですらある。もっともそれに対して払うコストも大きいものではあるが。

1 動物の知恵

ある小学一年の男の子K君は、学校で一言も口をきかない。家庭ではよく話をしている、というよりは、しゃべりすぎだと家族が思うくらいだのに、家の外へ出るとまったく話さないのである。このような例は割にあって、場面緘黙《かんもく》という診断名がつけられている。つまり、ある場面においては全然話さないわけである。言葉が話せるのに、ある時点からまったく話さなくなる全緘黙というのは、極めて例が少ないが、場面緘黙の子なら、どこの学校にも一人くらいはいることだろう。

場面緘黙の子どもは、最初に担任となる教師の取り扱い方によって、随分と経過に差が生じてくる。笑い者にしたり、馬鹿にしたりする態度を教師がとると、他の子どもたちもすぐそれに同調して、心の傷はますます深くなり、そのために発言の機会は遠くなるばかりである。さりとて、どうせ言わないのだから、と放置しておいたり、はじめから「ものを言わぬ子」として取り扱ってしまうのも、また駄目である。適切な期待をもちながらも、圧力になりすぎぬように接するのが理想的なのだが、果して、それはどのようにすればいいのだろうか。

教師としては何も焦ることはない。この子を暖かい目で見守っていると、何かの手がかりが自然に生じてくるのである。あるとき、級友が一匹の亀をつかまえてきて、水槽にいれて教室で飼うことになった。ところが、緘黙児のK君がその亀を大変気にいったようなのである。蚊を器用につかまえて亀に食べさせて喜んでいる。先生は、この子が学校内ではいつも緊張しているのに、亀と向き合っているときは、なごやかな表情になっているのに気づいた。そこで、クラスの子どもたちと一緒に、できるだけ亀を大切にし、時には、K君に話しかけたりした。K君はそれでも口を開かなかったが、亀のことに関しては、話のなかで少しうなずいたりするようになった。

ところが、ある朝子どもたちが登校すると、亀がいなくなっているのである。先生は「Kちゃんの大好きな亀がいなくなって大変だ」ということで、クラスの子どもたちと一緒になって学校中を探しまわった。子どもたちの努力もむなしく、とうとう亀はいなくなってしまったのだと皆が感じたとき、突然、K君がわあーと泣き出して、大声で「Kちゃんの亀がいなくなった!」と叫んだ。しばらく、ぽかんとしていた級友たちの間から、「わあ! Kちゃんがしゃべった」と拍手が湧き起った。これ以来、K君は学校でも普通に話すようになったという。

これは感動的な話である。緘黙児のK君が声を発する「とき」を、一匹の亀がうまくアレンジしてくれたのである。といっても、このようなアレンジを生かすためには、日頃の担任教師の周到なはからいがあったことを見逃してはならない。もちろん、このような展開を教師は予想できるはずはない。しかし、K君の亀に対する気持を見抜き、他の子どもたちと共に亀に親切に接することを通じて、K君に適切に心を通わせていったところが素晴らしいのである。子どもの心を大切にする、と言っても、それを具体的にどのようなかたちでするかが大切である。子どもをよく見ていると、この場合の亀のように、必ず子どもの心に至る道が見出せるものである。

緘黙の子が最初に言葉を発する「とき」というのは感動的なものだが、そこに動物が関係してくる場合が多いように思う。『古事記』の垂仁天皇の子のホムチワケの話は、場面緘黙ではないが、子どもがはじめて言葉を発するのと、動物とのかかわりが述べられていて興味深い。垂仁天皇の皇子のホムチワケは、長いひげが胸に至るまでになっても、ものを言わなかったが、あるとき、大空を鵠が鳴き渡るのを聞いて、「あぎ」と言ったという。ここから、皇子がものを言うきっかけが見出されてくるのであるが、後の話は省略しておこう。ともかく、生まれてからずっとものを言わなかった子が、空に翔《かけ》る鵠の姿に触発されて声を発するところが印象的である。動物の姿というものが、どこか人間の心の奥深いところにはたらきかける力をもっているのであろう。

次節にも述べるように、動物は子どもたちの援助者として思いがけない力をもっているのだが、このような点について、まったく無理解な人もある。ある登校拒否症の子どもは、長らく家に閉じこもって外出しなかったが、少し元気が出てきて友人のところを訪ね、友人に鳩をもらう約束をしてきた。そこで両親に鳩を飼いたいと言った。ところが、両親は知合いの校長先生のところに、鳩を飼わせるのがいいかどうかと相談に行った。校長先生は言下に、「鳩を飼っている子にろくな奴はいない。それはやめなさい」と言った。両親はその忠告に従い、せっかく元気になりかかっていた子どもはまた落ちこんでしまって、随分と悪化した後に、われわれ専門家のところを訪れねばならなくなったのである。

「鳩を飼っている子にろくな奴はいない」という校長先生は、ちょっと極端にすぎると思われるが、たとい、この断定が正しいとしても、だから、子どもに鳩を飼わせては駄目だという結論に至るのもおかしいことに気づかれただろうか。たとえば、「薬を飲んでいる人に健康な人はいない」、だから「薬を飲んでは駄目だ」などという理屈がとおるだろうか。少し考えるだけでもおかしいとわかるような論理でも、教育者などという人が口にするとすぐにまかり通ってしまうところに、教育とか、子どものことに関する怖さがある。子どもたちは多くの場合、抗弁できぬ立場にある。このことを考えると、われわれは子どものことに関して、安易な断定を下すことは止めたいと思うのである。

人間は動物ではあるけれど、他の動物とは異なる知識をたくさんもっている。そのような知識体系の積み重ねによって、人間は他の動物や自然の上に立っているとも言えるけれど、上にあがりすぎて大地と切れた存在となる、つまり、根なし草のようなものにもなりかねない。登校拒否症の子が動物をかわいがるとき、それは人類が忘れかけている大地との接触を取りもどし、動物の知恵を回復しようと試みているのだ、と言えるかも知れない。大人のなかには金もうけや出世を急ぐあまり、大地との接触を犠牲にしてしまう人がある。登校拒否の子どもが鳩を飼うことを断固拒絶した校長先生も、あるいは、そんな人であったかも知れない。「鳩を飼う子どもにろくな子はいない」というのは、浅はかな人間の知恵の最たるものと思われる。いかに人間の知恵が素晴らしいとしても、われわれはそれに動物の知恵を加えることも忘れないようにしたい。

2　登校拒否症と犬

登校拒否症がわが国では随分と増加して、一般の人たちもこの症状については、多少とも知っているほどになった。もっとも、現在では学校に行かない子と言っても、いろいろな原因や、いろいろな状態があって、一括して論じられないほどになっている。ここは別に登校拒否症について論じる場ではないので、その点は省略するが、登校拒否をする子と犬とのかかわりということで、少し述べてみたい。なお、一言つけ加えておくと、ここに取りあげる例は、本人たちが怠けているとか、学校が嫌いなどというのではなく、自分では登校したいと思っているのだが、どうしても行けない。あるいは無理に登校しても、頭痛や嘔吐などの身体症状が出て、学校におれなくなるような場合である。

ある登校拒否の男子高校生が、次のような夢を見て報告してくれた。

> 母と旅行してバスに乗り込んだ。犬も連れて行こうとして、バスの中へ連れていったが、犬はだめと言われたので、バスから降ろした。祖父にあずけて出発する。これが犬の見おさめのような気がした。

この夢を見た高校生は、一匹の犬を非常にかわいがっていた。実際、登校拒否症の子で、犬をかわいがる子は多い。犬との間に肌で感じ合う交流が、彼らの気持を慰めるのである。ところで、彼は母と旅行をするにあたって、犬を手放さなければならない、ということを夢で体験している。しかも、それは「これが犬の見おさめ」と感じられるほどの体験だったのである。

子どもが自立してゆくためには、母から分離してゆかねばならない。母子分離ということは、子どもにとっても母親にとっても、なかなか難しいことであり、登校拒否の場合、母子分離の問題がかかわってくることが多いのは、よく指摘されているところである。そこに母親が悪いという断定がでてくるのであるが、ことはそれほど簡単ではない。母親にも子どもにも、それぞれの個性と歴史があるし、それらにかかわる父親の在り方も重要になってくる。そのなかの何かひとつをとり上げて、これが「原因」などとはきめつけられないのである。

この例の場合もあまり詳しくは言えないが、いろいろ事情が重なって、母親としては子どもの自立の方に心をとられすぎて、自立以前の、母と子との肌の触れ合うような一体感を体験することが少ない傾向があった。自立ということは難しいことで、それまでには相当な一体感を味わっていなくてはならない。それが不足すると、どうしても分離するときに心残りがして自立に失敗してしまう。さりとて、あまりにも一体感の中に埋没してしまっていると、自立する力が弱くなることは容易に推察されるであろう。

それと、よく誤解されることだが、母親から自立することは、母親と関係がなくなることだと思っている人がある。そんな馬鹿なことはなくて、母親から自立した人間は、自立した人間として、人間対人間の関係を母親ともてるはずである。何の関係もないのは孤立であって自立ではない。自立することは、母親と無関係になることではなく、母親と新しい関係をつくることである。このように考えると、自立などということは一挙に達成されるものではなく、だんだんと段階を経て、それにふさわしい自立の在り方をまさぐってゆくのだ、と考える方がよさそうである。

このような自立に関する考えを基にして、先に示した夢を見ると、この高校生が、旅に出るという自立を象徴する夢の体験のなかで、母親と共に行動し、残念だが犬を後に残したという意味がよく了解できる。ここで、言うなれば、この高校生にとっての母親像は夢のなかで、母親と犬とに分解されているのである。つまり、彼が新しい関係をつくりあげてゆくべき母と、これまでは必要であったが「後に残してゆくべき」母(犬で表わされている)とである。

この夢のなかには、犬と離れる彼の残念さと、決意とがよく示されている。自立することは、言ってみれば淋しいことであり悲しいことである。こんなときに、自立の「よい」面にのみ心を奪われ、それを裏打ちする淋しさや悲しさの感情に、本人も本人を取りまく大人たちもすべてが気づかないとき、そのことによって、せっかくうまくゆきかけたことが逆転してしまったりすることがある。その点、夢にそのような感情が表われて、われわれの盲点をうまくカバーしてくれることが多い。

この高校生は、この夢を見た翌日に登校することになる。実は、この夢を見る数日前に、彼の最愛の犬が、ダンプカーによって轢き殺されるという事件があったのである。そのとき、彼は怒りと悲しみに打ちのめされたが、その後、この夢を見て、これを契機に登校するようになった。このようなことはよくあることなのである。犬は母親代理として、彼に暖かい土のにおいのする愛を与えてくれたが、また一方では、彼の分身として、出立にあたり彼が克服しなければならぬ半面を背負って死んでいったのである。人格の変化には、常に「死と再生」の主題がつきまとうものであるが、その死の部分を犬が引き受けてくれた、とも言うことができる。前章にあげたP子の例で、最後にカネゴンを埋葬し、治療者が胸をつまらせるところがあった。あの場合、遊びのなかで象徴的になされたことが、ここでは実際の犬の死としてあらわれているのである。

人格の変化には、このように死の主題が常に関係していることを、われわれはよく知っていなくてはならない。さもなければ、ある子どもを「よくしてやろう」とする善意によって、当人を死に追いやるようなことにさえなるのである。これは少しうがった言い方をすると、急激で極端な改善を願う心の背後には、相手の死を願う気持が潜在しているとさえ言えるかも知れない。周知の戸塚ヨットスクールの事件や、最近、寮生を虐殺して問題となった不動塾の事件などを見ていると、このようなことをふと考えさせられるのである。

少し話が横道にそれてしまったが、この高校生が立ち直ってゆく上において、一匹の犬が母親代理となり、分身ともなり、最後は身代りとなって、役目を完了して消えてゆくまで、その果した役割は非常に大きいものがあったと言わねばならない。死後も夢のなかにあらわれて、その役目を果している。実際、子どもたちの夢に出てくる動物たちも、子どもたちの魂にとって素晴らしい活躍をしているのであるが、今回はそれについては割愛して、もう少し登校拒否の子どもと犬の話を続けることにしよう。

心理療法家の村瀬嘉代子は、「心理療法と自然」という、教えられるところの多い論文を書いている。[2] そのなかで「心理療法過程に登場する動物の治療的意味」を論じ、二十二例に及ぶ豊富な体験を示し、動物たちが子どもの治療過程にどれほど役立ったかを明らかにしている。いろいろな動物のなかで、犬と猫の登場回数が多いようだが、そのうち登校拒否児と犬との結びつきを語ったものが三例ある。それらのうち、本書に述べてきたことと関連が深いと思われる例を紹介することにしよう。

十五歳の女子で、不登校に家庭内暴力を伴う例である。「才能を開花し切れず、不本意な結婚生活に甘んじてきたと感じる母親の期待」を背負って、この子は成長する。母親は子どもの勉強に一所懸命で、「母子二人三脚」で勉強する。ところが、この子は小学五年生のとき性的被害にあった。しかしそれを誰にも言えなかったのである。

既に第二章においても、性的被害にあいながら誰にも言えず苦しんだ女性の例について述べた(四二頁)。このような行為が少女たちの心に残す傷の深さを思うとき、これらの行為に及んだ男性たちに対する怒りを禁じ得ない。それと共に、この子たちが母親にも打ち明けずに秘密を背負っていることの辛さを考えると、たまらない気がする。この少女が、不登校とか家庭内暴力とかの問題を起したとしても、むしろ当然のことと言える。それは傷ついた心の回復への助けを呼ぶサインなのである。

小学校時代には成績が大変よかったのに、だんだんと落ちてきて、高校では「秀才という偶像が墜ちたという強い自信喪失感」をもったという。このような子は、いかに知的能力が高くとも、勉強を続けてゆけるはずがないと思われる。しかし、一般には、このような子は結局は能力がないとか、怠けものとか断定され、教師や同級生のみならず、親からさえ見放されてしまうこともあるのだ。

この場合は、幸いにも治療者との人間関係を結ぶことができて、少しずつ立ち直ってくることができた。そんなとき、この子と治療者は日蔭にいる一匹の汚い皮膚病の犬を見かける。すると、この子はその犬を抱いてしまうのである。アレルギーがあって、何かの刺激ですぐ咳の出てくる子が、汚い犬を抱きしめたので治療者は驚くが、本人自身もびっくりして、「不思議、こんな汚い犬抱いて咳出ないなんて!」という。

これを契機にして、この子は秘密にしていた「汚れた自分」の体験を治療者に打ち明け、あなたは何も汚れていないと治療者に保証されて立ち直ってゆく。治療者は、この犬はこの子自身が汚れたと感じていた自己像であって、それを受けいれ統合し直そうとする行為として、汚い犬を思わず抱きしめたのであろうと推論している。このようなことも、すべてを受けいれてくれる治療者の同伴を得てこそ達成されたと言うべきであろう。アレルギーのある子が、皮膚病の犬を見て思わず抱きしめ、「どうして咳が出ないのか」と自ら不思議がるところは、本当に感動的である。

登校拒否の子に対して、どうしたら登校できるか、登校拒否の原因は何か、などと短絡的な発想に陥らず、心理療法家はまず、子どもとその世界を共有しようとする。この例の場合でも、治療者は「絵、音楽、テニスなどを介して」少しずつ二人の共有できる世界をつくりあげていったと述べている。そのような地味な努力に裏づけられ、時が熟したときに、一匹の犬が二人の前に現われる。汚い犬を自ら抱きしめることによって、少女は自らが「けがされた」と思い込んでいた経験についての秘密を、治療者に告げることを決意するのである。

このような全体の流れと、「時熟」するときの素晴らしさを味わうことなく、これらの話から、「登校拒否の子には動物を与えるとよい」などと判断するのは、誤解も甚だしいと言わねばならない。動物にしろ、「とき」にしろ、やってくるのであって、人間が与えたり、しつらえたりできるものではない。あくまで子どもの主体的な動きによって、動物とのかかわりが生じてくること、それを意味あるものとするのに必要な、子どもとの人間関係をもつ人が存在していること、などが大切な条件であることを忘れてはならない。

登校拒否の子と犬とのかかわりが多く目についたので、このような表題のもとに論じたが、村瀬嘉代子の他の多くの事例も示しているように、子どもたちと動物とのかかわりは、登校拒否と犬とに限定されないのはもちろんのことである。これも蛇足ながらつけ加えておく。

子どもと動物との関係で、最後にもうひとつだけつけ加えておきたいことがある。それは、子どもが動物を大変にかわいがりながら、それに対して急にいじめたり、虐待と思えるほどのことをすることがある、という事実である。犬や猫を大変にかわいがり、他の家族がちょっと触れても怒るくらいの子が、急にそれをなぐったり蹴ったり、殺してしまうのかと思うほどひどくいじめたりする。これは今まで述べてきたように、動物が母親や父親や、あるいは自分の分身として受けとめられていると考えれば、了解できる。つまり、子どもは愛と憎しみの相反する気持に悩まされ、自分でもどうしようもない状態にあるのである。母親に対して、ずっと抱いていて欲しいくらいの気持と、それを蹴り倒してでも離れてゆきたい気持と、両者の間の葛藤を動物たちに対して表わしているのである(第一章の三節にあげたA子の例で、A子が母親に暴力をふるう一方で、母親の寝ているふとんの中にもぐりこんできたりしたことを思い出していただきたい)。このような心の揺れは、自分自身に対する気持の場合も同様である。かぎりなく自分をいとおしく感じるときと、自己嫌悪でたまらなくなるときと。子どもが動物に対して愛憎両様の態度を示すとき、「変な子だ」などというのではなく、このどうしようもない心の葛藤を大人がよく理解してやることが必要である。

3　ファンタジー

子どもたちにとって、動物とのつきあいがどれほど重要な意味をもつかについて述べてきた。しかしそうすると、それほど大切な意味をもつ動物を、飼いたくて仕方がないのに飼えない子どもたちはどうなるのだろうか。このことについての素晴らしい解答とも言ってよいし、実はそれをこえてもっと多くの意味深いことを伝えてくれる作品として、フィリパ・ピアスの『まぼろしの小さい犬』(3)をあげることができる。この作品については、既に他に詳しく論じたので、ここでは、われわれが問題としていることとの関連において簡単に述べることにする。

主人公の少年ベンは、ロンドンの下町に住むブリュ－イット家の子どもで、姉二人、弟二人の五人きょうだいの真中の子どもである。よい両親やきょうだいに囲まれて、ベンは一見楽しそうに見えるが、それにもかかわらず、何かいわれのない疎外感のようなものを味わっていた。人間はどれほど恵まれた環境にあっても、疎外感や孤独感を体験しなくてはならぬときがあるようだ。それは、人間存在に必然的にそなわっているものと言っていいのだろう。特に子どもにとって、その自我が以前よりは意識され、自立へと向うとき、それは一応は他と異なる存在として意識されねばならぬので、周囲の人がどんなにいい人であっても、言い知れぬ疎外感や孤独感に襲われるのである。

このようなベンを慰めてくれるものに、ファンタジーがあった。ベンは強い犬についてファンタジーを描くのが好きであった。彼はロシアの国の雪に覆われた荒原で狼とたたかうボルゾイ犬の勇姿を心に思い描く。ボルゾイ犬は荒野で狼とたたかい、嚙みついてゆくのだ。おそらく、ベンの心のなかで自立に向けて動きはじめている自我は、相当な強さをもたねばならぬし、その強さは、ベンにとってボルゾイ犬の勇姿で表わされているのである。

ベンは、まさかボルゾイ犬が手にはいるとは思わなかったが、ともかく犬を一匹飼いたかった。ベンがきょうだいのなかで何となく孤立しているのを感じとったのか、田舎に住んでいる祖父が、誕生日には犬を一匹やろうと約束してくれた。ベンは狂喜し、誕生日を心待ちにしていた。ところが、祖父のところから届いたのは、小さい犬の絵で、犬ではなかった。祖父はベンに犬をやると約束したものの、ベンだけ特別ではなく、他の孫にも犬をやるとなると高くついて困るし、それにベンのアパートでは、おそらく犬を飼うことは許されないだろうと考え、犬の絵を送ってきたのである。

ベンは落胆し、腹も立てるが、祖父の手紙の文面から祖父の気持も察して、祖父のところを訪ねることにする。そこで、祖父がベンに送ってきた絵の犬は、なかなか珍しい種類の犬で、その絵はベンの叔父がメキシコに航海したとき、みやげに持ち帰ったものであることを知る。絵の後ろには「チキチト　チワワ」と書いてあったが、チワワはメキシコの市の名であり、チキチトはとても小さいという意味で、おそらく、この絵の犬の名であったろうということだった。

ところで、この小さい犬チキチトは、ベンの心のなかに住むようになった。ベンが目をつむると、小さな犬チキチトが現われてくるのである。ベンは犬に夢中になり、チワワ種の犬のことを図書館に調べにゆき、「チワワ種の犬は食用に適す」ということを知り、ショックを受ける。このため、ベンは自分が人食い人種に食べられそうになった悪夢を見てうなされ、母親を心配させる。

母親はベンが犬を飼いたいのに飼うことができず、図書館で犬のことを調べたりしていることを知っていたので、犬のことをあまり考えないようにと忠告する。母親はベンがそれでも犬をまだ欲しがっているのだろうときくが、ベンはもう欲しくないと答え、心のなかのチキチトのことを思わず話しそうになるが、犬には「もうあきちゃったのさ」と心にもないことを言ってしまう。

ベンはなぜ母親に本当のことを言わなかったのだろう。それは彼が「彼の犬」のことを秘密にしておきたかったからだ。ここで、前章で述べた秘密の意味について思い返していただきたい。ベンは自分のアイデンティティを支えるものとしての小さい犬のことは、どうしても秘密にしておきたいのである。しかし、既に述べたように、秘密をもつことは、危険なことでもある。ベンは彼のチキチトに慰められる反面、危険にも遭遇することになる。

ベンはその後、心のなかの小さい犬チキチトの姿を見ることを楽しみにした。目をつむるとチキチトが現われるのだ。しかし、彼の家族たちは、ベンの楽しみを奪うことばかりする。彼らは家族から孤立しがちなベンに心づかいをして、何かと話しかけたり一緒に行動しようとするのだが、それは結果的にベンをますます家族から遠ざけてしまうことになるのである。こうなると、ベンは家でも学校でもぼんやりして、不注意極まりない状態になった。成績はもちろん悪くなる。先生たちも気にしているが、何かというと目をつむってぼーっとしているベンには手がつけられない。

とうとう、校長先生はベンは目が悪いのだと判断して母親に通告し、びっくりしたベンの母親は早速彼を眼科医のところに連れていった。しかし、視力は全然悪くなかった。それではどうしてたびたび目をつむるのかと母親に問いつめられ、ベンはものを見て疲れるのではなく、見ることにあきたのだと言う。

「見ることにあきたんだよ。見えるものといったら――いつも同じようにかわりばえしなくてさ――やたらにかさばって、ばかでかくて――大きすぎるし、たいくつだし、とりえがないし、それがまた、いつもおんなじようにたいくつな、かわりばえしないやりくちをくりかえしてるものばかりなんだもの。」

これには母親も呆れかえってしまう。ともかく、母親にとってベンが心配な状態にあることはわかっていた。しかし、何がどう心配なのかがわからないのだ。

ベンの場合ほどでないにしても、このようなことは、すべての子どもに生じると言ってもいいことだ。親からみると、子どもの考えていること、していることがまったく不可解に見え、学校の成績が急に悪くなってきたり、よく話をしてきた子が極端に無口になってしまったりする。親にとっては随分心配なことであるが、これは子どもの成長にとって必要なことであり、私はこれを成長過程における「トンネル」とか「さなぎ」の状態などという言い方で説明している。何かが開ける前に「トンネル」を経過することが必要なのである。

ベンの場合、大人は、ベンがチキチトなんぞという犬のファンタジーをもつからおかしくなったので、そんなものを捨ててしまえばよくなるはずだと考える。この考えはまったく間違っている。これは、さなぎにむかって、そんな殻に閉じこもるから動けなくなるのだ、早く殻を脱いで昔のように(つまり、毛虫のように)歩きまわれ、と命令するようなものだ。そんなことをすると、さなぎは死んでしまうだろう。あるいは、たとい、毛虫として活動したとしても、蝶になる機会は失われてしまうのである。

ベンはファンタジーとしての小犬によって自分を支えられ、活発に大胆に行動してゆくことを教えられるのだが、それはもっぱら内的充実として経験され、外には何も出て来ない。しかし、このことは実は、今後のベンの人格の発展にぜひ必要なことなのである。このような「さなぎ」の時期を経てこそ、人間は以前と異なる段階にすすむことができる。そのとき、両親はその「さなぎ」の殻の役割をするものとして、あくまで子どもを外界からの強い刺激にさらされぬように守ってやらねばならない。子どもを見守って待っていると、新しい展開が生じる。

このように言っても、人間は蝶と異なるから、毛虫—さなぎ—蝶と一直線の変化があって終り、というわけにはゆかない。さなぎの期間も、長い人もあれば短い人もある。さなぎの体験も一度ではすまぬ人もある。これは人によって異なるので、一般論を述べることは難しい。しかし、一般的に言って、十歳くらいのところでトンネルを経過する子は相当いるし、そのときに何ともなくとも、思春期にはほとんどの子どもがトンネルを体験する。親たちはこのことをよく知っておかねばならない。

「さなぎ」もある時期がくると、自らその殻を破って出てくるものだ。トンネルも永久に続くことはない。そのうちに出口が見えてくる。しかし、急激な変化には常に危険が伴う。ベンの場合もそうであった。ベンはクリスマスの買物に家族一同と町へ出て行ったとき、目をつむったままで車道を横切ろうとして、自動車事故に遭う。幸いに命はとりとめたものの、大変なことであった。早速入院となって大騒ぎになるが、実は、この時がベンが「さなぎ」からぬけ出たときだったのである。ベンが目をつむると見えていた犬は、これからは見えなくなり、「見えない犬」としてベンの心を支えるものに変化し、ベンは家族に対して暖かい関係を結ぶことができるようになる。ベンの感じていたいわれのない孤独感も、このときに消え去るのである。

ベンが「まぼろしの犬」として内的に経験したのと同様のことが、ある子どもにとっては、実際の犬や猫に対して、あるいは小鳥を飼うことなどについて起る。このときも子どもの心のなかでは、それぞれの実際の動物に対応する「まぼろし」の動物が存在している。それだからこそ、子どもたちはそれぞれの動物に夢中になれるのである。ベンの場合は現実に飼いたいと願っていた犬を手に入れることができなかったので、まぼろしの犬の存在がクローズアップされ、その意味が明らかにされたと言うべきだろう。

ベンが現実界にもどってくるとき、交通事故という危険なことが生じた。このようなことは実に多い。そのときに、それを契機として、さなぎから首尾よく脱皮できるかどうかについては、ベンを取り巻くそれまでの人間関係が大きく役立つのである。ベンが入院してからの家族（祖父母も含めて）との心の交流は、原作にこまやかに描写されている。これがあってこそ、ベンはすっきりとした少年として成長してゆけるのである。この後の話の展開も実に素晴らしいのだが、今回はファンタジーとしての動物の存在意義を知ったことで満足することにしよう。

子どもにとってこのように大切なファンタジーが、押し込められてはたらかないようにされると、どうなるだろうか。そのことを端的に示している例について、次に簡単に述べる。小学五年生の男子を連れて来た母親が、子どもが知能が低いということはないと思うのに、成績が随分悪い、どうしてだろうかと相談された。早速、子どもに会ってみると、確かに知能が低いどころか、むしろ優れたと言っていいほどの子である。この子がどうして母親の言うように1や2ばかりをとるのかと不思議に思われた。母親の説明によると、家で母親が横について問題をやらせると、相当にできる。これなら大丈夫と思っていると、試験のときにはまったく不可解なミスや考えちがいを重ねて、予想外の悪い成績をとる、とのことであった。

この子と少し話し合っただけで、私はこの子が非常に想像力豊かな子であることを知った。いつものように「君はどんなことが好き」などということを話し合ったのだが、旅行が好きだと言いながら、自分が行きたくてまだ行ったことのない場所の光景を、目に見るように生き生きと話してくれたりするのである。ところで、「こんなもので何か作ってくれる」というわけで、箱庭の置いてあるところに誘導すると、いそいそとすぐに作ってくれた。実は私はファンタジーの豊かな作品ができあがるのではないかと思っていたのである。このような箱庭をつくるのは、「箱庭療法」(4)と呼ばれ、私が日本に導入したものだが、現在のわが国では実にひろく用いられ、効果をあげているものである。

この子の作ってくれた作品は、予期に反してあまり豊かとは言えないが、この子のおかれている状況を実に端的に表わしていた。ライオンと象がそれぞれ狭い空間に完全に閉じこめられている。これを見て、私はこの子の豊かなファンタジーが完全におさえこまれていると感じたのである。おそらく、子どもは成績の悪さに対する母親の焦りから、家では母親の横で問題をやらされて、ぎゅうぎゅうつめこまれる。ところが、学校へ行って試験のときになると、急におさえられていたファンタジーが湧き上がってきて、いろいろとあらぬ方に心がとんでゆく。そこで思いがけないミスが生じる。母親はますます焦って厳しくする、という悪循環が生じていたのだろう。

子どものつくった箱庭(ライオンと象が檻に閉じこめられている)

こんなことを思っていると、この子は象を少し動かして、「象が鼻で柵を押しているところ」という。これはなかなか有望だと私は感じたが、事実、母親も非常にものわかりのいい人で、私の説明をすべて受けいれて下さった(こんなことはあまりないことだが)。

次回は、象が檻を破って出てくるような作品でも作るのだろうと思っていると、この子はやって来るなり、箱庭で「動物園の檻を破って出てきた象」という作品をつくったので驚いてしまった。こんなにぴったりゆくのも珍しい。象は勢いよく、自衛隊の戦車を踏みつぶしたりして大暴れをしている。このときの作品に感激して写真をとったのだが、まったく面白いことに、どこからどう光がはいったのか、肝心の象のところが感光してしまってほとんど写っていないのである。この子の心から湧き出てくるファンタジーは、私の心に収めるにはあまりにも凄いと言うべきことのようである。そんなわけで、ここには暴れる象の写真を掲載できなかったが、読者はそれぞれその姿の素晴らしさを心に描いていただきたい。

この子の時ばかりは、ごく短期間の面接で問題が解決してしまった。母親が子どものファンタジーの豊かさを受けいれるやいなや、試験での馬鹿げた失敗が消失していったのである。それにしても、ファンタジーの制限を、檻のなかに閉じこめられた動物たちとして表現する子どもの心の動きというものは、本当に凄いものである。まったく感嘆するほかはない。

注

(1) 鶴見俊輔「この日本でいま」、『岩波講座 教育の方法1 学ぶことと教えること』月報、岩波書店、一九八七年。

(2) 村瀬嘉代子「心理療法と自然」(1)(2)、『大正大学カウンセリング研究所紀要』一九八六―八七年、所収。

(3) フィリパ・ピアス、猪熊葉子訳『まぼろしの小さい犬』学習研究社、一九七六年。

(4) 箱庭療法については、河合隼雄編『箱庭療法入門』誠信書房、一九六九年、河合隼雄／中村雄二郎他『トポスの知 箱庭療法の世界』TBSブリタニカ、一九八四年、を参照されたい。

Ⅳ　子どもと時空

たんす

谷川俊太郎

たんすの右の引出しに
かもじと櫛がつまってる
たんすの左の引出しは
プラスチックのさじばかり
まんまん中の引出しは
しっかり鍵がかけてある

いちばん上の引出しは
参謀本部の地図が占め
二番目の引出しの中

あふれるばかり名古屋帯
三ばんめの引出しは
何故か見事にからっぽで
いちばん下の引出しを
開ければとび出すねずみの仔

ひらきを開いたその中は
どことも知れぬ町はずれ
ほこりだらけの夕暮に
まりをついてる女の子
てんてん手まりてん手まり
ひとつつくたび年をとる(1)

谷川俊太郎のこの詩を読むと、誰もがそれぞれ自分の「たんす」をもっている、と思わされる。ある人のたんすの小引出しには宝石が一杯かも知れないし、ある人はたくさんの手紙の束をいれているかも知れない。しかし、「ひらきを開いたその中は」、がらりと次元が変るのである。せっかくの自分の「たんす」の「ひらき」を一生の間、一度も開いたことのない人は不幸な人である。もっとも、これを開いたばっかりに思いもかけない危険に見舞われた人もいるだろうが、危険もなしに幸福をつかむことは、まず出来ないのだから、それも仕方のないことである。

それにしても、「てんてんてん」とまりをつくだけで、三年も経つなんてことがあるのだろうか。私はこの詩を読んで、児童文学の傑作、C・S・ルイスの『ナルニア国ものがたり[2]』をすぐに想起した。これはイギリスの話だから、日本のたんすとは大分異なると思うが、疎開先の古風な衣装だんすを開くと、まったくの「別世界」つまり、ナルニア国が出現してきて、子どもたちは壮大な体験をする。そして、その体験は「こちら」の国では十五年くらいであるのに、ナルニア国では数千年のことになるのである。

こちらの世界では、時間、空間というものは極めて重要なものである。「いつ、どこで」ということによって、われわれはこの世のなかに定位される。「いつ、どこで」を明確にし、われわれは約束を守るかぎり、自分の会おうと思う人に会うことができる。これは大したことである。しかし、現実にはそううまく事が運ばないときがある。思い違いが起る。事故が生じる。待ち受けていた恋人が交通事故で死亡ということさえあるのだ。そのようなとき、人間はこの世のはかなさを痛感する。

はかないこの世は、実は時空を超えた世界によって裏打ちされており、その存在を知ることによって人間はほんとうに安心することができる。『秘密の花園』について論じたとき、すべての少女は心のなかに秘密の花園をもっているなどと述べたが、それはここでの論議と重なってくることである。

子どもたちは、この世の時空を超えた世界の存在について非常によく知っている。大人はこの世のことにあまりにも縛られすぎている。大人は「忙しい」とよく言うけれど、それはこの世のはかなさを実感することを避けるために、忙しさのなかに逃げこんでしまっているのかも知れない。子どもたちの時空を超えた世界の体験は、われわれ大人にとっても教えられるところの大きいものである。この章では、時空を超えた世界の体験をした子どもたちについて考えてみることにしよう。児童文学はそのようなことに関する名作に満ちていて、どれを取りあげようかと迷うほどである。

1　時とは何か

時間についての児童文学の傑作となると、フィリパ・ピアスの『トムは真夜中の庭で』[3]をあげる人が多いであろう。イギリスの児童文学作家で批評家でもある、J・R・タウンゼントが「第二次世界大戦後のイギリスの児童文学作品のなかから傑作だと思われるものをただ一作だけ挙げろと言われるなら[4]」この作品をあげると絶讃したことは周知の事実である。この作品は時間だけでなく空間についても、時空を超えた世界の存在について考えさせるものである。

主人公の少年トム・ロングは、弟のピーターがはしかになったため、せっかくの夏の休暇を家族とすごせず、親類のアランおじさんのところに一人であずけられることになる。その家は昔の大邸宅をいくつかに区切ってアパートにしたもので、玄関をはいったところのホールには大きい古時計があった。この時計は時間はまことに正確なのだが、時刻を知らせるために鳴る数だけが無茶苦茶で、五時だのに、ひとつだけ鳴ったりするのである。

ところで、この古時計こそこの話全体のプロモーターなのであった。つまり、この時計は「時間には二種類あること」を宣言しているようなものであった。チックタックと刻み、誰にとっても一様に同じにすすんでゆく時間、それをこの時計の針は正確に捉えていた。しかし、人間にとってはもうひとつ別の時間がある。それは、それぞれの個人にとっての「とき」である。時計の針で一時間の長さが、ある人には一瞬のこととして感じられることもあるし、その逆のこともある。十年前のことがつい最近のことと感じられたり、ごく最近のことが遠い昔のことと感じられたりする。「とき」は生きもののように変化している。このように考えると、この古時計は本当に意味深いものになってくる。針の動きで一様に進行する時間を告げつつ、片方では、ある「とき」を告げるために、音を鳴らすのである。

トムがある夜、寝つかれずにいると、大時計が十三時を打つのである。これは大変なことだ。「このできごとは、トムになにか変化をもたらした。トムは勘でそれがわかった。そう思うと、トムはおちつかなかった。夜のしずけさが、そのなかになにかはらんでいるように思われるのだ。邸宅ぜんたいが息をころしているように思われ、くらやみがトムにこう問いつめているように思われるのだ。――おいでよ、トム。大時計が十三時をうったよ。きみは、いったいどうするつもりなんだ?」

大時計の告げる「とき」に従って、トムは下に降りてゆき、ホールの裏口をあけてみると、そこには思いがけない庭園がひろがっていた。しかも、トムは翌日になって起きてから調べてみて、そこには庭園などはなく、家がごみごみとあるだけだということも知った。それから以後、トムは夜になると、この「秘密の庭園」を訪れることにした。それは、トムにとって魅力に満ちた経験であり、いろいろと不可解なことにも満ちていた。そこでは「時間」の流れが逆行することさえあり、一度は、嵐で倒れた大木が、次にゆくと元通りになっていたり、そこで出会う人物が急に幼いときにかえったりすることさえあった。「時間」は一直線に流れてゆくのではなく、そこではぐるぐると巻きこんで、ひとかたまりにしてあるようにさえ感じられた。

トムが「庭」で会う人たちのなかで、ハティと名のる少女だけがトムの存在を認め、話し合うこともできた。他の人たちはトムの存在がさっぱり見えないようであった。トムはハティと一緒に遊んだり、いたずらしたりしているうちに、少しずつ心を惹かれてゆく。ここで、トムの心のなかに大きい変化が生じ、あれほど家に帰りたがっていたのに、帰宅の予定を延長してでも、アランおじさんの家に留まろうとする。つまり「秘密の庭」の魅力が、両親の待っている家よりも大きくなったのである。

　これは、少年トムの成長にとって重要なことである。トムは生まれてはじめて自分の親よりも魅力ある存在を見出したのである。しかもそれは日常の時空を超えた存在であった。トムにとっての「たんすのひらき」を開いた世界に、ひとつの庭が存在し、そこにはハティという少女が住んでいた。そして、あちらとこちらでは時間の経過もまるで異なっていた。あちらでいろいろと体験して帰ってきても、こちらでは何も時間が経っていなかった。こちらでは一日の間に、あちらでは何年も経過していることもあった。ともかく、このような時空を超えた世界が、トムの存在を支え、彼は両親と離れていても、生き生きとしてすごすことができた。これは子どもが自立してゆくために経験するべき、ひとつのステップである。

　蛇足ながら、もともと自分の家に魅力がないので他に心を惹かれるのなどは、問題外である。このようなとき、子どもはむしろ「家を求めて」家出したりすることは、既に述べたとおりである。

　ハティと庭に心を奪われたトムは、永遠にあちらの世界に留まろうとさえ思うようになる。ところが、ハティはしばらくの間にすっかり成長して若い女性となり、同年齢の男性に心を移して、トムのことを忘れそうになる。それに、家の方からは帰宅するように催促が来るし、トムは焦るのだが、もはや裏口から庭園への道は通用しなくなってしまう。トムは悲しむが、思いがけない結末がやってくる。

　トムはこのアパートの持主であり、例の大時計の持主でもあるバーソロミュー夫人が、実は「ハティ」であり、彼女が毎晩かつての経験を夢見ているとき、トムがその夢のなかにはいっていたことを了解するのである。夫人もいつも夢に現われる少年トムが実在していたことを知り、驚きながら喜んでくれる。彼女は年をとると、昔のなかに生き、昔の夢を見るものだと説明してくれるが、毎晩かかさず彼女の夢に「庭」が現われたのは彼女の力ばかりではなく、トムの力もあったらしい。というのも、バーソロミュー夫人は「ことしの夏ほど、たびたび庭園の夢を見たことはなかったね。また、ことしの夏ほど、なんでも小さかったころ感じたとおりにいきいきと思いだしたことはなかったね。だれか遊び相手はないかなあとか、どこかに遊ぶところはないかなあとか」。

家を離れて孤独で、誰かと遊びたいと願っている少年トムの心と、昔をなつかしむ老女のバーソロミュー夫人の心とが共鳴し合って、不思議な夢体験の共有が生じたのである。そして、その夢は二人にとってそれぞれ大きな意味ある体験となった。それは二人がそれ以後生きてゆく上での強い支えとなったのである。

フィリパ・ピアスはこの作品についての「作者のことば」の終りに、「おばあさんは、じぶんのなかに子どもをもっていた。私たちはみんな、じぶんのなかに子どもをもっているのだ」と述べている。私はこれに「子どもはみんな、じぶんのなかに大人をもっているのだ」とつけ加えたい。さもなければ、トムがこれほどまでにバーソロミュー夫人の思い出を追体験できないであろう。子どもと大人とは、一般に考えられているよりはるかに相互に支えあっているのである。時空を超えた——と言っても、それはかつて存在したものだったが——「庭」という場において、少年と老人の魂の触れ合いが生じたのである。

次に、少女を主人公とした「とき」に関する名作をひとつ取りあげる。それはアリスン・アトリーの『時の旅人』(5)である。これは一九三九年に発表された、いわゆるタイム・ファンタジーとしては古典に属するものであるが、現在においても大きな存在意義をもつ作品である。

主人公の少女ペネロピーは病弱な子で、そのためにロンドンから母方の大伯母ティッシーの住むサッカーズ農場に転地する。トムの場合、彼自身が病気ではないが、彼も両親から離れている間に深い体験をしたのであり、この点、どちらの話にも共通に「親元を離れる」というのが認められ興味深い。非日常的な体験をするためのひとつの条件として、日常的で親しみのある空間を離れる、ということが認められる。

ペネロピーは大伯母の家ですごすうち、ふと三百年も以前の時代にはいりこんでしまう。この家は何百年も前から住んでいたカトリック信者のバビントン家のものであり、ペネロピーの先祖は、バビントン家の人々に仕えていたのである。ところで、三百年以前と言えば、エリザベス一世がカトリックのスコットランド女王メアリーを幽閉していた時代であり、ペネロピーはこの両者の葛藤のなかに巻きこまれてしまう。つまり、ペネロピーの住んでいるサッカーズの若い領主アントニーと、その弟フランシスはメアリーを助けて、イングランドの女王に推戴しようと努力しており、ペネロピーは彼らに心惹かれ、彼らの運動に加担してゆくのである。

ペネロピーはこのように心動かされてゆきながら、まことに奇妙なことに、メアリーもアントニーも結局はエリザベスによって処刑されたことを歴史で習って知っているのである。このためにペネロピーは言い難い苦境に追いこまれる。つまり、メアリーやアントニーに加担しつつ、しかも最後には愛する彼等の死を覚悟しなくてはならないのである。このため、彼女はたまりかねて「メアリーは処刑された」などと口走ってしまい、「過去の人たち」から、うさんくさそうに見られたりする。

これは考えてみると不思議な物語である。読者は主人公と同じ気になって、ペネロピーの愛しているアントニーやメアリーの成功を願うとしても、一方ではそれが悲劇的結末を迎えることを確実に知らされているのである。なんだか随分と奇妙な話のようであるが、これをひとりの少女の内界のことと考えると、了解できるのではなかろうか。

ひとりの少女は、大人になるためには「乙女の死」を体験しなくてはならない。このことは免れることのできない結末である。エリザベスは立派な女性である。しかし、メアリーも魅力に満ちている。この二人の女性の葛藤を通じて、多くの体験がなされ、血や涙が流されるにしろ、大人になってゆくためには結局はエリザベスが勝利し、メアリーは処刑されねばならないのである。血を血で洗う凄まじい戦いは、少女の内面における戦いとして見ると非常によく了解できる。

少女にとって免れることのできぬ「とき」は、いつかやってくる。それはエリザベスにとっては勝利の嬉しい瞬間であるにしろ、メアリーにとっては死を迎える悲しみの「とき」である。この両面性をよく認識することが必要である。残念ながら紙数の制限のために、この物語を紹介できないが、読者は原作を読んでいただきたい。少女の内界を描いたものとして数少ない傑作である、と私は思っている。

話の結末近くに、ペネロピーが地下室に閉じこめられるところがある。そのため彼女は危うく殺されそうになるが、これは少女が大人になってゆく間に経験する「内閉期」と、その危険性をよく示している。実際、このような時期に内閉が強すぎて神経症になったり、そのために命を失ったりする人も生じるほどである。「自殺者」と言われる子どもたちも、その内面において、エリザベスによるメアリーの「処刑」が行われたのだと考えると、ある程度わかる気がすることもある。内面において行われることが、外的にそのまま生じてしまったと考えられるのである。

2　通　路

『トムは真夜中の庭で』において、そこに存在する「通路」の意義と重要性を、上野瞭が見事に指摘している。上野瞭は『現代の児童文学』[6]において、「児童文学のなかの「ふしぎな世界」」として、時空を超えた世界の存在を論じ、そこに到る「通路」の意味について語っている。

上野は「『トムは真夜中の庭で』の場合、裏庭のドアの果している役割は重要である。このなかで、ドアは、人間の真実の姿や価値を発見するための「通路」になっている」と、指摘する。そして、これについてもっと詳しく次のように説明している。「「通路」は、それを潜るとき、日常的世界と「地続き」に、ふしぎな世界の存在することを明らかにしてくれる。読者は、トムとともにドアのこちら側にいる。そこには、変りばえのしない現実がある。トムの退屈するアパートと、読者の立っている場は同じである。そこで、トムとともにドアを抜ける。そこには未知なる世界がある。ハティとは何者なのか。塀の向うには何があるのか。なぜ、ここの時間は、ドアのこちら側の時間とは異質なのか。探りまわりたいことがらに充ちている。それは冒険心をそそる世界である。期待に胸のはずむ世界である。こうした世界が、「通路」によって、平板な日常的世界と結びついていること、結びつけられていることに意味がある。」

あちらの世界に到る「通路」の存在は、多くのことを考えさせる。今まで述べてきたように、こちらの日常の世界はあちらの世界によって裏打ちされている。しかしながら、大人ばかりか現在では子どもたちまで忙しくて（大人によって忙しくさせられてと言うべきだろうが）、あちらの世界との接触が絶たれ、そこに多くの問題が生じてきている。

教育学者の蜂屋慶は、こちらの世界を「技術の世界」、あちらの世界を「超越の世界」として把え、近代教育の盲点のひとつは、子どもに技術を身につけさせること、技術を教えることに熱中し、超越の世界の存在を忘れていることにあると指摘している[7]。「技術の世界に住む人間は〝よく〟(目的)をどれほど達成したかによって測られる。子どもは、学校の成績によって測られる、上位の子ども、下位の子ども、と相対的に分けられる。子どもを相対的にとらえることが教育の基本になる。〝ひとりひとりの子どもを大切に〟と絶対的にとらえることを強調しても、超越の世界を無視しているために、その声は空虚である」と蜂屋は述べている。蜂屋はまた、教師が絶対の世界に触れることによって、子どもの「性質や力量の差を超えて、どの子どもも絶対的超越の世界の現われとなる、かけがえのない尊さをもつものとして子どもに接することになる」と述べている。確かに、超越の世界を無視して、技術の世界のみに注目すると、本来は相対的な評価が絶対的な重みをもってきて、子どもたちを学業成績のみで絶対的に評価してしまうようなことが生じてくるのである。

しかし、ここで極めて大切なことは、超越の世界にのみ心を奪われてしまうと、命を失うほどの危険が生じることである。再び蜂屋を引用すると、「絶対的超越の世界は、厳然として存在しながら、触れることは許しても、人間が住むことを拒絶している世界である。ここでも、絶対的超越の世界に敢えて住もうとすることは、人間としての破滅を導く」ということになる。「真夜中の庭」にあまりにも魅せられたトムは、そこに永遠に住もうとさえ思う。もし、それが実現していたらどうなっていたであろうか。トムはどうしてもこちらに帰ってくるべきであり、それ故にこそ、上野の言う「通路」が必要となるのである。

あちらの世界に到る「通路」、それはいろいろと拡大解釈をすることができる。たとえば、私のところに場面緘黙児が連れて来られる。「君、どうしてものを言わないの?」、「家ではよくしゃべっているんでしょう?」などと言っても、相手が何も言ってくれぬと仕方がない。それに顔まで能面のように無表情とあっては、どうしようもない。つまり、私と彼との間には「通路」がない。

子どもには愛情をもって接しよう、と言うことには誰も反対しないだろう。しかし、大切なことは、われわれがその愛情を流しこむ「通路」をもっているか、ということである。子どもはひとりひとりかけがえのない子である、と力説しても、そのような確信がどのような「通路」によって、子どもに達しているのか、を反省してみる必要がある。成績評価という「通路」のみで、すべての子どもを一様に1から5に配列して、「ひとりひとりかけがえがない」などと言っていても、子どもたちはちゃんとその本質を見抜いているものである。

緘黙の子がいる。私はすぐには「通路」を見出せない。そんなときはあわてずに待つことが大切である。待っていると、通路は自然に開かれてくることが多い。たとえば、五三頁に示した例であれば、一匹の亀が出現し、それは「通路」として見事に機能するのである。焦っている人、あわてている人には「通路」が見えない。教師がこの子に何とかものを言わせてやろう、と自分の力だけを頼りにしているときは、おそらく亀の重要性を認めることができないであろう。この担任教師が、いちはやく亀の意味を認め、クラスの子ども全体と亀を育てようとしたところが素晴らしい。亀は「通路」として機能し、亀に注ぐクラス全員の愛情が緘黙児のK君に伝わっていったのであろう。

それにしても、まったく適当な「とき」に、この亀が消え失せ、それがK君の発言をつくることになったことは、感嘆に値する。動物たちは時計などというものをもっていないので、もうひとつの「とき」に対して極めて敏感なのかも知れない。

こんなことを書いていると、ただちに連想が一杯湧いてきて仕方がない。少し横道になるが、それらのなかで次の二つはやはり述べておきたい。ひとつは、「時計をもった動物」のことである。誰でもよく知っている『ふしぎの国のアリス』(8)の最初に登場するウサギが、時計をもっていることを覚えておられるだろうか。ウサギは「ああたいへんだ！　たいへんだ！　これでは、まにあわないぞ！」とあわてており、「チョッキのポケットから、懐中時計をとり出して、時間を見て」急いでゆく。アリスはそれを追いかけて、ウサギ穴にとびこむのだが、このウサギ穴こそ、不思議の国への「通路」だったわけである。ウサギはアリスをそこに誘いこむ役割をしたとも言えるのだが、果して、彼のもっていた時計はどんなのだったろう。トムを驚かした古時計のように、十三時を告げたりするのだろうか。想像してみると面白い。もっとも、その後でアリスが出会った帽子屋のもっていた時計は、バターをぬったり、お茶につけたりしていたくらいだから、ウサギのもっていた時計もよほど変ったものであったに違いない。

さきほど、亀と「とき」のことを述べた際に、もうひとつ連想したのはエンデの『モモ』(9)に出てくる亀のことである。『モモ』はわが国においても多くの読者を獲得した物語であるし、既に他に詳しく論じた(10)ので、ここには繰り返さないが、この物語で、「時間の国」を司っているマイスター・ホラ老人のところに、主人公のモモを連れてゆくのは、カシオペアと呼ばれる亀なのである。ここでも、亀は大切な「通路」を知るものとして現われている。

『モモ』においても、時間が大切なテーマとなっており、マイスター・ホラは普通の時計によっては測れない、ある特別な瞬間の存在を示し、それを「星の時間」と呼んでいる。このような日常性を超えた「とき」へ到る導き手として、亀が現われるのは、おそらく亀が「忙しい」生き方と無縁の存在であると考えられるからであろう。

緘黙児のK君の言葉が発せられる「星の時間」を告げるべく、一匹の亀が現われ、そして消え去っていったと考えてみるのも面白いではないか。

大人が子どもの魂に到る「通路」を知りたい、と思うとき、焦るのが一番禁物である。その子を暖かい目で見守っていると、魂の方から通路が開けてくる。そこに、ひょっこりと動物が登場するかも知れぬ。あるいは、その子が好きになった歌手や俳優が、あんがい「通路」になるときだってあるだろう。それを見出し、尊重することによって、魂の触れ合いが生じてくるのである。

3 雲の上から

超越に触れること、その存在に気づくことが大切であるし、それには「通路」を見出さねばならないと述べた。こちらの世界とあちらの世界という表現も用いた。しかし、このことは何もそのような空間がどこかに存在していることを意味するのではない。極端な言い方をすると、あちらの世界もこちらの世界も同じであり、それは、われわれのそれに対する態度によって様相を異にするのだ、とも言えるのである。

こちらの世界はすなわちあちらの世界でもある、ということを如実に物語っている作品として、石井桃子の『ノンちゃん雲に乗る』(11)を取りあげることにしよう。この作品が最初に発表されたのは一九四七年だから、既に四十年の月日が経っている。今さらそんなに古い作品を持ち出さなくとも、と言う人もあろうが、この作品は今だからよけいにその価値がよく見えるところがある。今日的な目で見ることによって、この作品の意義がますます明らかになるようにも感じられるのである。さっそく、話の筋の展開に沿って、この作品について考えてみることにしよう。

話は、この物語の主人公ノンちゃんという小学二年生の女の子が、わあわあ泣いているところからはじまる。ノンちゃんは「わあわあ泣きながら、つうつうはなをすすりながら、ひょうたん池のほうへむかって歩いておりました」。ノンちゃんは決して泣き虫でなかったが、今日は特別の事情で大泣きしているのである。それは、日曜日の朝目覚めてみると、ノンちゃんに黙ってお母さんと兄さんが東京に買物に行ったことを知ったからである。今までに、こんなことは一度もなかった。ノンちゃんの両親はいい親で、ノンちゃんを大切にし、幼いノンちゃんの人格をちゃんと認め、これまではノンちゃんに何も言わずに、兄ちゃんだけ得をするなどということはなかったのである。しかし、今日はノンちゃんが病弱なので都会へ行くのはよくないというお父さんの判断により、お母さんと兄さんがノンちゃんに黙って行くことになったのだ。それに二人とも明るいうちに帰ってくるので、ノンちゃんも少しは辛抱するだろう、と両親は判断したのである。

ノンちゃんにとっては、理由など何でもよかったし、お母さんが何時に帰ってくるかなどということよりも、「みんなで……みんなで……ノンちゃんをだましていた」ことに対して怒りをぶちまけているのである。お父さんとおばさんがいろいろ慰めるが、ノンちゃんにはそんな言葉は耳にはいらない。生まれてはじめて、最愛の人の裏切りを体験したという、ノンちゃんの痛切な気持を誰もわかってくれないのだ。「だれもこの気もちをわかってくれないのなら……ひとりでどこかへいっちゃおう」というわけで、ノンちゃんは家を出て、近所の神社のひょうたん池の方に泣きわめきながらやってきたのである。

本章に述べたトムやペネロピーも、両親のもとを離れるところから話がはじまるが、ノンちゃんの場合は彼らより深刻である。トムもペネロピーも余儀ない理由があって、しぶしぶにしろ彼らも同意して家を離れたのである。これに対して、ノンちゃんは家族の裏切りに抗議して――家の近くではあるにしろ――家を出たのである。このことによって、ノンちゃんもトムやペネロピーと同じく、この世の時空を超えた世界を体験するのである。

このように考えると、ノンちゃんにとって「裏切られた」ことが、「通路」となったということができる。確かに裏切りの体験は「通路」となりやすい。これまでのところ、ノンちゃんにとってお母さんは絶対的な存在であった。この世の何らかの存在を「絶対的」と思うことは素晴らしい。しかし、それは必ずどこかで裏切りに会わねばならない。この世のものには、そもそも、絶対なんていうものはないのだから、これは致し方のないことである。そのとき、両者の間のこの世の絆が――絶対でないにしろ――どれほど強いものであったか、裏切り、裏切られた人がどれほど超越へ開いた心をもつか、などによって、裏切りは意味深い「通路」へと変化する。しかし、このような条件がうまく整わぬとき、裏切りは転落への「通路」として機能する。そこには、上野瞭の指摘した、意味のある往復運動が生じないのである。

ノンちゃんと同様のことが、たといあったとしても、多くの子は「お母さん、まただましたな」と思ったり、「今度は、私が連れていってもらおう」ということになったり、少しの間泣くだけで収まってしまうだろう。これを重大な裏切りと受けとめて精いっぱい抗議し、大人の慰めを拒否して泣き続けるということに示されているように、家族のそれまでの深い愛と、ノンちゃんの一徹さ、この微妙なバランスの上に、意味深い「通路」は開けてくる。このようなことを見ると、やはり「通路」は、狭き門だなと思わされる。

さて、ノンちゃんはひょうたん池にゆき、その池の面に影を映している、もみじの木に登る。そして、ふと池を見ると、空がきれいに映っていて、ノンちゃんはまるで空に向って登ってゆくような錯覚さえ感じるほどである。空を飛ぶ夢のことや、兄ちゃんとの対話など思い出しているうちに、ノンちゃんは手をすべらして池に落ちてしまう。

「あ、くるし、おかあさん……と思うまもなく、うッと胸をおされ、せまい穴をむりにくぐりぬけるような感じがして……つぎの瞬間、ノンちゃんのからだは、ふわッと空中にうかんでいました。」

ノンちゃんは空を泳いでゆくうちに、雲に乗ってやってきた「高砂《たかさご》のじじばばのじじ」のようなおじいさんに助けられる。驚いたことに、ノンちゃんの同級生で、ノンちゃんをいじめたりする長吉もそこに乗っていて、そこに乗っているその他の多くの人と共に、雲の上で、ノンちゃんはおじいさんにきかれるままに、自分の「身の上ばなし」をすることになる。ノンちゃんは自分の両親について、そして愉快な兄ちゃんについて、自分のことについて話し続け、それが本書の中心ともなっているのだが、その内容については残念ながらここでは省略せざるを得ない。

ところで、ノンちゃんは自分のことを話すとき、自分がどれほど「よい子」であるかについて語った。すると、おじいさんは「なんじゃい！……それじゃ、おまえ、まるで修身の目次を読んどるみたいじゃないか」と言う。その上、「そういう子は、よくよく気をつけんと、しくじるぞ！」とまで言うのである。それまでは「よい子」だと誰からもほめられていたノンちゃんは、これを聞いて不安になってしまう。それに対して、おじいさんは「人にはひれふす心がなければ、えらくはなれんのじゃよ」と教えてくれる。

そのうち、ノンちゃんは家に帰りたくなるが、そのためには「試験」が必要だとおじいさんが言う。それは「ひとつ、うまいうそをついてもらおうよ！」というのだったが、ノンちゃんはどうしてもうそがつけない。いったい「うそをついてはいけないなどと誰が言ったのか、先生か？」「おとうさんか？」とおじいさんはつめよってくる。ノンちゃんは誰に教えられたのかと必死で考えているうちに、それは誰に教えられたものでもなく、

「あたしがいやなんだ……。あたしが、うそきらいなんだア……」とわかり、もう家に帰れないと思うが、実はこのことによってこの逆説的な「試験」にパスし、ノンちゃんは家に帰ってくる。

と、ノンちゃんは家で寝かされており、その周囲には、お母さんやおばさんが心配そうに見守っていた。ノンちゃんは池の浅いところに落ち、気を失っているところを助けられ、家に寝かされていたのである。ノンちゃんはすぐ元気になり、登校するが、いじわるの長吉に対しても、違った態度で接することができ、よい関係がもてそうになっているのを感じる。ノンちゃんは実はこの日から級長になったのだが、これまでは控え目でリーダー的な存在でなかったのに、これからはちゃんとやってゆかれそうな自信も感じるのである。「雲の上」の体験が、ノンちゃんに余裕と自信を与えたのである。

　ノンちゃんは「雲の上」に乗って、おじいさんと共に大冒険をしたわけではなかった。別に、怪物に会ったわけでもないし、神様に会ったのでもない。ノンちゃんはただ、雲の上のおじいさんに向って、自分の「身の上ばなし」をしただけである。これをもって、時空を超えた経験と言えるだろうか。然りである。ノンちゃんは「雲の上」の視点から見ることによって、自分の家族たちに対して、自分自身に対して、それに長吉に対してまで、これまでとは相当に異なる見方をすることができるようになったのである。こちらの世界において、これまでノンちゃんにとって絶対的な存在であったお母さんとか「よい子」であるとかいうことが、雲の上からの視点によって相対化され、それを否定するのではなく、それを超えた「ひれふす心」をもつことができるようになったのである。子どもの成長過程において、親とか先生とか、この世の何かを絶対視して頼りにすることは必要である。しかし、それに固執していると、自信過剰になったり、視野が狭くなったりする。そのとき、時空を超えた存在に触れることによって、状況は突き破られ、子どもは飛躍的に成長する。このことを、雲の上のおじいさんは

「ひれふす心」の必要性として教えてくれたのである。

4　日本と西洋

ここで少し理屈っぽいことを述べる。理屈の嫌いな方はこの節をとばしていただいても何ら差支えないが、私としてはこのようなことも考えてみたくなるのである。

ノンちゃんの体験は時空を超えたものである、と先に述べたが、『ノンちゃん雲に乗る』はファンタジー作品だろうか。確かに「雲の上」に乗ることはファンタジーにおいてしかできないだろう。しかし、この作品において語られるノンちゃんの「身の上ばなし」は、すべてこの世の現実のことばかりである。とすると、この作品において、ファンタジーの部分はほとんどないと言うべきではなかろうか。

『ノンちゃん雲に乗る』の文は、黒インクで印刷されているところと、青インクで印刷されている部分とがある。ノンちゃんが池に落ちた次の瞬間からの文は、青色になり、それがそのまま続いて、ノンちゃんが家に寝かされていて意識を取り戻すところから、黒い字になるのである。これは、近年発表されて話題となったエンデの『はてしない物語[12]』においても用いられている工夫である。この物語の主人公の少年バスチアンのこちらの世界でのことは、赤インクで印刷され、まさにファンタジーの国の「ファンタージェン国」での出来事についての記述は、青インクで印刷されている。ファンタージェン国の記述と、ノンちゃんの身の上ばなしと、どちらも色ちがいの印刷で示された部分を読むと、彼我のファンタジーの相違が歴然としてくる。日本の「ファンタジー」では、わざわざ色ちがいのインクで印刷されている、あちらの世界は、すなわちこちらの世界なのである。

ところで、話が変るが、最近は科学の発達によって蘇生術が進歩したため、医者によって死を宣告されたり、されかかったりしながら蘇生してくる人が多くなった。この人たちのその間の体験を「瀕死体験《ニヤデスエクスピアリアンス》」と呼び、その研究をする人が増えてきた。このことを最初に発表したレイモンド・ムーディ[13]によると、瀕死体験には多くの人にとって共通の因子があり、そのとき体が軽くなって、自分の物理的肉体を脱け出す、そして、「今まで一度も経験したことがないような愛と暖かさに満ちた霊――光の生命――が現われた。この光の生命は、わたしに自分の一生を総括させるための質問を投げかけた。……さらに、わたしの生涯における主なできごとを連続的に、しかも一瞬のうちに再生してみせることで、総括の手助けをしてくれた」ことを報告している。このようなことを報告した人のなかには、自分の過去に関するイメージがつぎつぎ浮かんでくるとき、「あの光は時々コメントを加えた」と述べている人がいる。瀕死体験をした人は、そのことによって「教え」を受け、ほとんどすべての人が、他人に対する一種独特の深みをもった愛情をつちかう努力が、人生においてたいそう重要であると力説している。

このような瀕死体験の記述を読むと、ノンちゃんの体験は、瀕死体験が基礎となっているように思われる。ノンちゃんの出会った雲の上のおじいさんは、瀕死体験者の言う「光の生命」の人格化された姿と考えられる。そう思って読むと、なるほどと思われるところが多々ある。ところで、瀕死体験はリアリティなのだろうか、ファンタジーなのだろうか。こう考え出すとわからなくなってくる。そもそも仏教の教えに従うなら、この世の出来事こそが幻覚なのである。

この問題を詳しく論じ出すと、また一冊の本を書かねばならぬことになるので、話を簡単に切りあげるが、結論的に言うと、西洋は特に近代以後において、この世の現実を明確に把握し、それこそを現実として取りあげる態度を打ち出してきた。そのため、リアリティとファンタジーの区別が明確に存在することになったが、わが国においては、相当に西洋化されたとは言え、リアリティとファンタジーは、はるかに交錯した形で受けとめられているのである。このことは、わが国において、いわゆる本格ファンタジーというものが生まれ難い大きい理由となっている。『ノンちゃん雲に乗る』は日本流のレッキとしたファンタジー作品なのであるが、既に述べたように、西洋流の『はてしない物語』とは随分と異なるものになっているのである。

このような面倒なことをながながと述べてきたのも、実は日本の子どもと西洋の子どもと、それぞれの目に映る宇宙の姿は、やはり異なっているのではないか、と私が思っているためである。もちろん、時代と共にそれは変化しつつあり、日本の子どもたちはだんだん西洋化されてきていると言えるだろう。

ところで、欧米において瀕死体験への関心が急に高まりつつあることは、むしろ、欧米においては東洋的なものの見方、リアリティとファンタジーの区別をあいまいにするような見方に注目し出したと言うこともできる。つまり、日本の少女ノンちゃんの見た世界の姿は、今日の欧米の先端をゆく人にとって関心の深いものとさえ思われる。発表当時はともかく、今なら『ノンちゃん雲に乗る』をファンタジー作品として欧米人に読ませると、あんがい面白がるのではなかろうか。ひとりの子どもの見た宇宙のひろがりは、なかなかの広さと深さをもっているのである。

注

（1） 谷川俊太郎『そのほかに』集英社、一九七九年。

（2） C・S・ルイス、瀬田貞二訳『ナルニア国ものがたり』全七巻、岩波書店、一九六六年。

（3） フィリパ・ピアス、高杉一郎訳『トムは真夜中の庭で』岩波書店、一九七五年。

(4) J・R・タウンゼント、高杉一郎訳『子どもの本の歴史』下、岩波書店、一九八二年。
(5) アリスン・アトリー、小野章訳『時の旅人』評論社、一九八一年。
(6) 上野瞭『現代の児童文学』中央公論社、一九七二年。
(7) 蜂屋慶『教育と超越』玉川大学出版部、一九八五年。
(8) ルイス・キャロル、田中俊夫訳『ふしぎの国のアリス』岩波書店、一九五五年。
(9) ミヒャエル・エンデ、大島かおり訳『モモ』岩波書店、一九七六年。
(10) 河合隼雄「『モモ』の時間と「私」の時間」、『人間の深層にひそむもの』大和書房、一九七九年、所収。〔本巻所収〕
(11) 石井桃子『ノンちゃん雲に乗る』福音館書店、一九六七年。
(12) ミヒャエル・エンデ、上田真而子/佐藤真理子訳『はてしない物語』岩波書店、一九八二年。
(13) レイモンド・ムーディ、中山善之訳『かいまみた死後の世界』評論社、一九七七年。

V　子どもと老人

前章に紹介した物語で、少女のノンちゃんが雲の上のおじいさんに出会ったことは、極めて大切なことであった。おじいさんの目を通して自分の世界を眺めてみることによって、ノンちゃんは「ひれふす心」という大事なことを教えられたのである。

老人と子どもとは不思議な親近性をもっている。子どもはあちらの世界から来たばかりだし、老人はもうすぐあちらに行くことになっている。両者ともあちらの世界に近い点が共通なのである。青年や壮年がこちらの世界のことで忙しくしているとき、老人と子どもは不思議な親近性によって結ばれ、お互いをかばいあったり、共感し合ったりする。もちろん、一般的な意味で、老人と子どもは正反対であることも事実である。反対の部分と共通の部分と、これが作用し合って、老人と子どもの間に興味のある交流が生まれてくるのである。老人と子どもとの関係は、多くの意味深い側面をもっているが、ここでは、「導者」という点に絞って論じてみることにしたい。導者が何を意味するかは、以後述べることによって明らかになるであろう。

1　導者としての老人

導者としての老人像を見事に描ききった作品、今江祥智の『ぼんぼん』(1)を取りあげる。これについては既に他に論じたので(2)、導者という点にのみ焦点をあてて述べることにする。

主人公の小松洋は小学四年生である。大阪の「ぼんぼん」で幸福な生活を楽しんでいたのに、わずか四年の間に思いがけない変化がつぎつぎと起り、最後のところで洋が「ぼくとこは何もかもがのうなってしもて——昔は死んでしもたンや……」と述懐するほどの経験をする。洋の経験した四年間に太平洋戦争がはじまり、日本が敗戦を経験したのだから、日本中が大変な時代であったのだが、それに先立って、洋の父の急死があり、大阪の大空襲によって洋の家が全焼してしまう。まさに「何もかもがのうなってしもて」という状態だったのである。洋を支えてきたあらゆるものが崩壊してゆくような経過のなかで、洋を支え、その成長を助けた、ひとりの老人がいる。それが佐脇さんである。

父の死後、洋の家には祖母がやって来るが、この祖母もすぐ亡くなってしまう。そこで、かつて小松家に世話になったよしみで、「男衆《おとこし》さん」として六十歳になる佐脇さんが住むことになる。当時の六十歳と言えば、まったくの老人だが、佐脇さんは「きりきりしゃんとしまった体つき」をしていて、時に若者をしのぐ敏捷さと強さをもっている。もとはやくざだったというだけに、今でもけんかは強い。それに、「ふすま絵」を描かしても、目を見張らせる腕前である。佐脇さんのなかに、老人と若者が、強さと優しさが共存しているのである。

このような佐脇さんが、洋にとっての魂の導者として活躍するのである。当時は、指導者やリーダーはいすぎるほどいた。軍国主義一色に塗りつぶされ、日本中が一方向に駆り立てられていた。方向性が明確に定まっているところでは、指導者や教師が活躍する。彼らは何が「正しい」かについて確信をもっており、同じことを繰り返し言っておればよい。そして、その正しい方針に従わぬものは悪として裁断すればいいのである。

　しかし、人間の生き方というものはそれほど一方向に規定できるものであろうか。あるいは、何が「正しい」かそれほど簡単にきめられるものだろうか。人間の魂はそれに対して、強く「否《ノー》」と叫ぶだろう。たとえば、洋は同級生の白石なぎささんや、ふと電気科学館で知り合った、京都に住む島恵津子さんなどとつき合いたいと思う。洋の魂がそれを呼びかけるのだ。しかし、当時の道徳律は、そのような軟弱なことをはっきりと「悪」ときめつけるのである。佐脇さんはそれに対して、何がよいとか、まちがっているなどと論じたりはしない。ただ、洋が「女の子」たちとつき合えるように援助し、それを妨害しようとするものには敢然と立ち向ってゆくのである。導者は社会的規範や、指導者の言葉にまどわされることなく、魂の呼びかけに応じてゆく。そこでは、言葉よりも行為が、概念や規範よりも人間存在そのものが、重みをもつのである。

　佐脇さんの活躍は、彼の海軍少佐変装事件によってそのハイライトを迎える。洋の兄の洋次郎は水泳部なのだが、プールが「大日本帝国陸海軍軍隊」の使用のために、生徒たちの使用が禁止される。洋次郎はその理由を知ろうとするが、「軍の機密」の壁にはばまれてしまう。そこで、佐脇さんは一世一代の大芝居を演じ、海軍少佐に変装してプールに乗りこんでゆき、秘密を探り出してくる。これは当時の絶対的な権威者、軍に対する痛烈な反抗であるが、それは文字どおり命がけの仕事である。

　ここで佐脇さんの行なった行為の意味について少し考えてみよう。洋の兄の洋次郎は、洋と違って当時の軍国主義に心酔していた。彼にとって——当時の多くの少年たちがそうであったように——日本の軍隊は絶対であった。佐脇さんは洋次郎がどうしても知りたいと思っている、プール使用禁止の理由をうまく探ってきてくれて、洋次郎を満足させるのだが、その一方で、「大日本帝国軍隊の姿にしみ」をつけて、洋次郎の絶対的な価値観を根底からゆさぶっているのである。このような矛盾を内包しているところも、導者の特徴なのである。彼は導くべき相手の存在そのものを大切にしているが、さりとて、その人間のイデオロギーを大切にしているわけではないのである。

ノンちゃんの会った雲の上のおじいさんも、導者のような性格をもっている。一般的な「よい子」概念に対しても、はっきりと反対を示している。しかし、導者にしては少し教えようとしすぎるところがある。彼は指導者と導者との中間的存在と言うべきであろう。

佐脇さんはこのように洋少年の成長のために、導者としての役割を果してくれたが、終戦の日にあえなく「特高」によって殺される。例の「玉音放送」を聞いているなかで、佐脇さんだけがその意味を理解し、「日本が、敗けよった」とうめくように声をあげた。しかし、その他の人たちは放送を全然理解していなかった。そこに居合せた私服の特高たちはすぐに佐脇さんを囲み、なぐり殺したのである。素晴らしい佐脇さんがこんな形で命を失うのは真に残念なことであるが、真実を告げることによって命を失うことは、このような導者の運命としてはよくあることだし、彼の洋に対する導者としての使命も、ここで終る時機が来ていたのであろう。それは、ある意味では、佐脇さんにふさわしい最期であった。

『ぼんぼん』の佐脇さんは、老人の導者として典型的とも言えるくらいだが、それと極めて高い類似性を示す、西洋のイメージについて少し述べてみよう。それは、グリムの昔話の「忠臣ヨハネス」(3)のなかのヨハネスである。この物語の要点のみを次に紹介しよう。年老いた王は臨終が迫ったとき、忠臣ヨハネスを呼び、王子の補佐を依頼する。老王は城中のある一室を王子に見せぬようにと遺言をして死ぬ。王子はヨハネスの制止をふり切って禁じられた室を開け、そこにあった「黄金葺きの館の王女」の絵姿を見て、恋に陥る。

ヨハネスは王子の想いを遂げさせるために策略を考える。王女が黄金が好きであることを知り、王子とヨハネスは黄金細工の商人に変装して船で王女の国へ行き、うまく王女を船のなかにおびき入れ、そのまま出帆。王子は船のなかで求婚に成功する。ところがヨハネスは鳥が話し合っているのを聞いて、王子の命に危険が迫ってきているのを知り、それをもとにして、時には王子の意志に逆らったりして王子を救う。しかし、そのときヨハネスは真実を語ったため石に化してしまう。その後、王子は自分の子どもを犠牲にしてヨハネスを蘇生させるが、ヨハネスはその子どもの命を救い、話はめでたく終る。

ここに要約して示した「忠臣ヨハネス」の物語においてヨハネスの果した役割は、佐脇さんのそれとまったくよく類似している。まず、父親の死後、子どもたちを助ける「忠臣」であること。策略にたけ、行動力にも富んでいて、「変装」に巧みであること。主人公と女性を結びつけるために重要な援助をすること。「忠臣」であるが、時には主人の意志に逆らったり、おびやかしたりするようなことも行うこと。そして、最後に真実を語ることによって、佐脇さんは命を失い、ヨハネスは石化すること、など、実に多くの類似点をもっているのである。

「忠臣ヨハネス」の物語において、老王が死ぬということは、古い規範、古い制度が滅びてゆくことを示している。父なる王はそれでも、古いものをそのまま守ってほしいという願いと、自分の子なら新しい秩序をつくり出すだろうという期待と、その矛盾した気持のなかで、「黄金葺きの館の王女」の絵姿を、わざわざ一室に飾っておきながら、それを見ることを禁ずるという複雑な行為をしたのである。ヨハネスはそのような状況のなかで、王子を助け導いて、今までその国になかった新しい要素「黄金葺きの館の王女」を取り入れて、新しい秩序をもたらすことに成功するのである。

洋の父も死亡した。しかし、この場合の状況は一層複雑である。洋の父の死によって、小松家にはいりこもうとする「新しい秩序」は、軍国主義的なものであり、小松家の人たちはそれに対抗しつつ、むしろ亡き父の遺志を守り、終戦後にもたらされる望ましい新秩序の時まで、頑張り抜こうとしたのであった。ここに佐脇さんの苦労も大となる理由があったし、最後のところでは彼はついに命を失うのである。父の死後、佐脇さんの導きがなければ、洋少年はいったい何に従って生きてゆけばいいのか、まったくわからなかったことであろう。激動の時代を生き抜いたひとりの少年の導者として、日本の作家が生み出した像と、西洋の昔話において、老王の死後に王子を助けた忠臣の像とが高い類似性を示すという事実は、子どもの宇宙について考える上で、真に興味深いことである。

2 導者としての子ども

子どものための導者として老人が役立つ例を先に示したが、ここでは逆に、子どもが老人の導者として役立つ場合として、カニグズバーグの『ジョコンダ夫人の肖像』(4)を取りあげることにしよう。これはつぎつぎと傑作を生み出すカニグズバーグの作品のなかでも、最高の名作と言ってよいほどのものである。

誰でもがその名を知っているレオナルド・ダ・ヴィンチが、うそつきで、こそどろで強情なサライという少年を徒弟にして大切にし、サライの姉に持参金をもたせるために金を貸してやったり、遺言によって自分の財産を分与してやったりした、という不思議な事実がある。なぜ、レオナルドがこんなことをしたのか。その疑問に答えるべく、この物語を書いた、と作者は冒頭に述べている。結論をここでズバリと言えば、このサライこそ巨匠レオナルドの導者であったのである。

この作品に出てくるレオナルドは老人ではないかも知れない。しかし、その思考や行動から「老賢者」のイメージを抱いても当然ということで、一応、老人として考えておこう。この老賢者のための導者として、サライというごろつき少年が登場するところが興味深いのである。レオナルドはサライがすりをするところを捕えるが、許してやって自分の徒弟にする。サライはいたずらをしたり、へまなことをしたりするが、上流社会のなかで皆が他に気をつかったり、かっこうをつけたりしているなかで、サライの歯に衣《きぬ》を着せぬ言葉を、レオナルドは喜ぶのである。

レオナルドが仕えているミラノの支配者、ロドヴィコ公は、結婚式をあげるについて、その祝祭の計画をレオナルドにまかせる。ロドヴィコはフェララ公の娘で美人のイザベラを妻にと望んでいたが、求婚にいく以前に、イザベラは他の人と婚約してしまい、フェララ公はイザベラの妹、ベアトリチェをロドヴィコにすすめる。ロドヴィコは政略的にこれに同意したものの、姉と比較して、どう見ても美人とは言えぬベアトリチェをあまり好きになれなかった。

レオナルドのおかげで結婚式の祝宴は大成功であった。サライは花嫁を見ようと必死だった。しかし、一目見たとき、「なんだ、あの人、小さくて色が黒くて、まったくみっともないや」と言った。この花嫁にロドヴィコ公が好感をもてぬのも当然と思われた。

結婚式から三か月ほどたって、サライは偶然にベアトリチェに会った。話し合っているうちに、お互いのいたずら好きが共鳴し合って、心の触れ合う瞬間が生じた。二人は互いの目を見つめ合い、「お互いに相手の目の中に、何か理解できるものを見つけたのだ。まじりっけなしのいたずらの才能を認めあったのだ」。そして、サライはベアトリチェを、草花を観察してスケッチしている、レオナルドのところに連れていった。レオナルドは「ベツレヘムの星」という雑草のスケッチをしていた。

サライという仲介者のおかげで、レオナルドとベアトリチェはすぐに率直な話合いをすることができた。ベアトリチェはたくさんの従者に仕えられ一見幸福そうに見えながら、「わたしが誰なのかを知っていても、わたしがどんな人か知らない崇拝者にとりかこまれていて、どうしてさびしさに打ち克つことができます?」と訴える。自分は美人ではないし、夫にも無視されていると彼女は嘆く。これに対して、レオナルドは彼女の器量のよくないことを率直に認めつつ、しかし、手にもっている「ベツレヘムの星」を見せて、この花は目立たないけれど、葉の構造が興味深い、あなたも花よりも葉で人目を惹く存在になれないか、と説く。ベアトリチェはそれに同意し、自分はそのように努めているのだが、どうしても、夫は他の美人に心を動かしてしまうと言う。ロドヴィコ公は美人のチェチリアという愛人をもっており、レオナルドがロドヴィコの要請でチェチリアの肖像を描いたことを、ベアトリチェはちゃんと知っているのである。

たまりかねたサライは、ベアトリチェの肖像をレオナルドに描いてもらうべきだ、と言うが、彼女はそれはどうしても駄目だと辞退する。「ただの目立たない顔」と彼女自らは言う。これに対して、「ぼくは好きだ」とサライは明言し、「わたしもだ」とレオナルドもつけ加える。しかし、肖像の話はすすまなかった。

ベアトリチェとサライは仲良くなり、サライを介してレオナルドもベアトリチェのところを訪ねる。ロドヴィコ公はレオナルドを探しに来て、ベアトリチェの部屋に留まるようになる。というのは、彼の妻が不思議な魅力をもち、芸術家たちの技を高めることができるのを知ったからである。実際、彼女は「頭の中に目に見えないものさしを持って」いるかのようであった。彼女の特有のものさしによって下される評価に耐えるものを、と多くの芸術家たちが努力し、素晴らしい作品をもって、ベアトリチェのところに集まってきたのである。このような若い妻の魅力を発見して、ロドヴィコは彼女を愛するようになる。彼はレオナルドの目を通して、妻のよさを見出したのである。

ロドヴィコはついに、ベアトリチェの肖像を描くようにレオナルドに要請した。しかし、この際も、彼女は自分の肖像画を描くくらいなら馬の肖像でも描いた方がましだ、と強い拒絶を示した。

一方、ベアトリチェの姉イザベラは、その美を誇り、レオナルドに自分の肖像を描いてほしいと依頼した。しかし、人間の内面を見るレオナルドにとって、彼女は興味を惹く対象ではなく、どうしても描く気が起らないのであった。

夫の愛を獲得したベアトリチェは、夫の代理として他の都市を訪問したり、随分と忙しくなり、自信もできるし、とりまきも増える。従って、彼女はもはやサライを必要としなくなる。サライは淋しいけれど、仕方のないことだと思う。

そんなとき、彼らはレオナルドがロドヴィコ公のために作った巨大な馬の像の前で出会う。サライの期待に反して、ベアトリチェはこの作品をあまり評価しない。サライは、彼女の頭のなかが宝石や金ピカの服でいっぱいになり、例の「ものさし」が無くなったのかと思った。しかし、そうではなかった。彼女はこの作品が「芸術作品というより、努力のかたまりだ」と指摘し、レオナルドは責任を感じすぎると自意識過剰になって、せっかくの才能が金縛りになってしまう、だからこそ、サライのもつ「粗野なところと、無責任さが、必要なの」と言う。彼女は「彼には荒々しい要素が必要なの」、「すべて偉大な芸術にはそれが必要よ。跳躍するもの、はばたくものがね。芸術家によっては、作品の制作そのものの中に、そういう荒々しい要素をとり入れることができるのだけれど、レオナルドにはできないわ。……サライ、レオナルド先生がいつも何か荒々しいもの、何か責任に縛られないものを持ちつづけられるよう、おまえに気をつけていてもらいたいの」と大切なことを語る。彼女の「ものさし」は無くなっていなかったのだ。

サライとベアトリチェの友情が復活して間もなく、彼女は病いのため二十二歳で急死する。サライが彼女の死を告げたときも、レオナルドは平然としていた。サライはそれに憤慨して、「神さまは先生に、超人のあなたに、自分の作品以上に人を愛することをお禁じになったのだ」と怒る。レオナルドは「わたしはベアトリチェが好きだった」と言うが、そんなのは問題にならないとサライは言いつのり、「あなたは思想製造機だ。氷みたいな人だ」とまで罵る。

ベアトリチェの死後間もなく、フランス軍が侵攻してきて、レオナルドはサライと共にミラノを去る。結局はフィレンツェに留まることになるが、途中でイザベラのところに立寄ったため、肖像画を描いてもらいたいというイザベラの気持はますます高まり、何のかのとレオナルドに言ってくる。サライはそれに対して言を左右にして断り続ける。そんなある日、見慣れぬ商人がレオナルドの不在中に工房を訪ねてきて、ぜひ自分の妻の肖像を先生に描いていただきたいのだが、とサライに言う。サライはそんなのは問題外と思いつつ、からかい半分の応対をしていると、商人は自分の妻を招き入れた。彼女を見たとたん、サライははっと胸をつかれた。

「この人は、自分が美しくないことを知っていて、それをわきまえながら生きて行くことを知っている人だ。自分自身を受け入れて、そのために、人知れず深く、美しくなった人だ。その人の前に立つと、頭の中にあるその人だけの物指しで量られているような気のする、そんな目を持った人だ。人に喜びもあたえられれば、苦しみもあたえられる女性。耐えることができる女性。幾層もの積み重ねを持った女性だ。」

「彼女は、レオナルドが決して描かなかったベアトリチェの肖像になるだろう」と考えたサライは、レオナルドにこの女性の肖像画を描くよう説得しようと決心する。そこでサライは奥さんのお名前はと聞く。商人は喜んで、お辞儀をして答える。

「マドンナ・リザ。わたしですか？　わたしはジョコンダです。」

これがこの作品の終りである。つまり、この物語はサライの存在のみならず、レオナルドがどうしてフィレンツェの名もない商人の妻――つまり、モナ・リザ――の肖像を描いたのか、という点についても解答を与えているのである。傑作モナ・リザをレオナルドが生み出すには、サライというごろつき少年の導きが必要だったのである。

サライが巨匠レオナルドにとってなぜ必要だったのかは、既に示したように作品のなかでベアトリチェが明確に述べている。ただ、そこで「荒々しい要素」と述べられているのは、訳者がわざわざ「訳者あとがき」のなかで明らかにしているように、ワイルド(wild)という言葉の訳である。「ワイルド」は荒々しいのみでなく、いろいろな意味をもつ。野に咲く可憐な草花も「ワイルド」である。作品のなかで雑草の「ベツレヘムの星」について言及があったことも思い出していただきたい。そのようなものすべてを含んでワイルドという言葉がある。天才レオナルドがあまりにも計算された完成を目指すとき、それを打ち破るワイルドなものを、サライは常にそこに入れこんでくる役割を担っていたのである。このような導者を得てこそ、レオナルドは「モナ・リザ」という傑作を生み出すことができたのだ。

3　トリックスター

これまでに導者として紹介した、佐脇老人、忠臣ヨハネス、少年サライ、この三人は共通してトリックスター性をもっている。トリックスターがすべて導者となるとは限らないが、魂の導者はすべてトリックスター性をそなえていると言っていいだろう。そして、一般に老人や子どもはトリックスター性を発揮することが多いとも言うことができる。そこで、トリックスターについてごく簡単に述べることにしよう。

トリックスターとは、世界中の神話・伝説・昔話のなかで活躍する一種のいたずらもので、策略にとみ神出鬼没、変幻自在で、破壊と建設の両面を有しているところが特徴的である。サライのいたずら好きは物語中によく示されているし、佐脇老人もなかなかいたずらっぽいところがある。策略という点では、佐脇老人、ヨハネス、サライそれぞれが大したもので、だれもが悪すれすれ、あるいは悪と呼びたいほどのことを行うのも共通に認められる点である。それは既存の権威をつき崩す破壊力をもっている。佐脇さんは日本軍隊に楯ついたし、サライは貴族や学者たちを平気で笑い者にしている。

トリックスターの自由さは、一般常識に縛られずに真実を見る能力につながるが、それはまた危険なことでもある。佐脇さんは他人より少し早く真実を知ったために命を失うことになったし、ヨハネスは真実を告げることによって石化する。サライは時に真実を語ることで危険に陥りそうになるが、そこはレオナルドによって救われている。

人間の魂というものが、そもそも一筋縄では捉えられぬものだから、魂の導者はいきおいトリックスター性をもたざるを得ない。それは常に一定の方向へとすすむリーダーとか、常に正しいことを教えてくれる教師によっては務められないのである。この三つの物語に共通して、主人公が何らかの形で女性との関係を結ぼうとし、トリックスターたちがそれを助けることになっているのも興味深い。『ぼんぼん』の洋は同級生の女の子に会うために、佐脇さんの助けを必要とした。王子はヨハネスの巧妙な策略によって、黄金葺きの館の王女との結婚に成功する。レオナルドの場合は、女性はあくまで彼の内面にある女性であり、それはモナ・リザの肖像として表現された女性像というべきであるが、それにはサライの援助が不可欠であったことは、既に詳しく見てきたとおりである。男性にとって、魂は女性像で表現されることを、分析心理学者のユングはつとに指摘している。魂への導者として、トリックスターはいろいろな方法で、その主人の年齢や状況にふさわしい援助をするのである。

子どもがトリックスター役をすることは、日常生活においても、気をつけて見ていると、実に多いことがわかる。親類縁者が集まるとき、自分がいちばん偉いように権威をふりまいている人を、子どもの一言がぺちゃんこにしてしまったりすることがある。教師が固い権力の殻をかぶって行動しようとするとき、トリックスターとしての子どもが、それを見事に壊してくれる。こんなときに、大人はその子どもに対して怒ったり、それを排除したりするのではなく、トリックスターによる破壊がどのような新しい建設を準備しようとしているのかについて、よく考える必要がある。大人の態度いかんによって、その結果は破壊と建設の両極端に分れることになる。

老人が子どもに対して、子どもが老人に対してトリックスターとなる例を先に示したのであるが、次に老人も子どもも大真面目に向い合っているのに、どこからともなくトリックが生じてきて、それによって両者の心が暖かく触れ合うような、そんな経過を語っている楽しい作品を紹介しよう。それは阪田寛夫の『野原の声』(5)という短篇である。

「近く結婚する姉につれられて、おむこさんになる人の家に遊びに行った。そこで、八十八歳のおじいさんに逢った。」姉がむこうの家の人たちと何か打合せをしている間、「ぼくはおじいさんの部屋で、二人きりで向い合うことになってしまった」のだから、ぼくが緊張するのも当然のことである。

このような経験は誰しも一度はしたことがあるだろう。老人も子どもも何とか打ちとけた状況にしようと思いつつ、ひたすら緊張するのだ。おじいさんは時々咳ばらいをするだけで何も言わない。ぼくはつられて、「えへん」と咳ばらいすると、おじいさんが、ちょっと笑い、ぼくも一緒に笑って、少し緊張がほぐれてきた。

おじいさんは「お菓子、おあがり」と言ってくれたが、ぼくは「はっ」とお殿さまの前にかしこまる家来のように返事する。それでも、おそるおそる、まんじゅうをほおばった時に、「あなたのお友達の名前を、教えて下さい」という変な質問がとんできた。ともかく、順番に言いはじめると、まてまて、と言うことで、一人ずつ言いなさい、とまた変なことを言い出した。

右の手をぼくの方へさしだして、何度もしゃくってみせているのは、始めろ、という合図らしい。仕方がないから、伊藤清君からもう一度やり直すと、すぐおじいさんがつづけて、

「とさ、よういち君」

と、うたうように言った。こどもみたいな名前だが、それがおじいさんの友達らしい。おかしいのをがまんして、

「中村、武君」

ぼくも同じように節をつけて、ゆっくり呼んだ。

「はなだ、きよなり君」

これはおじいさん。そこでぼくが、

「三浦、茂君」

だんだん調子が出てきた。

こんな調子で続けてゆき、「野島、啓四郎君」と言うと、おじいさんは野島君は元気かときく。元気で五十メートルを八秒〇で走ったと言うと、おじいさんの友人にも野島君がいて、百メートルが十二秒八という。足の速いおじいさんがいるなと感心していると、ハンマー投げもやるし、「大会は二位だ。惜しかったなあ」と残念がる。

「来年はきっと優勝しますよ」と、ぼくが精いっぱいお世辞をいったら、何だか雲行きがおかしくなった。

「来年?」おじいさんが突然動かなくなった。口を少しあけ、眼鏡の奥にひっこんでいる目を開いたままだ。しばらくたって、一つ咳ばらいをして、やさしい声で、「お菓子をおあがり」と言った。

ぼくはまんじゅうを食べているうちに、おじいさんが昔の友人の話をしていたことに気づいた。そこで、おじいさんも陸上選手だったのかと聞いてみた。すると、「いや、時たまベース・ボールをして、遊んだくらいで」とハイカラな答がかえってきた。その時、おじいさんの顔のなかに若い顔が見えてきて、「ほっぺたが光って、それはどこか広い野原の太陽を受けてかがやいているみたいだった。みんなを励ますかんだかい、元気なかけ声まで聞こえてきた」。ぼくはおじいさんと話し合っているうちに、おじいさんが若い時に野原でベース・ボールをしながら、叫んでいる声まできこえてくるように感じたのだが、この「野原の声」は、おじいさんの耳にもきこえていたかも知れない。

この心暖まるユーモラスな物語で、老人も子どももいたずらどころか、大真面目で向き合っている。姉さんの縁談を介してこれから親類になろうとするぼくとおじいさんは、最大級のサービスによって好意を伝えようとし合っている。しかし、こんな大真面目の出会いのときにこそ、トリックスターが自然に無意識のうちに活躍するのだ。

「野島君のハンマー投げ」のところで、おじいさんは若き日の野島君の姿を思い浮かべているのに対して、ぼくはえらく元気な老人の姿を想像している。この食い違いは、「来年はきっと優勝しますよ」という、ぼくの一言でにわかに歴然としてきて、おじいさんもお菓子をすすめることによってしか、間をとることができない。しかし、考え直したぼくの質問によって、二人は同じイメージを共有し、そこには「野原の声」さえ聞こえてくるのだ。

ここでトリックスターの役割をして、二人に不思議な心の揺れと共鳴を体験させたもの、それは「野原の声」だ、などと考えてみるのも面白い。野原はもちろん、ワイルドなものである。しゃちほこばった老人と子どもの間にワイルドなものが浸透してきて、そこにユーモラスな関係を演出する。

人間の世界がどれほど都会化しても、聞く耳さえもっていれば、「野原の声」はいつでも聞こえてくるのではなかろうか。老人と子どもは、この野原の声を聞く点において優れているということを、われわれはよく認識しておくべきであろう。

注

（1）今江祥智『ぼんぼん』理論社、一九七三年。

（2）河合隼雄「今江祥智『ぼんぼん』『兄貴』『おれたちのおふくろ』」、『子どもの本を読む』光村図書、一九八五年、所収。〔本著作集第四巻所収〕

（3）「忠臣ヨハネス」、金田鬼一訳『グリム童話集 第一冊』岩波書店、一九五四年、所収。

（4）E・L・カニグズバーグ、松永ふみ子訳『ジョコンダ夫人の肖像』岩波書店、一九七五年。

（5）阪田寛夫『野原の声』、『飛ぶ教室』八号、一九八三年。

Ⅵ　子どもと死

子どもと死は縁遠いものと思っている人がある。確かに子どもは生まれたばかりで、死には随分へだたっている。老人こそが死に近い、という考えである。あるいは、子どもをできるだけ、死から遠ざけたいと思う人がある。死の問題はあまりに大きく、考えるには難しすぎるので、遠ざけておきたいと思うのである。あるいは、子どもは死のことなんぞ少しも考えていない、と信じている人もある。子どもは毎日元気に生きることに忙しくて、死のことを考える暇などない、というわけである。これらの考えは、少しずつ部分的には当っているかも知れないが、あまり正しい考えとは言えないようである。子どもたちは意外に死の近くで生きているし、死について考えてもいる。それに死というものは凄いもので、大人の配慮などというもので遠ざけたりできるものではない。

第二章の四節にあげた遊戯療法の例においても、P子が治療者に向って、「死ぬか」と問いかけるところがある。自分が以前とは変ってゆくことや、治療終結の予感などから、死のことについて考えたのだろう。治療者と死についての問答をしながら成長してゆくのである。

子どもは思いのほかに死について考えている。しかし、そのことを大人に語ることは少ない。言ってみても、大人が不愉快な顔をするだけだったり、大して意味のあることを言ってくれないことを、彼らはよく知っているのであろう。大人が聴く耳をもっているときにのみ、子どもたちは死についての彼らの考えを語りかけてくる。

そのなかには、大人もはっとするような深い知恵が隠されていることもある。

1　子どもは死を考える

三、四歳の子どもが死について考えていることを、森崎和江が述べている。(1) 感動的な事実なので他にも引用したが、ここでもまた取りあげることにしたい。森崎は自分の二人の子がそれぞれ、三、四歳ごろに、「なぜ死ぬの」「死んだらどうなるの」「ママは死ぬこと、こわくない?」と問いかけてきたと述べている。

その問い方も、なにげない遊びのあいだの思いつきとしてではなかった。ひとりで眠っていて、眠りが覚めた夜中の、しんと心が落ちついているとき、そのことをひとりで考えつづけ、考えきれなくてしくしく泣き、それに気がついたわたしに、問うたのだった。

子どもがこれほど真剣に問いかけてくるとき、親はごまかしが言えない。

「あのね、みんな、こわいのよ。でも、元気よく生きるの。ママも、あなたと一緒に、元気よく生きていくから。だから、元気で大きくなってね……。」

森崎は正直に自分の考えを語りながら、「ことばを聞こうとしているわけではない裸の魂が、感じられて、子を抱きつつその大きさ重さにふるえた」。確かにこんなとき、子どもという存在の「大きさ重さ」が本当に感じられるものだ。子どもは常に小さいとは限らない。森崎は、まっとうに答えられぬ自分を責め、「ただひたすら、

一緒に生きるからゆるしてね」と心から思っていると、

そのうち、子がわたしの背へちいさな手をのばし、撫でつつ言った。

「泣かないでね、もうこわいこと言わないから」

母の涙を見て、子どもはけなげにも母を慰めようとしている。大人が本当に心を開いて接したとき、大人と子どもの地位が反転するときがある。三歳の子は、母の涙によって慰められ、またその母を慰めようとしている。これほどの母子の心の深い交流が、「死」を契機として生じていることにも、注目したい。死を遠ざけて生きている人は、真の心の交流を体験することは非常に難しいであろう。死は真剣に取りあげられる限り、生に深みを与えてくれる。

ある時、電車に乗っていると、四歳くらいの女の子と赤ちゃんを連れた、肝っ玉お母さん的な女性が近くに坐った。子どもはいたずらをしたり、はしゃいだりしているが、お母さんはびくともしない。なかなか生命力に溢れていて好感がもてた。終点で降りるときになって、子どもが急に母親に話しかけた。「お母ちゃん、人間は死んだら生まれ変るのやろ?」母親は後ろの子どもの方を振りかえりもせずに、「何言うてんの、死んだらしまいや」と平然と答える。子どもは不満そうにしていたが、電車を降りて歩きながら、母親の後ろ姿にもう一度問いかけた。「人間は死んだら、もういっぺん生まれ変るんやろ?」母親は足早に歩きながら、「死んだらしまい、しまい!」と連呼する。子どもはその後を遅れないように走るようについてゆく。

この光景は私の心について、なかなか離れなかった。森崎和江の母子の会話とは、またまったく味が異なるが、やはり、これも「生と死」にまつわる深い対話と考えていいのではないかとも思った。幼い子の問いかけに、「死んだらしまい」を連呼して平然として生きている母を、キリスト教の国の人が見るとどう思うだろうか。「死んだらしまい」と平然としていられることは、この人の宗教性のなさを示すものか、逆にその深さを示すものであろうか。

あそびに夢中になっているうちに急に終点が来て、みんなが降りねばならないという状況が子どもの連想を刺激したのか、この四歳くらいの子が「死」について問いかけたので、私は驚いてしまったが、母親の態度は、「いかに生きるか」についての解答を示したものとしても、この子の問いに直接答えているものではない。子どもは「もういっぺん生まれ変る」と彼女なりに再生のイメージを創り出して、死の問題に答えようとしているわけだが、母親に否定されてしまったのである。これから後、この子は死について、生についてどのように考えてゆくのだろうと考えさせられた。それにしても、子どもたちは思いのほかに、死について考えているのだなと感じさせられたのである。

子どもと死のことについて考えるとき、常に想起されるのは、鎌倉時代の名僧、明恵上人が十三歳で自殺をしようとし、そのとき、「今は早十三に成りぬ。既に年老いたり」[2]という言葉を残している事実である。十三歳になって年老いて死が近づいたが、同じ死ぬなら供養のために飢えている狼などに対して自分の身を捧げようと、捨身の決意をする。当時は墓地といっても、死体をころがしておき、犬や狼などに喰うにまかせる有様だったので、明恵は夜に墓地に行き寝ころがっていたが、何事も起らずに残念に思って引きあげてきて、ともかく捨身の決意は思いとどまるのである。

何とも凄い話であるが、ここで注目したいのは、十三歳で年老いたと感じるところである。思春期は「さなぎ」の時代だなどと先に述べたが、思春期が訪れる一歩手前で、それは言うなれば毛虫としては老境にはいるわけだから、「年老いたり」と感じても別に不思議ではないと言える。実際、子どもたちをよく観察していると、「性」の衝動が動きはじめ、それと取り組むことによって大きい変化が生じる以前に、子どもとしての「完成」に達するように思われるときがある。子どもとしては、高い完成感と、早晩それが壊される、あるいは、汚されるだろうという予感が生じてきて、その完成を守るために自殺をするなどということもあるのではないか、と思われる。

このようなとき、子どもの存在は限りなく透明度を増し、その子にとっては大人たちのすることなすことが汚らしく、うとましく感じられるのではないだろうか。現在においても、十二、三歳の子どもの自殺で、原因が不可解として報じられるもののなかには、このようなのが混じっているのではないかと推察される。自殺には多くの要因が重なっているし、また単純に原因と結果などという考えで割切れるものではない。ここに述べたことも、それが原因でなどというのではなく、子どもの自殺にむしろ、常識的には不可解な点が多く含まれていることを示そうとしたのである。もちろん、明恵は天才として、このようなことを言語化できたのだが、子どもたちは言葉で表現できぬままに、自殺してゆくものと思われる。

子どもたちが思いのほか、死を考え、死に近く生きていることを示したが、何も彼らが死のことばかり考えているのではない、という当り前のことを、しかし、劇的に示してくれる話を紹介しておこう。それはわが国においても死の臨床家として名高いキューブラー・ロスとその娘さんとの話である。(3)

キューブラー・ロスは末期患者の介護に関するワークショップを開くとき、自分の八歳の娘バーバラも連れていった。と言っても強制したのではなく、娘の希望をきくと一緒に参加したいというので、それに従ったのである。ワークショップは成功であったが、もちろん、大変なエネルギーの消耗を強いるものであった。最終日になって皆がそれぞれお別れの挨拶をしているとき、バーバラがロスのところに来て、「十五分間だけお母さんと二人きりになりたい」と決然として言う。疲れているし、他の人々との関係もあるしと思ったが、ロスは娘の意志に従った。これは大変素晴らしいことだ、他人のために力をつくしている人は、どうしても自分の家族をないがしろにしがちなものだが、ロスが娘の願いどおりにしたのはさすがだと思わせられる。

ところで、バーバラはロスを連れ出して、近くの墓地にゆき、ある墓石を示して「お母さんはこれをどう思うか」ときく。見ると、その墓石には、ある家族の四人の名が記されており、そのうち二人は死んでいて死亡日が記されていたが、二人は生きているので、生まれた日だけで死亡日が記されていなかった。言わば、生きているうちに早手まわしに墓がつくられていると言うわけである。これに対して、ロスは「これは少しばかりやり過ぎじゃないの。死んでから名前を入れたって遅くはないでしょうに」と言う。すると、バーバラは大きな安心の吐息をつき、母親に抱きつき、「ありがとう、私の知りたかったのはそれだけ」と言って、大いに満足の様子を示した。

ロスはこのことに大いに感激した。バーバラが母親に言いたかったことは何なのだったろう。彼女が言いたかったことは、死の問題を取り扱うのはいいけど、お母さんはやり過ぎて止まるところがわからなくなるのじゃないの。死人も生きてる人も一緒に考えてしまって、ワークショップが終っても、普通の生活に戻れないのじゃないの、ということだったのだ。それを、墓石の名前の一件を尋ねることによって、見事に確かめ、母親が止まるところを知る人であることを明らかにし、安心したのである。

これを読んで私も感動した。キューブラー・ロスという人は——そしてその娘も——大した人だと思った。死は大切である。それを遠ざけたり、避けたりしてはならない。しかし、それにはいり込みすぎては駄目なのである。われわれが現に生きていることを忘れてはならぬし、それは大切なことである。当り前と言えばそれまでだが、死に関するワークショップの後で、そのような確かめが、母と娘の間に——娘を主導者として——生じたことに感嘆するのである。

2　死者を弔う

死者を弔うこと、喪に服すことは大切なことだが、現代社会では難しいことになってきている。現実社会のあまりの忙しさと、現代人の魂に訴える儀礼がほとんどなくなってきているために、弔いや喪はなおざりにされたり、形骸化してしまったりする。実際、仏教のお経を聞いていて、現代の日本人のどれだけが、それを真の弔いの言葉として感じることができるだろうか。そこで、いわゆる弔辞が読まれることになる。それも形骸化しているものは何をか言わんやであるが、それがたとい心を打つものであったとしても、魂にまでとどく言葉を述べるのは極めて難しいことである。

このようなためもあってか、家族内においてなおざりにされた弔いや喪の仕事を、その家の子どもが背負っている、としか思われないような場合がある。子どもが登校拒否や、原因不明の身体症状などでわれわれのところに来談し、遊戯療法を行うと、そのなかで弔いや喪の儀式が行われる。話を聞いてみると、その子の家族が少し以前に死亡し、それに対する弔いが真の意味で十分に行われていなかったと感じられることが判明する。そして、子どもの儀式が十分に行われた頃に、その子の問題は解決されていることになるのである。今回は、そのような事例については割愛して、(4)弔いについて考えさせられる文学や映画の作品をあげてみよう。

灰谷健次郎の「子どもの隣り」(5)の主人公のタアくんは四歳くらいの男の子、なかなか感受性の鋭い子である。父親と二人暮らし、幼いときに母を亡くしたことも、この子の感受性の鋭さに影響があるのかも知れない。タアくんはどうしても「死」にまつわる話題に心をひかれてしまう傾向がある。駅のベンチにたむろしている老人たちにタアくんは可愛がられるが、老人たちの会話には冗談半分にでも死に及ぶときがある。タアくんはたまらなくなって、「みんな死ぬの」と聞かざるを得ない。それには「みーんなもうすぐ死ぬよ」という答がかえってくる。

タアくんと父親がはいった食堂で、女店員たちが雑談しているのが聞こえてくる。「ここの大将あかんかってんやて」と、人の死についての話があっけらかんと語られ、死が「ただの世間話」として進行するのを聞いているうちに、タアくんの食事をする手が止まってしまう。そして、タアくんは次の日曜日に入院しているおじさんを見舞に行くのをやめたい、と言い出す。

しばらくの間無言の時が続くが、父親はどうしても黙っておられなくて、「だれかが死ぬって、とっても哀しいことだから、みんな知らんぷりして、知らんぷり語を使うんだ」と説明する。タア君は了解したようだったが、「ママが死んだとき、パパはかなしかった?」と突然にきき、父親はたじろいでしまう。タアくんはそのとき自分はかなしんでいたかときく。父親は「哀しかったんだろうけど……あのとき、おまえはまだ小さかったからさ……」と言い、どうしてそんなことを尋ねるのかと問い返す。「だってぼく、そのとき、かなしんでなかったらママに悪いもん」というのがタアくんの答である。

この父親はおそらく妻を亡くしたとき、多くの「知らんぷり語」や「形式語」を使わねばならず、そのときに十分に行うことのできなかった、弔いと喪を、今四歳の子どもの投げかけてくる鋭い質問に答える形で、成し遂げているのである。

保育園で兎の子が生まれてすぐ死んだので、子どもたちは兎の子をけやきの木のそばに埋めた。タアくんはそれを後ろからずっと見ていたが、みんなが立去った後もそこにいた。ひとりの保母さんが近よっていくと、タアくんが何か口の中でつぶやいているのが聞こえてきた。

「死んでも、死んでも、死んでも、死んでもいい。ここにおるもーん。死んでも、死んでも、死んでも、死んでも、死んでもいい。また、生むもーん。」

感動した保母さんは、歌をうたうようにタア君の言葉をそのままくり返すのだった。

これは本当の「お経」である。魂に達する言葉である。だからこそ、それを聞いた保母さんも繰り返さずにはおれなかったのであろう。こんなのを聞くと、一般のお葬式で唱えられる「お経」が、魂との接触を防ぐための「知らんぷり語」のようにさえ感じられてくるのである。

子どもの行う真の弔いの話として、映画『禁じられた遊び』に触れてみたい。これはあまりにもよく知られている映画で、筋を知っている方も多いであろう。戦火を逃れてゆく多くの人の上に、敵の軽爆撃機が襲いかかり、一瞬のうちに、一人の少女ポーレットは自分の家族を目前で射殺される運命に見舞われる。気の毒な少女はある農家に住むことになるが、必ずしも歓迎されてのことではない。そこで、この女の子は一人の男の子ミッシェルと友だちになる。

内面からつきあげるわけのわからぬ衝迫性によるものか、ポーレットは土の上に大小いろいろの十字架をたてておお墓をつくる遊びに熱中し、ミッシェルもこれに加わる。ミッシェルはポーレットを喜ばせようとして、とうとう葬儀馬車の飾りの十字架をとってくるが、ここから思いがけないことが生じる。ミッシェルの家と隣家とは、かねがね何かにつけて対立し争ってきたが、葬式に際して葬儀馬車の十字架のなくなったのは隣家のいやがらせと誤解してしまって、両家の間でなぐり合いの大騒動が起りそうになる。

ミッシェルは困ってしまって、告悔に行き、神父さまの前で、墓つくりのこと、そのために葬儀馬車の十字架を盗んだことなどを話す。神父はそこで、あわやなぐり合いという両家の争いのところに真実を告げにゆき、無用なぐり合いを回避する。しかし、墓つくりの遊びが巻き起した騒動の結果、ポーレットは淋しくミッシェルの家を去ってゆくことになり、ここで映画は終る。

この映画のひとつの大きい主題は、弔いである。ポーレットは亡くした両親のみならず、無益な戦争によって生じた幾千幾万の魂を弔うため墓をつくらねばならない。それは「遊び」としてなされる。しかし、多くの宗教儀式が形骸化してしまった現代においては、子どもの遊びのなかにこそ、もっとも本質的な宗教儀式が認められるのではなかろうか。先に述べたタアくんのつぶやきが、どのようなお経よりも優っていたように。

次にこの映画における第二のポイントは、告悔の秘密を無反省に洩らしてしまった神父の行動にある。秘密の意義については、第二章に述べたとおりである。聖職者として絶対に秘密を守るべき神父は、二軒の家のなぐり合いを避けるために、秘密を破り、一人の少女の魂を抹殺したのである。大人たちの身体の傷を救うために少女の魂を殺したのである。これがどうして「聖職者」の役割なのか。もともと聖なるものは、この世の計算には無関係のはずである。なぐり合いにまきこまれる大人の数は、少女一人より何倍も多いと彼は考えたのであろうか。

このように言って私はキリスト教を攻撃しているのではない。聖書には周知のように、「あなたがたのうちに、百匹の羊を持っている者がいたとする。その一匹がいなくなったら、九十九匹を野原に残しておいて、いなくなった一匹を見つけるまでは捜し歩かないであろうか」（ルカ伝第一五章四）という言葉がある。神父がこのことを思い起し、告悔の秘密を守ることの意味について深く考えたなら、あのような軽率な行為を取らなかったであろう。私はここで、神父がただ秘密を守る「職務」にだけ忠実で、なぐり合いが起ろうがどうしようが棄て置くべきだなどと言っているのではない。このような状態のなかで、自分の存在をかけて悩み苦しんでこそ聖職者というべきであろう。そこには形どおりの答などは存在していない。

いかなる宗教であっても、それが人間の世俗社会と共存し、組織化されるということは恐ろしいことである。組織が拡大し、それを維持することに専念するとき、それは知らず知らず、弔いを忘れ喪を忘れ、そして、魂を殺すことにまで発展してゆく危険性をはらんでいるのである。

3　死の意味

人間の平均寿命も随分と長くなった。しかし、その反面、幼くして、若くしてこの世を去ってゆく人たちも多くいることは事実である。ある人は長く生きて、多くのことを経験して死んでゆくのに対して、短い人生で終らねばならぬ人にとって、死は何を意味するのだろうか。あるいは、その後に残された家族は、それをどう受けとめるべきなのだろうか。死は実に多くの疑問を人間に投げかけ、人間が生きることの意味の深化を求めてやまないものがある。

山中康裕の『少年期の心』[6]には、心理療法を通じてみた子どもたちの姿が生き生きと語られていて、「子どもの宇宙」の素晴らしい記述がなされている。そのなかで、死に関するひとつの例を次に紹介したい。十四歳の少女が、山中のところに小児科より紹介されてくる。彼女は「多発性硬化症」という重病であった。徐々に手足の筋肉の痙性麻痺と萎縮が進行し、視力を奪われ、寝たきりの状態になっていく病気で、現在のところ治療法は見出されていない。この少女に母親は以後七年間にわたって献身的な看護をし、山中もできる限りの援助をする。最後は目が見えず耳が聞こえるだけの彼女に、彼女の好きな音楽や詩などをテープに録音して送ったりもした。

彼女が息を引きとったとき、他家に嫁いでいる姉から電話があり、次のような夢を見たと報せてきた。《気がつくと白い上衣に赤いはかまをはいた舞美子（この少女に山中がつけた名）が枕元に三つ指ついて坐っている。「これまで大変永らくお世話になりました。お母さん、お父さんを大切にしてあげて下さいね。それでは……」と言って、すっと宙に浮き、だんだん身体が小さくなって、神棚の戸を開けてその中に入っていった。》

驚くべきことに、これと同様の夢を少女の伯母も見ていたことがわかったのである。「御両親は、それを聞き、これはきっと舞美子の遺言に違いない、と思って、舞美子を入棺するとき、彼女たちの夢どおりの服装（巫女さんの、神を和《な》ぐ乙女の姿そのままの）をさせてあげた」と山中は述べている。また彼女の寝ていた布団の下から金色の仏像がでてきて驚いたが、これは彼女が山中の遊戯療法の部屋から（おそらく箱庭療法のためのものだろう）持ち帰っていた阿弥陀如来だった。彼女は苦しい毎日を、治療者とのつながりを示す仏像に守られてすごしたのであろう。

心理療法の仕事をしていて、特にそれが死にまつわることであるとき、このようなまったく不思議な現象に出会うことが多い。われわれはこれをどう説明するかなどと言うよりも、事実は事実として受けとめ、そこにこめられた意味について考えてみるべきであろう。少女の姉と伯母が見た夢は、彼女の短い、苦しみの多い人生が決して無意味なものではなく、普通の長い一生よりは、はるかに高い次元において達成されたものであることを告げているように思われる。彼女は満足して逝ったことを、最後に家族たちに告げたくて、その夢に現われたとさえ感じられるのである。

子どもの死を扱った児童文学のなかで、非常に印象深いものとして、小川未明の『金の輪』(7)をあげたい。これは珠玉の掌編である。太郎は病気で寝ていたが、少し元気になり、三月の末にようやく床から離れられるようになった。太郎は往来に出るが友だちもいず、ひとりでしょんぼり家の前に立っていた。

すると、よい金の輪の触れ合う音がして、ちょうど鈴を鳴らすように聞こえてきました。かなたを見ますと、往来の上を一人の少年が、輪をまわしながら走ってきました。そして、その輪は金色に光っていました。太郎は目をみはりました。かつてこんなに美しく光る輪を見なかったからであります。

まったく見知らぬ少年なので、太郎は誰だろうといぶかしく思う。この少年は「その往来を過ぎるときに、ちょっと太郎の方を向いて微笑しました。ちょうど知った友だちに向ってするように、懐《なつ》かしげに見えました」。翌日も少年はやってきた。そして、「こちらを向いて、昨日よりもいっそう懐かしげに、微笑《ほほえ》んだのであります。そして、なにかいいたげなようすをして、ちょっとくびをかしげましたが、ついそのままいってしまいました」。

太郎は少年に親しみを感じ、友だちになりたいと思う。母親に金の輪をまわしてくる少年のことを語ったが、母親は信じようとしなかった。そして、話の結末がくる。

太郎は、少年と友だちになって、自分は少年から金の輪を一つ分けてもらって、往来の上を二人でどこまでも走ってゆく夢を見ました。そして、いつしか二人は、赤い夕焼け空の中に入ってしまった夢を見ました。
明くる日から、太郎はまた熱が出ました。そして、二、三日めに七つで亡くなりました。

これは、死ということが常識の次元をはるかに超えていることを、はっきりと示してくれる話である。死はおぞましく感じられたり、あるいは、七歳で死亡などというと誰しも薄幸であったと思う。そのような常識も大切であるが、その一方で、死とは、太郎にとって何とも素晴らしい体験であったことも、われわれは知っておくべきである。それは文字どおり、この世ならぬ響きや親しさに満ちている体験であった。太郎の七歳で迎えた死は、他の人の七十歳の生と匹敵する重みをもつと言えるであろう。

おそらく、小川未明はこのような体験をもったのではなかろうか。才能に恵まれた人として、彼は幸いにもあちらにまで金の輪の少年について行かず、こちらに戻ってきて、お話として語ることができたのであろう。このような記述によって、われわれは死に対する無用な怖れや不安が軽減されるのを感じるのである。

このような話によって、私は死を美化するつもりは毛頭ない。死は恐ろしいものであることも事実であるし、不幸な死があることも事実である。児童文学には多くの子どもの死が描かれているが、そのなかで、できるだけ多くの人に銘記していただきたいと思う、少年の死がある。これほど最後まで読み通すのが辛い児童文学はあまりないであろう。しかし、われわれは読まねばならないし、読んだことは忘れてはならないのだ。リヒターの『あのころはフリードリヒがいた』[8]がその本である。これは、素晴らしいとか名作とか、形容詞をつけられるような本ではなく、ただただ、できるだけ多くの人に読んでほしいと願いたい本なのである。

この作品の、ぼくは一九二五年にドイツに生まれる。当時のドイツはインフレと多くの失業者をかかえて大変だったが、ぼくの父も失職中で苦労している。ぼくの家族の借りているアパートの上の階に住んでいるシュナイダー家にも、ぼくの生まれた一週間後に男の子が生まれ、フリードリヒと名づけられる。ぼくとフリードリヒが同年なので、両家はつき合いをはじめ、親しくなってゆく。貧しいながらも暖かい心をもって交流する両家の人たちの姿は、好感をおぼえさせる。

ところが、だんだんと難しいことが生じてきた。ヒトラーが台頭し、ユダヤ人の迫害をはじめたが、シュナイダーさんはユダヤ人だったのである。それにぼくの父は、必ずしもヒトラーに賛成というのではなかったが、それによって職につけ収入も増えるので、ヒトラーの国家社会主義労働党に入党する。彼はそのとき、シュナイダーさんにそのことを告げ、シュナイダーさんに一刻も早くドイツから逃げ出すように忠告する。シュナイダーさんはぼくの父の誠意に感謝しつつも、ドイツ人として他国に逃げ出すことはできないと言う。それにシュナイダーさんは、ユダヤ教に対する確固とした信仰にも支えられていた。

しかし、ユダヤ人に対する迫害は日に日に烈しさを加え、常軌を逸したものになってきた。ついには群衆がシュナイダー家に押入り、家中のものをぶち壊した。ぼくたち一家は同情しつつ何もできなかった。そして、フリードリヒの母親はこのショックによって、荒れはてた部屋のなかで息を引き取った。彼女は気の毒だが、この時期に死んでまだしも幸福だったかも知れない。アパートの家主のレッシュはシュナイダー家に立ち退きを迫り、ことごとに圧迫してきた。

シュナイダー氏は、有名なユダヤ教のラビをかくまっていたのを、レッシュに密告されたのか、二人とも警察に捕えられる。不在だったフリードリヒはその後他の隠れ家に住むようになったが、一九四二年のある日、父母の写真が欲しくなって、ぼくの家を訪ねてくる。フリードリヒが食べるものも着るものもろくにない生活をしていることは、一目見てわかった。パンをあげたり、風呂にはいるようにすすめたりしているうちに空襲になった。地下壕にはいろうにも、防空委員のレッシュが頑張っているので、フリードリヒははいれない。仕方なく、ぼくたち一家は壕にはいったが、フリードリヒは上に残った。

空襲が烈しくなってたまりかね、フリードリヒは防空壕に入れてくれと頼みに来たが、レッシュは非情にはねつける。他の人たちは見かねていれてやれと言うが、レッシュは自分が委員であることを笠に着て、反対するものは告訴すると叫ぶ。ぼくの母は何とかしたいと必死である。父は「気を落ちつけてくれ」と母に頼んだ。「ぼくたち一家の不幸になるんだよ。」フリードリヒを救おうとすると自分たちの命が危うくなるのだ。

空襲の終った後、ぼくたちはフリードリヒが死んでいるのを知った。死骸を蹴っとばして、レッシュは言った。「こういう死に方ができたのは、こいつの幸せさ。」

これがこの物語の終りである。これに対しては何の解説もいらない。一人の少年が一九二五年に生まれ、一九四二年に死ぬまでの軌跡を知り、われわれはその重みを腹の底にまで感じつつ、言うべき言葉を見出せない。「あのころはフリードリヒがいた」の原題、Damals war es Friedrich は、ドイツの昔話の冒頭に語られる、Es war einmal を意識しているように、私には思われた。この話は、昔々の(einmal)お話ではなく、特定のはっきりした時(damals)に現実にあったことなのだ、と作者は強調したいのであろう。この書物の目次は、最初の「生まれたころ(一九二五年)」から最後の「終末(一九四二年)」に至るまで、一章だけユダヤの故事のソロモンについて語ったところを除くと、すべて年代が( )内に書かれている。それは悪魔の爪跡のように、時の流れとともに容赦なく、フリードリヒの命を狙って進んでくるのである。

作者のリヒターは、このような現実を直視し、感情に溺れず節度をもって現実を記述していく。そして、フリードリヒ少年の死の事実をはっきりとわれわれの目のあたりに提示して、物語を終えている。この少年の死の意味は、このことを知った読者のひとりひとりの今後の生き方のなかにこそ見出されることであろう。

注

(1) 森崎和江「生活童話」、『飛ぶ教室』六号、一九八三年。

(2) 平泉洸訳注『明恵上人伝記』講談社、一九八〇年。なお、明恵上人に関しては、拙著『明恵 夢を生きる』京都松柏社、一九八七年を参照されたい。〔本著作集第九巻所収〕

(3) キューブラー・ロス、霜山徳爾/沼野元義訳『生命尽くして』産業図書、一九八四年。

(4) 箱庭療法において、「弔い」の主題が展開した事例報告を次にあげておく。興味ある方は参照されたい。大場登/曾根岡祥子/渡辺弓子「弔いイメージを箱庭に表現した小児神経症者の心理療法過程」、『芸術療法』Vol. 8、一九七七年。前田供子「死の不安におびえる少年」、河合隼雄/山中康裕編『箱庭療法研究』2、誠信書房、一九八五年、所収。

(5) 灰谷健次郎「子どもの隣り」、『灰谷健次郎の本』第8巻、理論社、一九八七年、所収。

(6) 山中康裕『少年期の心』中央公論社、一九七八年。

(7) 小川未明『金の輪』、佐藤さとる編『ファンタジー童話傑作選』2、講談社、一九七九年、所収。

(8) ハンス・ペーター・リヒター、上田真而子訳『あのころはフリードリヒがいた』岩波書店、一九七七年。

Ⅶ　子どもと異性

子どもにとっても、異性というのは大変に重要な対象である。ほとんどの人が、自分が子どもだった頃、関心をもったり好きだったりした異性について思い出をもっていることだろう。早い人は小学一年ぐらいのときに、そのようなことを意識したろうし、三、四年のときと言う人もあろう。自分だけでそう感じていたが、相手とは特に話をしなかった、という人も多いことであろう。

その子のことを考えるだけで、胸がキュンとなる感じで、子ども心にもこれはただ事でないぞと思わされる。何だか普通の世界とは次元の異なることが、そこから開けてくる。その子の存在が世界を変えてしまうのである。と言っても、それを公にするのは何だか恥かしいし、秘密にしておくべきだという内心の声が聞こえてきたりする。言うなれば、超越への通路には異性が立っている、ということになるだろうか。

このことに加えて、性的欲求がその年齢に応じてはたらいてくる。小学生の頃にはそれは露骨にはたらくこともないが、高校生ともなれば身体的にはほとんど大人である。聖なるものと呼びたいほどの異次元の存在への憧れの気持に、身体的欲望がまとわりついていることを知り、それをどのように判断し、どう取り扱っていいかわからず、子どもから大人への境界で立ちすくむ人も多い。

大人は異性のことというと、「性」にあまりにも直接的に結びつけて考える人が多い。そのために、子どもと異性との関係の本質を見誤ってしまう。自分の性的欲求の問題を過度にそこに投影してしまうので、判断が混乱するのである。「性」というものは大人にとっても簡単に把握し難い怪物であるので、大人は体験者として何でも知っているような顔をしたがるが、本当のところはぐらぐらしていて、その不安を隠そうとして、子どもたちに極端に厳しくなったり、逆にまったく放任ということになったりする。大人はむしろ、子どもの異性関係をよく知ることによって、自らの性に対する考えをより豊かにすることができるのではなかろうか。

子どもと「性」の問題も大切なことであるが、他にも既に論じた(1)ので、異次元の存在としての異性に、子どもたちがどのように接近してゆくかを、低年齢から高年齢に向って、例をあげながら考えてゆきたい。

1　異性のきょうだい

人間は将来の配偶者となる異性像を、自分の親をモデルとして形成するようである。男の子にとっては母親、女の子にとっては父親が、将来の配偶者の決定のため、イメージ提供者として、意識的・無意識的に役立つものとなる。もちろん反面教師として強く作用するときもある。親に対する愛着から少しずつ離れてゆき、人間は自立してゆくのであるが、親から離れる最初の段階として、異性のきょうだいに対する愛着が生じてくる。

もちろん、親からきょうだいへと急に移り変るのではなく、それは共存してゆくのだが、女性にとっての兄、男性にとっての姉という存在が親とは異なる魅力をもちはじめ、それは「血のつながり」とは異なるつながりの存在をさえほのめかすようになる。このような感じのきょうだい関係を描いたものとして、佐野洋子の『わたしが妹だったとき(2)』があるが、今回は割愛して、それよりも少し高年齢で、血のつながっていない他人を「私のお兄さん」として敬愛する場合を考えてみよう。それは「お兄さん」ではあるが、その底に男女関係の愛も流れているのである。

ボーゲルの『さよなら　わたしのおにいちゃん』[3]は、九歳の女の子の恋人＝兄に対する気持を描き、しかも、その関係に母親がはいりこんでくるという難しい状況を、的確にやさしく記述している。主人公の九歳の少女、インゲは両親と祖母、召使に囲まれて暮らしている。彼女の双子の姉エリカが死んで六週間。母はインゲを「わたしにのこされたのは、あなただけよ」としっかり抱きしめる。しかし、インゲはあまり強く抱きしめられると、「うんざりしてしまうこともあります」。時には身をよじって、母の腕のなかから逃げ出したりもする。子どもの心のなかで自立への動きがはじまると、どんな素晴らしい母親に対してでも、うとましい気持が生じるものだ。そんなとき、隣家に引越してきた家族の息子、ディーターがインゲの前に現われる。彼は二十歳の好青年である。垣根ごしに出会ったとたんから、ディーターはインゲの「おにいちゃん」になった。

翌日インゲの一家の散歩にディーターが参加した。インゲの心ははずみ、「きょうは、なにからなにまで、目にはいるものぜんぶが、いつもよりずっと美しく見えるような気がしました」。ひとりの異性の存在によって、世界が異なって見えるのだから、本当に不思議である。

ディーターは絵を描くのが上手だったので、インゲに対してパステル画の肖像を描きたいから、モデルになってほしいと申し込み、彼女は大喜びで引き受ける。そして、ディーターがやって来たので行ってみると、既にお母さんが彼に詩の朗読をしてやっているところだった。インゲは指定されたテラスのはじの椅子に坐って待つが、ディーターはお母さんと話しこんで、なかなかやって来ない。〝哲学〟とか〝理想化〟とか何だか難しい言葉が二人の間をとびかっている。インゲの心のなかでは「怒りが、むくむくと首をもたげはじめました。わけのわからないことばや、それをわたしのディーターに読んできかせたおかあさんにたいする怒りが」。

難しい状況が生じてきた。インゲが「わたしのおにいちゃん」を得て大喜びしているとき、インゲの母親は夫が多忙で自分をあまりかまってくれぬ淋しさもあって、この若い男性に好感をもちはじめたのである。ディーターにすれば大人の女性との会話の方が、インゲと話し合うより面白いのは当然だし、インゲはせっかく家族以外の人を愛する機会をもちながら、極めて辛い感情を味わうことになるのである。

両親が留守のとき、インゲの肖像を描きに来たディーターは、彼女と母にそれぞれかごにいれたキイチゴをおみやげにもってきてくれる。インゲの方はヒナギクの飾りがつけてある。ディーターが帰ってからインゲはキイチゴを食べた。自分のはヒナギクの飾りが美しいので母に見せるためにおいておき、母の方のを食べた。すっかり食べてしまうと、その下から紙切れが出てきて、そこには外国語で詩のようなものが書いてあり、ところどころ〝マルガリート〟というインゲの母の名がちらばって見える。

インゲはその詩の紙の上に、自分のかごのキイチゴを移し、ヒナギクの飾りまでさした。しかし一時間もたつと気が変り、詩を母に読ませたくないと思い、その紙をまるめて、木の根もとにうめてしまい、キイチゴも食べてしまって、母には何も言わぬことにした。人間は人を恋しはじめると、思いがけないことをしたり、思いがけない感情を体験したりする。インゲはこんないじわるを母に対してすることがあるなどと、それまでに思ったことがあるだろうか。人間は成長してゆくためには、愛も憎も両方のことを体験しなくてはならないのである。

あるとき、インゲは母親の寝室に行った。すると、母は化粧台の前に坐って化粧に余念がなく、鏡にむかって微笑《ほほえ》みかけている。その顔はインゲが今まで見たことのない「謎の微笑」であった。それは明らかにお母さんの顔ではなかった。インゲが来たのに気づくと、インゲの方に母は微笑を向けたが、それはもう、母親の微笑になっていた。インゲは「二種類の微笑について考えたいと思いました。一つのほうは、わたしがよく知っているもの。でも、もう一つのほうは、わたしにとってなぞでした」。そして、インゲは後者の方の母の顔は嫌いだと思った。子どもにとって、母はいつでもどこでも母であってほしいと思う。しかし、それは無理な注文なのである。休暇に家族で山へ遊びにゆくはずだったのに、父親が急用で参加できなくなってしまった。そこで、父親がディーターに頼んで、代りに行ってもらうことになった。インゲは大喜びだし、彼女の母が喜んだのも同様である。山小屋で、母とインゲが同室に、ディーターは別室に泊ったが、夜、インゲが目を覚ますと母がいない。あわててディーターの部屋へ行ったが彼もいない。不安でたまらなくなったインゲの目に、満月に照らされて母とディーターが散歩から帰ってくる姿が見えた。お母さんが部屋にはいってきたとき、インゲは眠ったふりをしていた。そして、「おかあさんは小さなため息をもらし、やがて眠ってしまいました――わたしが眠りにつく、ずっとまえに」。インゲはあの「お母さん」ではなく、マルガリートという一人の女性と同室していることを意識せざるを得ないのだ。

土曜日にダンスパーティがあり、インゲも母親も念入りにおめかしをする。母が「粉おしろいのパフに、百回めに手をのばしたのを見て」、インゲは「もうじゅうぶんよ」ときつい声を出し、一瞬、部屋のなかがしんと静まりかえるのをインゲは感じる。もう彼女たちは一人前の恋仇の役を演じているのだ。

パーティではインゲはまずディーターと踊るのを許され、三度も踊る。しかし子どもの寝る時間となり寝室にいくが、ドレスがうまく脱げない。そこでお母さんの手をかりないと、という口実のもとに、もう一度パーティの会場に行こうと二階から見下ろすと、母とディーターはさっきと違って、ぴったりくっついて、ほほがふれ合いそうな様子で踊っていた。ダンスが終ったので席にゆくと、二人は戸外に休みに出て帰って来ない。そこで、インゲはアルコール入りの大人の飲物、パンチを少し飲んだ。ダンスがはじまると、二人はまたほほを寄せ合って踊っていた。インゲは手をふってみせたが二人は気がつかない。インゲはまたパンチを飲み、ふらふらの足で寝室に戻った。しかし、眠れないし何かせずにいられず、テーブルの上のろうそくに火をつけて、じっと見つめていた。そのうち目の前でろうそくが二つになり、三つになった。なんてきれいなんでしょう、とインゲは感嘆しつつ眠ってしまった。

インゲが目を覚ましたとき、彼女は病院の寝台の上にいて、横には祖母が坐っていた。ろうそくから火事になりかかって、インゲは救出され、腕をやけどして病院にいるのだった。母がはいってきて言った。「インゲ――おねがいだから、口をきいてちょうだい。わたしは、あなたの母親なのよ！　それに、あなたがたすかって、ほんとうに、ほんとうにうれしいと思っているの。」それでもインゲはまだディーターのことにこだわっていた。それに対して母親は非常に率直に自分の気持を話した。「インゲに許してもらいたいと思う。インゲににいさんができて嬉しいと思っていたが、自分も淋しかったから、ディーターのやさしさが嬉しく感じられた」と。そして、二人の間に和解が成立するのである。

ディーターからは手紙が寄せられていた。彼は急にベルリンの工房の見習いになることになって出発したという。こういうときは不思議なもので、これからいったいどうなるだろうと思われていたことが、ろうそくの火の一瞬の燃えあがりを契機として思いがけない収束を見せるのである。

もう少しで家全体が燃え、人命を奪ったかも知れぬ「火」の恐ろしさを見て、各人の心のなかに燃えかけていた情熱の火は、かえって適当に収められる方に向ったというべきであろうか。多くの偶然に生じることは、偶然と言ってすましておれぬ意味を感じさせるものだ。そして、これまでのインゲの家族関係のあり方、ディーターの人格、これらがすべてからみ合って、それにふさわしい収束を見るのであり、ことによっては、火事は大火になったかも知れず、あるいは、たといボヤに終ったとしても、当事者たちの心の火はよけいに燃えあがったかも知れないのである。

九歳の少女インゲは、生まれてはじめて、恋というものがどんなものかを「おにいちゃん」を通じて学ぶと共に、母親も女性であること、そしてその母とライバルにもなりうること、など、短期間に学ぶには少し荷の重すぎるほどの経験をした。また、自分が母親に対していじわるをしたり、憎らしく思ったりするということまで知った。楽しい甘い思い出に、苦くつらい味が加わっていた。しかし、これらすべてのことは、子どもが成長してゆくために学ぶべきことであった。

これらのことを学ぶ間に、インゲの心も傷ついたし、インゲは母の心にも傷をつけた。それは悲しくつらいことである。しかし、インゲの母子のようにそれぞれが自分の心の動きに忠実に行動し、それらについてごまかすことなく率直に話し合うときは、むしろ、その傷が成長へのステップとなってゆくのである。もちろん、ここでごまかしがあったり、この傷を乗り越えてゆく愛が十分にないときは、これらの傷は簡単には癒し難いものとなって、むしろ成長を阻むものとなろう。

この本の原題は My Summer Brother（夏のお兄さん）である。読者の方々も、ある期間だけの、忘れがたい「お兄さん」や「お姉さん」の思い出をおもちなのではないだろうか。それは短期間のものであっても、その人の人生にとって大きい意味ある出来事だったのに違いない。

2　星の王子様

この題名を見て、サン・テクジュペリの作品のことが語られると思う人もあろうが、これから述べるのは、ある女子高校生の「星の王子様」について、高等学校のカウンセラー、渡部修三の報告に基づいて紹介するものである(4)。

女子高校生Ａ子の行動がおかしい、と言うので、担任からカウンセラーに連絡があった。Ａ子は登校しているが授業に出ていない。調べてみると他のクラスのＹ君のいる授業に出て、授業中ずっとＹ君から視線を離さず、凝視したままである。学級別遠足のときも、Ｙのクラスの方に参加、Ｙの後をずっと歩いていたと言う。注意を与え、自分のクラスへ戻るように言ったが効果がない。Ａ子はＹに話しかけることなく、ただ傍にいたがっているだけだが、ともかく他のクラスにはいり込んでいるし、他の生徒たちの噂にもなってきているので、何とかしなければとの相談である。そのうち担任にＡ子から手紙がきて、「私に星の王子様ができました。もう今では王子様のおそばにいなければいてもたってもいられません。私の星の王子様はＹ君です……」と書いてあった。

Ａ子は担任のすすめでカウンセラーのところに来談した。Ｙ君の横顔にひきつけられ、その瞬間から好きになった。理由はなく霊感のようなものだった。それからＹ君が見たくて仕方なく、どうせＹ君のことで頭がいっぱいで授業など頭にはいらないのだから、いっそＹ君のクラスに行こう、と思い、空いた席に坐って顔を見ていた。顔を見ているだけで自分は満足で、話をしたいとか交際したいとか思わない。このようなことを、魅入られて夢中になっているかのように語り、こんな話をするときに見られる、少女の恥じらいのようなものを一切感じさせなかった。

その後、A子がY君のクラスに行くことはますます激しくなり、「机をY君の近くまで持っていって一時間じゅう食い入るように見つめる」。「授業の教師も、何か一種の鬼気のようなものを感じて、静観せざるをえない状態」になる。こうなると、誰も手のうちようがなくなるが、こんなときには、よかれあしかれ、トリックスター(二〇四頁)が活躍するものである。

A子の迫力に押されて、誰も何も言えずにいるときに、ある男子生徒(これがトリックスターである)が、からかい半分に「他のクラスの者が一人まぎれ込んでいる」と大声で教師に告げる。これを聞くとA子は突然立ち上がり、泣きながら教室を飛び出していった。

第二回の面接では、前回に比して、非常に沈んで、沈黙も多く、目に涙を浮かべてぽつりぽつりと話をした。Y君のことで頭がいっぱいである。Y君のクラスに行きたいのに、男の子が意地悪で先生に言いつけたりするから、もういけない。前回は熱に浮かされたように、自分とY君のことしか眼中になかったが、前記の事件以来、自分の行動に対する客観的判断がややできてきて、そのため苦悩と混乱が生じてきたようである。

恋することは素晴らしいことである。恋は人を盲目にし、自分と恋人以外のものは目にはいらなくなる。しかし、人間がこの世に生きていくためには、どうしても自分たち以外のものへの配慮が必要であるし、それに気づいたとき、恋するものの苦悩がはじまる。この苦悩によってこそ人は鍛えられ、成長するのだ。苦しみのない恋はあまり意味がない。

第三回目の面接では、A子の苦悩は頂点に達した感があり、無言のまま目に涙を浮かべ、時折大きいため息をつく。カウンセラーにはその苦しみが痛いほど伝わってくるが、こちらも何もできるわけでもなく、ただ、その場を共有するのみである。

この日の三日後、A子は睡眠薬自殺を図るが、幸い家庭での発見が早く、入院して命をとりとめる。(家庭には担任からA子の状態を連絡して、親にそれとなく注意するように伝えてあった。) カウンセラーが翌日見舞にいくと、A子はあんがい元気にしていて、「苦しくて耐えられなかったのです」と言う。

第四回の面接では、A子は自殺のことに触れず、次のような希望を述べた。Y君のことが頭から離れず苦しい。いっそのこと思いきってY君に自分の気持を伝えた方が気が楽になると思う。Y君がどのような返事をしても自分の覚悟ができている。Y君とは話し合ったこともないので、Y君とゆっくり話し合う機会を作ってほしい。カウンセラーは担任と相談したり、Y君の意向を確かめたりする必要もあるので、努力はしてみるが答は待ってほしいと言った。

A子の申出についてどうするか、カウンセラー、学級担任、教頭の三人が相談した。自殺未遂のこともあるのでどうしても慎重になり、相談は長びいたが、A子の申出を受けることにし、Y君に協力を頼むことにした。「Y君にそれまでの事情を説明し、学校の非常識な措置を詫びて協力を求めたところ、それに応じてくれることになり、学校の応接室で、教頭、担任の立会いのもとでA子とYが会うことになる。」このようなとき、カウンセラーはあくまでA子個人の内界とのかかわりに重点をおく人として、同席しないのが普通である。

A子は自分の気持をいっきに語ったが、Yは落ち着いてそれを聞き、最後に「自分としては特別に迷惑を受けたとも感じていないが、自分の気持は、今まで話をしたこともない人だから、好きでも嫌いでもない」ときっぱりと言って退室した。A子はしばらくさめざめと泣いていたが、ひとつの諦めができた様子であった。事実、このあとは日常行動も平静をとりもどした。

それでも簡単には気持がおさまらなかったのであろう。一週間ほどたったある日、授業中に教科書をビリビリ破り、泣き出した。カウンセラーは報せを受けて教室にいったが、A子は興奮していてどうしようもなく、相談室に連れてきて、一時間ばかり落ち着きを取りもどすのを待った。

その翌日、全校生が下校した午後五時頃、薄暗がりの教室にひとりたたずんで、窓から降りしきる雨を見つめているA子に、他の教師が気づきカウンセラーに連絡してきた。飛び降り自殺の危険性もあるし、カウンセラーはその教室にいき、A子の近くの席に坐って、三十分ほど無言のまま一緒にいた。そのうちやっと帰宅する気になり、校門まで送ってゆくと、A子は「もう先生に迷惑をかけるようなことはないと思います。大丈夫です」と言い残して去った。この後、今までのことが嘘のように、A子は勉強に集中し、好成績を残し、大学にも合格したのである。

この例は極端ではあるが、高校時代の恋愛のひとつの典型を示している。先に示したインゲの例の場合、「おにいちゃん」と手を組んだり、時には抱いてもらって小川を跳びこえたりなどするが、それはあくまで「兄と妹」としてのことだから可能であるが、この年齢になると身体接触の意味が変ってくるので、かえって非常に精神的となり、この例のような「星の王子様」の出現ということになる。そこにはたらく情熱は極めて強く、A子の行動にも示されたとおりであるが、それはどこかで具体性に欠け、ある年月の後には「嘘のように」消滅することが多い。

人間が自分の人生の伴侶を見出すまでには、いろいろな異性との関係を経験していかねばならない。そのときに一歩踏みはずすと、なかなか大変なことが生じる。高校生くらいのときは、「星の王子様」を見出したとしても、A子のように直接行動に出ることなく、悩んでいるうちに消え去ることが多いようである。それは激しく燃えても、すぐに消えることを心のどこかで知っているし、行動に出ることとの危険性を感じるからであろう。

あまり詳しく論じる余裕はないが、この例でカウンセラーのとった態度も適切である。激情が動くとき、それは怒りであれ悲しみであれ、恋であれ、ともかくあまりに立入らず近より過ぎず、適当な距離のところに、一緒にいてあげるのがいちばんいいと思う。激情が収まると、その人が自分でいろいろと判断を下しはじめるし、そのときに援助できることはしてあげるといいのである。

3 異性への接近

もう大人に近くなって、性の問題がからんでくるとき、異性への接近はどうなされるのか。その点について深く考えさせられる作品として、コルシュノウの『だれが君を殺したのか』(5)を取りあげる。これは青年期前期の苦悩を描いた名作である。登場人物は高校生だが、ドイツ人で日本よりは成熟が早いと考えていいだろう。本書では取りあげたいポイントのみに絞って論じるので、それだけにとどまらず、この年齢の子どもをもった方々には、ぜひとも原作を読んで考えていただきたいものである。

話は主人公のぼく(マルティン)の友人、クリストフの埋葬場面から始まる。クリストフは自動車事故とも自殺ともとれる仕方で死んだのである。埋葬のミサにはクラスの生徒、それに教師もほぼ全員が参加した。「黒ずくめに装い、その場にふさわしい顔つきをして座っていた。ぼくは見るに耐えなかった。」マルティンはたまらなくなってその場を逃げ出してしまう。それは、同級生も教師も少数の例外を除き、クリストフを嫌がり、圧迫していたのに、こんなときだけは「その場にふさわしい顔つき」をするのが腹立たしかったのだ。

クリストフは転校生だった。転校してきたときから、先生方には「生意気」と思われた。彼は人生をいつも斜に見、冷笑しているようなところがあった。頭がいいのにほとんど勉強せず、成績は最低だった。クリストフは音楽に対して鋭い感受性をもち、ピアノ演奏がとび切りうまかった。彼のお父さんは国鉄の偉い人で、音楽のことなんかまるで評価しなかった。要するに学校の成績がよければ、それでいいのだから、ガンガンとクリストフを責めたてた。お母さんはお父さんの言うままで、クリストフを守ってやることができなかった。クリストフの唯一の反抗は、ともかく勉強をしないことだったのだ。

ぼく(マルティン)は、こんなクリストフとすぐ友人になった。共感するところがあったのだ。マルティンは中学まではよい生徒だった。「ところが、立ちどまって考えはじめて以来、すべてが変わってきた。」誰もがおくる平凡な一生、それに何の意味があるだろう。そこで少しだけ人と差をつけるために、やいやい勉強することに価値があるだろうか。ぼくは勉強をやめ、ギターに熱中した。

女の子のウルリケがぼくらの仲間だった。「家庭争議、口うるさい世間のうわさ、不機嫌になってゆくお母さん、それらをみな、ウルリケは、ヴァイオリンではじきとばしていた」のである。つまり、ぼくらの三人は音楽を共通項として友人になった。

感受性の豊かなクリストフが世間の常識、父親の俗物的努力主義に押され、結局は自殺をせざるを得ないような状況に追いこまれていく点は、この書物で非常に大切なところだが、ここでは異性との関係ということにのみ焦点をあててゆこう。

マルティンは女性に関心をもち、性的な欲求も感じた。しかし、「へまをするんじゃないか、そして何もかもだいなしにしてしまうんじゃないかという不安を持っていた」。このような性に対する不安や恐れを、この年齢の男子がもつのはむしろ健康なことである。このことによって、適当な抑制がなされ、適切な時機が来るまで待つことになる。

ウルリケにはクリストフもマルティンも好感をもっていた。しかし、どちらかと言えばウルリケはクリストフの方に近かった。生きていても仕方がないようなことをクリストフが言ったとき、マルティンは「だけど、きみにはウルリケがいるじゃないか」と言った。すると驚くべきことに、クリストフはウルリケと性関係があったと述べ、「あんなこと、何の意味もない」と言った。「意味があるように、みんな思うけど、五分間か、せいぜいもうちょっと、それで終わりさ。そしたら、それはもう過去のことだ。気休めにもならないよ。」ウルリケは母性的な気持で、クリストフを助けようとし、そうすれば、彼がそんなに嘆かなくてもすむようになると思ったのだった。しかし、それを「何の意味もない」とクリストフは言ったのだ。

「ぼくには理解できなかった。ぼくは一瞬、ほんの一瞬だが、戸をたてて人を寄せつけない表情をしているクリストフの顔を殴りつけてやりたいと思った。」確かに、マルティンが己の存在をかけて、このときにクリストフの顔を殴りつけていたら、彼らの人生は相当に変ったのではなかろうか。しかし、ものごとは出来ないときは出来ないのである。それはクリストフの問題であったし、マルティンの問題であった。クリストフの虚無感は強すぎたし、マルティンの生命力は充分な強さをもっていなかった。

マルティンは数学教師マイヤーのところに呼ばれて、クリストフのことを話しているうちに、この教師がクリストフや自分の気持を相当に理解してくれていることを知り、元気づけられる。

マルティンの父は彫刻家になろうと努力したのだが、ついに自分の才能に見切りをつけ、電気製品のセールスマンになって生活している。このため収入は増え、生活は随分楽になった。マルティンはこのような父の生き方に対して、何か割り切れぬものを感じていた。ある夕食のとき、マルティンはそのことにひっかかり、もし自分に父親ほどの才能があったら、「電気製品のがらくたなんか持って走りまわったりしないな」とずけずけと言う。父親は「自分の望みが何かを考えるのは自由だが、三十年たったらおまえの考えも変わるだろう」と平然としている。マルティンは腹が立ってますますつっかかっていく。このときの父親の態度が素晴らしい。父は静かにマルティンに言った。

「おれは、おまえの望む父親ではないだろう。理想の父親とか、そんなんじゃないだろうよ。だからといって、おれを傷つけることは許されない。おれがおれ自身にいうのをはばかったこと、それをおまえがいっていいと思うのはまちがいだ。おまえが知りたいのならいうがね、おれは自分自身と戦って、考えぬいたのだ。そして、ある日、はっきりと悟った。おれの才能、その限界。おれの才能は、はたして自分の家族を飢えにさらす価値があるのか、計りにかけ、その価値なしと認めて、真剣な気持でパンをかせぐことにとり組んだんだ。さあ、おれは今、静かに食事をしたい。」

マルティンは自分の卑劣さを思い、何か言いたいがどう切り出していいかわからない。ウルリケと合奏するので、と言ってその場から逃れようとする。母は露骨に嫌そうな顔をして、また出て行くのかと言う。自分のすることが自分でわかっていないのだから駄目だと主張する。そこで、父は一冊の本をもって来て読み出した。

「今日の若者は根本から退廃しきっている。悪徳、無信仰、怠惰。以前の若者のごとくに立ちなおることは、もはや望むべくもなく、われわれの文化をかれらが保持してゆくことは、絶対に不可能であろう。——どこにあった言葉か、わかるかい？　バビロンから出た粘土書板にかかれてあったんだ。約三千年前だ。」

父親は続けて、「それでもわれわれは、今も文化と呼べるものを持っている。バビロンの文化そのままではないにしても、だ」と言い、マルティンに軽くうなずいて見せた。マルティンはそれにうなずき返し、「父に卑劣なことをいってわるかったと、ぼくは真実そう思った」。

異性への接近を論じるにしては、父親のことばかり出て来ると思う人があろう。実は私の強調したいのはこのことなのである。父と息子との火花の散る対話を抜きに、真の異性への接近などできるはずがないのである。そのことをこの作品は如実に知らしてくれているのだ。もちろん、父と息子というのは必ずしも実際の親子である必要はなく、「父なるもの」として実父以外の人が選ばれることもある。ここでは省略してしまったが、マルティンと数学の先生マイヤーとの対話も、その類のものと考えられる。権威とぶつかる勇気もなくて、異性と出会おうとするのは虫がよすぎるのである。

マルティンはウルリケに会いに行った。二人は散歩し、古城の城壁の上に坐り、クリストフのことを話題にした。クリストフは「自殺」の直前、しばらく家出し行方不明になっていたのだった。それをマルティンが見つけて連れ戻したが、その直後に「自殺事件」が生じたのである。ウルリケは、クリストフは彼自身にとっては、むしろ死んでよかったのではないか、「何もかも、むずかしすぎたのよ。クリストフには乗りきることは無理だったわ」と言った。そして、クリストフが家出する前に、「わたしたち、いっしょに寝たの」と打明ける。このことはマルティンのすでに知っていることだった。しかし、マルティンが驚いたのは、ウルリケが妊娠していると思い違いをしたクリストフは、父親がそれを知ってどういうか恐ろしくなって家出をしたのだとウルリケが告げたことだった。

ウルリケは語り終えてから、大声で泣いた。そして、自分を置いてぷいといってしまうようなこと、「あなただったら、あんなことした?」と問いかけ、マルティンをどぎまぎさせる。ウルリケは言った。「わたしだって、できない。もちろん大変なことよ。でも、破局というほどのことじゃない。話しあって、どうすればいいか考えることもできたはずでしょ。それを、ぷいといなくなるなんて……」

マルティンは思わず、「ぼくなら、いなくなりはしなかっただろうな」と言ってしまってから、少しうろたえた。

「ぼくたちは城壁の上に座っていた。ぼくはかのじょの手をとったままだった。その手を撫でたい気持でいっぱいだったが、勇気がなかった。ぼくはただ親指で二、三度さすった。いつの日か、その勇気が出ることが、ぼくにははっきりわかった。」

十二時に帰宅したマルティンは心配そうな母親に向って言った。

「母さん、そんなに心配しなくてもいいんだ。もうだいじょうぶだから。」

母親も何かを感じたのだろう。会話のなかで、にっこりとした。笑うと、母はずっと若く見え、とてもきれいだった。

「もっとしょっちゅう笑えばいいのに、母さん」とマルティンは言った。

マルティンはやっとトンネルから脱け出たのだ。しかし、それは危険に満ちた過程であり、事実、クリストフの死という犠牲を必要とした。ここで、クリストフの死をマルティンの内面のこととしても読みとれることにお気づきだろうか。第二章の四節に示したP子は、最終回の一回前に、カネゴンの墓をつくり、治療者が「埋葬されたカネゴンは、これまでのP子自身であると思い、胸のつまる思いであった」ことを想起していただきたい。あのとき、P子の内面では、クリストフの死と埋葬と同様のことが生じていたと見ることができる。一人の人間の成長の軌跡には、多くの死と埋葬、喪の仕事が満ちており、そのどのひとつも抜きにすることはできないのである。一歩一歩踏みしめて前進することなく、異性に接近することは不可能なのである。

マルティンが不安や恐れでゆっくりしているうちに、クリストフの方が一足も二足も早く性の「体験」をもった。しかし、それはどのような意味で「体験」と言えるのだろう。事実、彼は「あんなこと、何の意味もない」と言っているのだ。それは意味がないのではなく、意味を見出すことが出来ないことを示しているのである。性的関係をもつという点だけで言えば、どの動物も行なっていることで、別に特別のことでも何でもない。そこに意味を見出すことに、人間としての特徴がある。

異性への接近の道は、本章に示してきたように段階があり、多くのハードルを跳びこえねばならない。クリストフはかわいそうに、最初の母子一体感のハードルでつまずいてしまったのだ。魂に深い傷を受けているクリストフを、彼の父はやいやい責めたてて「勉強」に追いたてた。彼に必要なことは、しかしながら、ラテン語でも数学でもなかった。その点を直感したウルリケは、母性的感情によって、身をまかせる。しかし、これはなかなかうまくゆかぬことが多い。意識的に動くものと、無意識的な心の流れがうまく噛み合わない。それは、男性と女性の結合なのか、母子相姦なのか、わけのわからぬまま事が終り、クリストフが正直に言ったとおり、「気休めにもならない」のである。彼は性の体験をする前に跳びこえるべきハードルを、あまりにも多く残している。

これに対して、マルティンのペースは遅々としているように見える。最後のところでも、女性の「手を撫でたい気持でいっぱいだったが勇気がなかった」のである。しかし、実のところこのくらいのペースでいいのではないだろうか。「いつの日か、その勇気が出ることが、ぼくにははっきりわかった」のだから。彼はあまり感心した方法でないにしろ、父親に向っていった。そして、父親が素晴らしい反応を示してくれた。マルティンの父は自分のことを「理想の父親とか、そんなんじゃないだろうよ」と言っている。クリストフの父は国鉄の偉い人で、成功者だ。それに比べると、マルティンの父は挫折した者であり、「電気製品のがらくたなんか持って走りまわったり」している。しかし、本当のところ、どちらが父親として素晴らしいだろう。

マルティンは父親のよさをはっきりと感じた後、ウルリケに会い、異性に対して、いつの日か勇気がでてくるだろうという確信をもつ。そして、帰宅後、母の笑顔を美しいと思い、母が若くきれいなことを確認する。おそらく、それまでは、マルティンにとって、母親は何でもかでも彼を呑みこみにかかる鬼婆に見えたのではなかろうか。異性への接近は、世界への接近である。本気でそれを行おうとするかぎり、それはその他の多くの仕事をなすことを強いるのである。異性への接近をこころみる者は、その段階に応じた仕事をひとつひとつこなしてゆかねばならず、それは思いのほかに遠い道なのである。

注

(1) 河合隼雄「性の理解と教育」、『岩波講座 教育の方法8 からだと教育』岩波書店、一九八七年、所収。

(2) 佐野洋子『わたしが妹だったとき』偕成社、一九八二年。なおこの作品については、河合隼雄『子どもの本を読む』光村図書、一九八五年、に既に論じた。

(3) I・ボーゲル、掛川恭子訳『さよなら わたしのおにいちゃん』あかね書房、一九八二年。

(4) 渡部修三／河合隼雄「異性の問題に悩む」、河合隼雄／木原孝博編『教育学講座17 学校生活の指導』学習研究社、一九七九年、所収。

(5) イリーナ・コルシュノウ、上田真而子訳『だれが君を殺したのか』岩波書店、一九八三年。

II

「うさぎ穴」の意味するもの

落し穴

一八六五年のことである。少女のアリスは大変なことを見てしまった。「ウサギがチョッキのポケットから、懐中時計をとり出して、時間を見て、また、とっといそいでゆく(1)」のを見たのである。彼女はその前に、うさぎが「ああたいへんだ！　たいへんだ！　これではまにあわないぞ！」などとひとりごとを言っているのを聞いたときは、「べつにとてもかわったことだとも思わなかった」のだが、懐中時計には驚いてしまったのだ。人間にしても、昔は懐中時計などというものを持っていなかった。太陽や月や、鳥や風や、自然が告げてくれる「とき」に従って生きていたのである。ところが、時計というものが普及して以来、人間は時計の針に縛られて生きるようになってしまったのだ。その時計を、うさぎが持っている！

アリスは珍しくてたまらなくなり、うさぎを追いかける。そのうさぎが、生け垣の下のうさぎ穴にとびこむのを見て、「すぐさまアリスも、つづいて穴へとびこみました。いったい、どうやったらまた出てこられるかなどということは少しも考えないで」ということになってしまう。

うさぎ穴にとびこんだアリスが、どんな「ふしぎ」な体験をしたかを、ここに述べる必要はないだろう。本書の読者でそれを知らない人など、まずいないことであろう。それにしても、アリスを珍しがらせた、うさぎの時計はまったくの食わせものだったらしく、「うさぎ穴」の世界では、時間も空間も、この世の法則とは異なっていたようだ。うさぎ穴の世界では、アリスが後に出会った三月うさぎが持っていたような、バターをぬったり、お茶につけたりして使用する時計の方が、ふさわしいように思われる。

うさぎ穴の世界では、この世で、ものごとを定位するのに重要視される、時間と空間の仕組みがまったく異なっている。ところで、アリスの住んでいたイギリスという国は、うさぎ穴の多いところと見えて、その世界を描き出した名手たちがたくさんいる。もちろん、どの穴から這入ったかによって、その世界もさまざまであるが、いわゆる妖精物語の作者たちなども、その中の一種であろう。妖精物語の中では、主人公は空を飛んだり、動物と話し合ったり、この世の法則を超えて自由に行動する。ところで、そのような妖精物語の偉大な作者であるトールキンは、彼の描き出す世界について、次のような興味深いことを述べている。(2)

妖精の国は危険なところです。そこには不注意な者には、落し穴が、無鉄砲な者には、地下牢が待ちうけています。……それまでの私は、たかだかこの国をさまよい歩き、そこにみちている驚異を体験はしても、有用な知識を得ることのなかった探険家(あるいは侵入者)であるにすぎませんでした。

あの壮大な『指輪物語』の作者の言としては謙虚に過ぎる感があるが、実際に妖精の国を知ると、このように言いたくなるのであろう。「どうやったらまた出てこられるかなどということは少しも考えないで」うさぎ穴にとびこんだアリスが、落し穴にも地下牢にも閉じこめられずに帰って来られたのは、まったく幸運なことであったが、あの頃は、うさぎ穴の出入りも現代よりは危険性が少なかったのかも知れないし、アリスのお話から窺えるように、アリスという少女が非凡であったためかも知れない。それにしても、一八六五年よりもっと以前、つまり「昔々」の時代には、うさぎ穴の世界もこの世も入り混っていたように感じられる。そんなときに、人々は今よりは、はるかに自然と密着した生活をしていたのであろう。ところが、西洋に発展した自然科学は、そのような世界をこの世から、だんだんとよそに押しやって、「うさぎ穴」に出入りできる特別な人だけが、そこの世界へゆけるようになったように思われる。

「うさぎ穴」から帰ってきた人は、それを妖精物語という枠にはめて語るのであるが、妖精物語の栄えるイギリスにおいて、『オックスフォード大辞典』によれば、それは妖精についての物語であるという定義のみならず、「非現実的な、信じがたい物語、そして、まやかしものである」と記されているという[3]。つまり、自然科学の君臨するこの世においては、それは「まやかし」ものとしてのみ、存在する場所を与えられているのである。しかし、現代、この世において、「まやかし」としてではなく、そのような世界に触れた人はどうなるだろうか。

秘　密

一九五八年というとずいぶん最近のことである。アリスの時から約百年近く経っている。これも主人公はイギリス人だが、少年のトム・ロングはふしぎな体験をする[4]。といっても、これは別に、うさぎ穴の中の事件でもないし、妖精の国の物語でもない。現代のイギリスの小都市の、普通の住宅地で起ったことである。少年トムは、弟のピーターがはしかになったので、アランおじさんの家に隔離されることになる。せっかく楽しみにしていた夏休みの間、親兄弟から離れて、面白くもない家ですごさねばならなくなって、少年はまったく不機嫌である。

ところが、ここでも時計が話のはじまりに大きい役割を演じるのである。つまり、トムは真夜中に階下の大時計が十三時を打つのを聞いたのだ。

われわれが普通に持っている時計は、十二時までである。それは十二によって、ひとつの完結を示す。ところが、トムの聞いた時計の音は、それを超えてしまったのだ。それに、トムのようにキリスト教国の人にとっては、十三という数は不吉な感じを抱かせるものでもあろう。しかし、十三人目のユダの存在なしにキリストの神話が完結しないように、十三という「とき」をもってこそ、われわれの存在も完結されるのかも知れない。しかし、そのためには、十二が示しているような、ひとつの完結性は破られねばならないのだ。

十三時の時計の音を聞いて、階下に降りていったトムは、裏口をあけてみて、そこに美しい庭を見出したのだ。裏口から外へ出たところで、ただがらくた入れの箱などがあるだけだと、アランおじさんに聞かされていたトムは、庭を見て驚くと同時に、おじさんがうそをついていたと思って憤慨する。しかし、朝になって調べてみると、実際はおじさんの言ったとおりで、トムが真夜中に見た庭はそこには存在していなかったのである。トムはふしぎさに参ってしまいそうになるが、十三時を打つ時計が鍵であると考え、その次の夜から、時計が十三時を打つのを待って裏口をあけ、そこに「存在する」庭へと遊びに出るようになる。

トムはこの庭で少女ハティと知り合って、ますます真夜中の庭の世界に惹きつけられてしまう。アランおじさんの家に留まることを嫌っていた彼は、しまいにはなるだけそこにいたいと思うようになる。ピーターのはしかも治ったし、トムが喜んで帰ってくるものとばかり思っていた彼の両親は、少年が帰らずにアランおじさんの家にいたがっていると知って不安になってくる。トムがなぜそんなことを言いだすのか解らなかったからである。このことはずいぶんと興味深いことである。少年は両親にとって計り知れぬ秘密の世界を持ち、それ故にこそ、彼はもはや常に両親の側にいることを最大の幸福であるとは考えない人間になっているのである。つまり、少年は以前よりも自立的な人間になっている。

「人間にとって大切な「個」としての感情を強めるには、その人が守ることを誓った秘密をもつことが一番いい方法である」と精神療法家ユングは、その『自伝』の中で述べている。[5] そして、このような秘密をもつとき、「多分生涯において初めて、自分自身が主人であると思いこんでいた自分のもっとも個人的な領域の中に、自分よりもより強力な他者の存在することを、目のあたりに顕示されることになる」と述べている。確かに、トムは彼の秘密の庭には、ハティという女性が存在することを目のあたりに見、しかも、ハティは彼の意志や時間の制約を超えて、自由に活動するのである。

自然科学の発達によって、人間は多くの事象を説明し、理解することができるようになった。人間がどのようにして生まれてくるかという点に対しても、少年たちでさえ既にほとんどその「秘密」を知っているのではないだろうか。何もかもが解ってしまって、秘密は残されていないように思われる。しかし、考えてみると、このような自然科学の知識は、人間というものがどうして生まれてくるかを説明するものではあっても、トム・ロングという個人が、どうして他ならぬトム・ロングとして、この時この場所に存在することになったかを説明してくれるものではない。私という人間が他ならぬ私として存在するという確信をもつこと、言い換えると、私という人間が生きてゆく「意味」を見出すこと、これについては自然科学は解答を与えてくれず、各人は各人にふさわしい方法で、それを見出さねばならない。つまり、個人は各自にかけがえのないものとしての秘密をもたねばならない。

トムの体験した「真夜中の庭」はそのような秘密を彼に提供するものであった。日常の十二時間に加えて、十三番目の「とき」――それは永遠にも通じるように感じられた――が存在してはじめて、トム・ロングの存在は完結性をもつのである。トムはあれほど帰りたいと思っていた両親の家を離れて、一人ですごすことのできる魅力をそなえた世界を見出したのである。生きることの意味などというものは、言語や論理によって簡単に説明し得るものではない。トムにとっては、真夜中の庭と、その住人である少女ハティとして顕現された世界こそ、彼に生きることの意味を与えてくれるものであった。

老婆心ながら、このような「秘密」の世界は、もちろん危険性も十分にもつものであり、トールキンの言うように、落し穴と地下牢に満ちていることを再びつけ加えておきたい。十三時の世界に這入り、日常の世界とのつながりを忘れたものには破滅があるだけである。

目に見えぬ亀裂

トムの体験した、日常と非日常の世界は、十三時を打つ時計の音によっても区切られているが、裏口へ通じる扉によっても区切られている。換言すると、日常の世界から非日常の世界へと通じる「通路」が設定されているわけであるが、この点について、上野瞭は児童文学についての興味深い評論の中で、「物語のなかの「通路」が、信仰の退潮と相前後して生まれてきた」(6)と指摘している。これはなかなかの卓見であるし、筆者の論もこれと同様とも言えるのだが、少しニュアンスが異なってくる。すなわち、上野は一八六三年のチャールズ・キングスレイによる『水の子』(7)を例にとり、そこに、「信仰退潮の現実世界と信仰の世界」という二つの分化した世界の存在を指摘し、それを結ぶ「通路」の必要性を論じている。このような言い方は、下手をすると、「うさぎ穴」の世界が信仰の、従って、神の世界であるという錯覚を起こさせるのではないだろうか。筆者もそれが深い意味における「宗教性」と関連する世界であることを認めるものである。しかし、それは神の世界であると同時に悪魔の世界でもあると思うのだ。

「通路」が児童文学の世界に設定され始めたときを、信仰の退潮へとすぐに結びつけるのではなく、西洋の近代合理主義の台頭へと関連づけた方が望ましいように思う。結局は同じことだと言われそうだが、西洋における信仰の世界は、こちらで想像しているほど簡単に「退潮」していったのではないように思われる。合理主義はむしろ、プロテスタンティズムと結びついて、それは信仰を失うどころか、むしろ、違った意味でそれを強化したとも言えないだろうか。プロテスタントの峻厳な教理は、西洋の世界の非神話化をもたらし、確かにそこには「信仰」は存在するが、非合理な魅惑をもたらすものは、あちらの世界へと追いやってしまったのではなかろうか。つまり、こちらの世界にも信仰はあったのだ。しかし、それは「まやかし」をできる限り排除した信仰であろうとしたのである。はたして、そんなことが可能であろうか。

アリスや『水の子』の時代はまだよかった。現在においては、人々はどのような信仰であれ、「まやかし」と感じ始めたのではないだろうか。こちらの世界で「まやかし」とされることは、どんどんあちらの世界へ送りこまれ、あちらの世界からこちらへ至る「通路」は、ほとんど閉ざされたままである。かくして、人口過剰となったあちらの世界からこちらの世界へ向って、深い亀裂が走ることになった。われわれの今生きている世界には、目に見えない深い亀裂がはいっている。

目に見えない亀裂に足をとられた子どもたちは、命を失ったり、必死でそこから逃れようとあがき続ける。亀裂が見えない大人たちは、それを「子どもの自殺」「家庭内暴力」の増加という新聞記事として見て、この頃の子どもは不可解だと首をかしげるだけである。

「目に見えぬ亀裂」の恐ろしさを描き出しているものとして、ル＝グウィンの『さいはての島へ　ゲド戦記Ⅲ』(8)を取りあげてみたい。ゲドの物語については既に他に論じたことがあるので(9)、ここでは全体には言及せず、本題に関連することにのみ少し触れることにしたい。この物語が書かれたのは一九七二年であるが、物語自身はこの世には簡単に定位できぬ「アースシーの世界」のこととして語られている。ところで、このアースシーの世界で、何となくすべてのことがうまくゆかなくなるのである。それを端的に示している一例をあげると、ローバネリーというところは織物の産地として有名なのであるが、そこの織物はどこか何かがおかしいのである。仕上がってくる織物は色も形も昔のものとどう違っているとは言えないが、何かが足りない。いかさまだとは感じるのだが、さりとてそれを証明することができないのである。これが筆者の言いたい「目に見えぬ亀裂」の現象である。現在の人々の深く計り難い不安は、このようなものではなかろうか。あると言えば物質的にはいろんなものがありすぎるほどある。しかし、どこか名状し難い物足りなさ、不安が底流している。

ゲドの物語は、このような亀裂は、永遠の生を願う人間の希望をそのまま具現して、死の世界より生の世界へと戻ってくることのできる道を開けたものがあり、そのために全世界の均衡が狂ってしまったことが原因であると述べている。生の世界と死の世界が分けられているとき、この世は生命力に満ちた均衡の世界となる。しかし、生と死の世界が区別を失うとき、世界はまったく平均化された静止、無の状態になってしまう。そこには、無気力、無感動が漂うことになる。

合理化された世界が肥大し、非合理の世界など無いのだとさえ思ったとき、そして、あちらの世界への通路をさえ絶ち切ってしまったとき、逆に、こちらの世界には大きい亀裂がはいり、あちらのものがこちらに知らぬ間に混りこんでしまっているのが、現在の状況ではなかろうか。それを、ル＝グウィンは見事に描いていると思われる。

昔々……のことではなく

このように言っても、「アースシーの世界」は、しょせんファンタジーという「まやかし」の世界であると思う人もあろう。そのような人のために、ここに現実の話をひとつ取りあげることにしよう。

リヒターの『あのころはフリードリヒがいた』[10]は、この世の、しかもつい最近の事を描いたものである。作者の「ぼく」もフリードリヒも一九二五年に生まれた。「ぼく」はインフレにおののく貧しいドイツ人の家の子どもである。フリードリヒの家はそれよりは少しましな、といっても決して裕福とは言えぬ家である。初めの数章は貧しいながらも、心の暖まる、フリードリヒと「ぼく」の家の交流が語られる。しかし、一九三三年頃より事態は急激に変化してくる。フリードリヒの家族がユダヤ人であったためである。この本の訳者は、あとがきの中で、「読み続けるのが辛くてたまらなかったのも事実です。でも、先を読まずにはいられませんでした」と記しているが、これは、この本を読む者が等しく抱く感情であろう。読み続けてゆくのに従って、われわれは胸をしめつける鋼の輪が、徐々に体に食いこんでくるかのような傷みを感じる。愛らしいフリードリヒの身の上に、次々と重圧がかけられ、良心的な「ぼく」と「ぼくの家族」にしても、ほとんど助けの手をさしのべることはできないのである。

フリードリヒを苦しめて猛威をふるうものは、まったく非合理なものである。しかも、誰もそれに抗することはできないのだ。最後になって、空襲下の防空壕に避難した人々は、ナチスに魂を奪われた防空委員長が、フリードリヒがユダヤ人だというので、壕に這入るのを拒絶したとき、それに抗することができなかった。そして、フリードリヒは死亡した。

筆者にはこの本の題名、『あのころはフリードリヒがいた』(Damals war es Friedrich)は、昔話の冒頭に語られる、「昔々」(Es war einmal)を踏まえているように感じられる。既に述べたように、人間が動物と話し合ったりするような、あり得ないことでも、それが「昔々」(einmal)のことと解ると、人々は納得がいく。しかし、このフリードリヒの話はどうであろうか。この話を読んで「こんなことは、あり得ないことだ」と感じる人が多いだろう。しかし、その「あり得ない」ことが、昔々ではなく、はっきりと特定し得る時(damals)に起ったのである。この本の各章の見出しの下には( )の中に、そのときの年代が、一九三三、一九三四、のように書きこんであるのが特徴である。付録につけられた、詳細な年表と註は、この物語がこの世界で確実に生じたものであることを、われわれに、いやおうなく解らせてくれる。これは、時計が十三を打つことはあり得ない世界のことなのだ。

カイヨワは、妖精物語と比較して、幻想的小説は、その中における超自然的なものが、「あり得ないことは起こり得ないということに定義によって決められている世界に突然起った、あり得ないことなのである」[11]と述べている。フリードリヒの悲劇は、われわれに「あり得ないこと」という実感を与える。しかし、この話は妖精物語でも幻想的小説でもない。本当にあった現実世界の話である。

フリードリヒの悲劇を踏まえて、次の文章を読んでみよう。「竜がごうっとまいおり、飛びすぎてまためぐってくるそのたびに、火は木はだぶきの屋根や、はりのつき出たところからもえひろがりました。竜のおそってくるあいまに水をかけても、かいがありません。……官邸の大屋根がくずれて、吹きとびました。消せなくなった炎が夜のやみのあちこちに高くもえあがりました。竜が降下するたびに、あの家この家が火につつまれて、くずれおちました。[12]」

これは、トールキンの有名な妖精物語『ホビットの冒険』の一節である。しかし、この光景は、フリードリヒが空襲下に命を失うときに体験したこと、ほとんどそのままではないだろうか。こんな点から考えると、あちらの世界の物語と、こちらの世界の物語を分類することさえ無意味なように思えるのである。フリードリヒが死んだとき、「うさぎ穴」――人工のお粗末な地下壕――に這入っている人々は安全であり、穴の外にいたフリードリヒこそが悪魔や竜の荒れ狂う姿を見たのである。つまり、ここでは、穴の外が普通の世界で、穴の中には悪魔がいるというのではなく、むしろ逆転してしまっているのだ。こちらの世界には、「まやかし」ものなどいないどころか、むしろ、まやかしに満ちているとさえ言えることを、『あのころはフリードリヒがいた』は、如実に描き出しているのである。

子どもの目

今まで述べてきた点から考えてみると、現在では、はじめに「うさぎ穴」の世界として記述した世界は、どこかに「他界」として存在するのではなく、むしろ、この世と渾然一体としているのではないかと思われる。それも、「昔々」の時代とは異なって、多くの人は、そのようなことに気づかずにいるのだが、「うさぎ穴」の世界を見ることのできる人にとってだけ、それが見えるのではないかとさえ思われる。「うさぎ穴」の世界がこの世にまで侵入してきて、ものを見る目をもつ人ともたぬ人とでは、それに対する対処の仕方がどれほど異なるかを、ミヒャエル・エンデの『モモ』(13)は見事に描き出しているように思われる。これはフリードリヒの住んでいた国ドイツの作家によって一九七三年に書かれたものである。

この素晴らしい物語をここに紹介するための紙数は残念ながら、あまり残されていない。しかし、『モモ』という題名の下に書かれている、「時間どろぼうとぬすまれた時間を人間にとりかえしてくれた女の子のふしぎな物語」という言葉によっても、どんな物語なのか少しは推察がつくだろう。ここでも時間が問題となっている。「うさぎ穴」の話と時間の問題は切っても切れない関係をもっているようだ。実際、『モモ』のお話の中心テーマは時間なのである。

社会全体の管理と画一化がすすみ、たとえば、日本中の人が同じ時刻に起床、同じ朝食をたべ、同じ服を着るようにする、ということにでもなれば、多くの人は必死に抵抗するだろう。「個人」の重要さを人々は主張することだろう。しかし、このような人たちでも、すべての人がまったく「同一の時間」を生きている、ということを承認している人が多い。一分間は誰にとっても一分間、午後の一時は日本のすべての人にとっても午後一時。確かにそう言えばそうである。しかし、はたしてそうだろうか。そして、この事実を自明のこととすることによって、人間の画一化、個性の磨滅の第一歩が始まっているのではないだろうか。それは、すべてのものの価値を均質化し、一直線上に並べられるような錯覚を起こさせる「お金」と同じ力をもっている。実際、『モモ』のお話では、時間をお金と同じように節約し、貯蓄するというアイデアが中心となるのである。

人々は時間泥棒の甘言に乗って、時間を節約しようとし、血まなこになって働き、そこに自分の人間性を失ってゆく。「進歩」と「能率」を標語にして、「遊び」を失い、個性を失ってゆく人々の姿が、『モモ』には見事に描写されている。

狂奔する人々の中で、モモだけは時間泥棒の誘いに乗らなかった。彼女には真実が見えた。人々の「目に見えぬ亀裂」が、モモには時間泥棒の策略としてはっきりと見えたのである。時間には個人によって異なり、決して均質化されぬ面もあることを彼女は知っていた。そして、素晴らしいことに、彼女は、「自分の時間」を見たのである。長くなるので引用できないが、彼女の見た、彼女の時間の描写は、この本の圧巻をなしている。自分の時間を見たもの、その人こそが「個」を確立したものである。少年トムの見た庭のように、それこそ、少女のモモの「個」を支える最大の秘密である。しかし、秘密を知ったものは孤独に耐えねばならない。モモはその孤独にも耐えて、最後は人々を幸福にするのだが、そのあたりのことは省略する。

ここで大切なことは、すべての人が時間の節約に夢中になっているときに、モモのみが真実を見ていたということである。画一化された社会で、皆が個性を失ってゆきつつあることをはっきりと悟らせたモモ、そのことを書いたモモのお話は「まやかし」であろうか。フリードリヒの話は「現実」の話であった。その話を進めてゆく、歯車のように正確に動く「時間」は画一化されたものであった。すべての人がその時間に乗り、そこから排除されたフリードリヒたちを殺戮していったとき、その組織の頂上に立っていたヒットラーを、「まやかしもの」と呼んではいけないのだろうか。少年の「ぼく」の目は冷静に、その軌跡をとらえ、われわれに示してくれている。

ここまで書いてきて、筆者にはっきりと解ったことは、「うさぎ穴」とは、トムやモモたちのように、真実を見る力をもった透徹した「子どもの目」ではないか、ということである。「うさぎ穴」の世界が、この世の上にあるわけでも下にあるわけでもない。しかし、この世を、このような「子どもの目」によって見るとき、そこに大人たちが見あきている世界とは異なる世界が見えてくるのではなかろうか。それこそが、「うさぎ穴」の世界なのである。

このように考えてくると、今までに取りあげてきた作品を、子どものための作品として児童文学というジャンルに入れるのはおかしいのではないかと考えられる。これらの作品は、今まで明らかにしてきたような「子どもの目」を通して世界を見た文学として、新しい名前と分類を主張していいのではないだろうか。もちろん、ここに言う「子ども」は、モモの物語が示すように、未成熟を意味するものでないことは言うまでもない。大人の心の中に存在する未成熟で、かたくなな子どもの目を通して世界を見て、それを「児童文学」と呼んでみても、それは、たかだか同種の趣味をもった少数の大人から喜ばれるにしろ、子どもたちからは見向きもされないであろう。モモが大人からも子どもからも等しく友人と思われたように、ここに述べたような「子どもの目」を通して描かれた文学は、子どもからも大人からも愛されるべきものなのである。

鶴見俊輔は、筆者と同様の論点に立ってのことと考えられるが、「毎日の責務の中にうずもれている、はたらきものの会社員こそ、少年少女小説を、通勤電車の中で読むのにふさわしい。そういう時代が、もう鼻の先まできているように、私には思われる[14]」と述べている。モモやトムの見た世界を描いた作品は、子どものためのファンタジー——つまり、「まやかし」——などではなく、「毎日の責務」のために目を曇らされた大人たちが、見損っている「現実」を語ってくれていることを、はっきりと認識しなくてはならない。その「現実」は、少年フリードリヒを殺した理不尽な力のはびこっている「現実」と同等、あるいはそれ以上の重みをもつものなのである。透徹した「子どもの目」を通して見た「うさぎ穴」を描いた文学が、老若男女を問わず、すべての人々に読まれるようになることを願って、筆をおくことにしたい。

注

(1) ルイス・キャロル、田中俊夫訳『ふしぎの国のアリス』岩波書店、一九五五年。引用はすべて本訳書によった。

(2) J・R・R・トーキン、猪熊葉子訳『ファンタジーの世界——妖精物語について』福音館書店、一九七三年。

(3) J・R・R・トーキン、前掲注(2)書に引用されているもの。

(4) フィリパ・ピアス、高杉一郎訳『トムは真夜中の庭で』岩波書店、一九七五年。

(5) アニエラ・ヤッフェ編、河合隼雄／藤縄昭／出井淑子訳『ユング自伝　思い出・夢・思想』全二冊、みすず書房、一九七三年。

（6）上野瞭『現代の児童文学』中公新書、一九七二年。

（7）チャールズ・キングスレイ、阿部知二訳『水の子』岩波書店、一九七八年。

（8）アーシュラ・K・ル＝グウィン、清水真砂子訳『さいはての島へ　ゲド戦記III』岩波書店、一九七七年。

（9）河合隼雄「『ゲド戦記』と自己実現」、『人間の深層にひそむもの』大和書房、一九七九年、所収。

（10）H・P・リヒター、上田真而子訳『あのころはフリードリヒがいた』岩波書店、一九七七年。

（11）ロジェ・カイヨワ、塚崎幹夫訳『イメージと人間』思索社、一九七八年。

（12）J・R・R・トールキン、瀬田貞二訳『ホビットの冒険』上下、岩波書店、一九七九年。

（13）ミヒャエル・エンデ、大島かおり訳『モモ』岩波書店、一九七六年。

（14）鶴見俊輔「解説」、上野瞭『目こぼし歌こぼし』講談社文庫、一九七八年。

読むこと・書くこと

児童文学を読む

児童文学を子どものための読物と思っている人がある。その上、児童のための読物だから、大人のための読物よりは低級であろう、などと決めてかかっている人もある。児童文学の作家で、自分は大人のための文学は難しくて書けないので、子ども方にしておこうなどと考えている人は、まず居ないことと思われる。筆者は、児童文学を子どものための読物とは考えていない。端的に言えば、「子どもの目」を通してみた世界が表現されている文学であると思っている。この「子どもの目」ということは説明が必要だろうが、後に述べてゆくことによって自ずから明らかとなってゆくだろう。ともかく、このように児童文学を考えると、それは子どもも大人も共に読む価値のあるものでなければならない。C・S・ルイスは、「私は、子どもにしか喜ばれない児童文学は、児童文学としてもよくないものだということを、一つの規範としてあげたいくらいです[1]」と明言している。筆者は、大人が子どものためにのみ書く物語は児童読物とでも呼んで、児童文学と区別しておく方がよかろうと思っている。筆者はこのような姿勢で、児童文学を自分の生き方に深くかかわるものとして読んでいるのである。

最近に読んだ児童文学のなかから、感動的なもののひとつとして、ペーター・ヘルトリング作『ヒルベルという子がいた』(上田真而子訳、偕成社)を取りあげてみよう。

「ヒルベルって、ほんとうに悪い子だよ。」

と、ホームの子供たちはいった。でも、それはほんとうではなかった。ただ、ほかの子どもたちには、ヒルベルが理解できなかったのだ。

これがこの作品の書き出しである。ヒルベルは九歳の男の子で、浮浪児や、親の手におえなくなった子を一時的に収容する「ホーム」に居る。ヒルベルにはある病気があった。鉗子分娩の際に頭を傷つけられたのが原因で、ひどい頭痛に悩まされ、他の子どもたちからは、「かんしゃく」と認められる発作におそわれる。言葉もあまりうまく話せない。そんなわけで、ヒルベルの行為は理解されることが少なく、「悪い子」と思われがちなのである。しかし、作者のヘルトリングは、ヒルベルが悪い子でも、馬鹿な子でもないことを暖かく、しかも淡々とした筆致で描いてゆくのである。

このホームにはじめて勤めることになった若い女性のマイヤー先生とヒルベルの最初の出会いは印象的である。子どもたちが就寝するとき、マイヤー先生はヒルベルがベッドにはいらずに洋服だんすの中に居るのを知る。彼女がたんすの戸を開けると、ヒルベルは裸で、パンツをボールのようにまるめて持っていた。ベッドに行くように優しく接するマイヤー先生に対して、ヒルベルはまるめたパンツに小便をひっかけると、それを彼女の顔をめがけて投げつけたのである。先生はたじたじとなりながらも、少年を叱った。しかし、その後、先生はヒルベルを好きになった。

普通の子どもたちが、パジャマというものによって身を守られているとき、ヒルベルはそのような守りでは安心できなかった。あるいは、それは彼にとってピッタリとくるものではなかったのだ。彼は洋服だんすという守りの中の方が安心できた。しかし、彼はその中で真裸であった。パジャマという衣類よりは、洋服だんすの方が強くて固い守りのように思われる。しかし、大人たちはパジャマを引っぱがしたりはしない代わりに、たんすの方は遠慮なく開けて侵入してくるのだ。ヒルベルは簡単に「裸の」自分を露呈させられる。自分の世界に侵入しようとする相手に対して、ヒルベルは最も適切な対抗処置をとった。彼は自分の持つ唯一の武器によって、敵を撃退しようとした。つまり、パンツの弾丸を投げつけたのである。しかし、これはヒルベルのしたことの唯一の意味であろうか。小便も大便も、あるいは唾なども、子どもにとっては自分の一部であり、自分の分身である。ヒルベルの鋭い直観は、この新任の女の先生を見たとたん、自分の分身を投げかけるに値する人であることを見てとったのではなかろうか。かくて、小便でぐしょぬれになったパンツは、二重の意味をこめて先生に投げかけられたのである。これに対して、マイヤー先生は見事に反応した。彼女はどちらのメッセージにも応答したのだ。彼女はヒルベルを叱り、そして、ヒルベルを好きになった。

子どもたちから投げかけられる意味深い信号を、多くの大人たちは受けとめ損うのだ。ヒルベルの勢いにたじろいで逃げ出す人もあるし、管理人のショッペンシュテッヒャーさんのようにヒルベルをなぐり倒す人もあろう。そして、彼らはヒルベルは「悪い子」だと断定する。もう一つのタイプの人たちは、子どもを憎んではならない、受け入れねばならないとマジメに信じている。彼らはヒルベルの弾丸をくらったとき、心の中に生じる怒りを無理矢理に抑えようとする。この苦しい仕事のためにエネルギーが消費され、ヒルベルの意味深い信号をキャッチする余裕がなくなる。マジメな人は怒りを抑えて、ヒルベルに向かって優しく接しようとする。しかし、残念ながら、先生の心の深部に生じた怒りはヒルベルの心の深みに達し、両者は深く傷ついてしまう。先生はその後も、憎んではならない、受け入れねばならないと努力するだろうが、事態は悪くなるばかりであろう。硬直したマジメは、常識よりも始末が悪いのである。

マイヤー先生はヒルベルを好きになった。しかし、彼女の努力によってヒルベルが「よい子」になるようなことはない。ヒルベルが巻きおこす痛ましく、愉快な事件についての詳細は省略するが、次のエピソードについてはぜひとも触れておかねばならない。ヒルベルは皆と遠足に行ったとき、逃げ出して行方不明になった。翌日、ヒルベルは羊飼のおじいさんに抱かれてホームに帰ってきた。彼は羊の群のなかにはいり、一晩いっしょに眠りさえしたのだ。ところで、この経験は彼にとって忘れ難い楽しいことであった。いったい、ヒルベルはどんな経験をしたのか、彼自身の言葉によって述べてみよう。彼はグループから離れ、丘をどんどん走っていった。「そしたら、アフリカみたいなんだ。アフリカだったんだ。ライオンのいる、砂漠なんだ。そしたら、ライオンがやってきた。百万頭も。いっぱい。かたまりになって。犬も。スピッツも、一ぴきいた。そして、みんなで、ぼくを、くんくんかぎにくるんだ。ぼくたち、なかよしになったんだ。いいライオンばっかりだった。ぼく、ライオンといっしょに、ねたんだよ。」ヒルベルは「ライオン」となかよしになっていたのだ。

最近は世の中が便利になって、アフリカ旅行をする人も多くなった。しかし、そのなかの何人の人がヒルベルの「アフリカ体験」に匹敵する経験をすることができたであろうか。彼らは自動車の中からガラス越しに、放し飼いにされたライオンを見るだけだ。もっともそれにあき足らず車外に出て写真を撮ろうとし、ライオンに喰い殺された人もあったが、その人は残念ながら凄まじい「アフリカ体験」についてヒルベルのように語ることはできないのだ。人びとはヒルベルに対して、あれは羊だ、ライオンではない、という。しかし、その人はライオンとは何か、羊とは何か、知っているのだろうか。ライオンや羊の群の中に身を投じ、共に走ったり、共に眠ったりしたことがあるのだろうか。何かの名前を知ることと、何かを知ることとは同一ではない。

ヒルベルに対して優しい人は、マイヤー先生以外にもあった。医者のクレーマー先生も優しかった。先生は施設に居た子を三人も引きとって、自分の子として育てているような人である。ヒルベルは先生の子になりたかった。いろいろ考えた末、重病人になると引きとって貰えると思い、仮病をつかう。クレーマー先生は仮病を見破るが、ヒルベルがなぜあんな「病気」になったのか解らなかった。それからだいぶたった日のことである。

ヒルベルはカロルス先生(クレーマー先生のこと)に注射をしてもらったあと、たずねた。

「先生のところ、今、なん人、子どもいる?」

カロルス先生が答えた。

「三人だ。ずっと三人だよ。それいじょうは、うちにはむりだからな。」

それを聞くと、ヒルベルはすっとでていった。カロルス先生ははっとした。そして、ヒルベルの病気がなんだったのか、わかった。カロルス先生はヒルベルをとてもかわいがっていたが、家につれて帰ることはできなかった。

これは人間であることのかなしみを深く感じさせる文である。人間は相手をどんなにかわいがっていても、家につれて帰れるとは限らないのだ。ヒルベルは怒ってもよかったのだ。「三人も四人も同じじゃないか」とも、「そんな三人より、ぼくの方がもっと可哀相じゃないか」とも、わめくこともできたのだ。しかし、ヒルベルは何も言わなかった。ただ、「すっとでていった」のである。

心理療法をしている筆者は、同様の体験をする。患者さんが「先生は、今何人くらい患者さんとお会いですか」と問われるとき、私は短剣を胸に突きつけられたように感じて、立ちすくむ。それは、まったく何気ない問であるときもある。しかし、相手が何気なく尋ねたからといって、こちらも何気なく答えていいというものではない。この問に正直に答えるとき、相手が悲しむことは明白である。といって、うそをつくことはますます悪い。では一体どう答えればいいのか。患者さんのなかには、もっと直接的に、「先生にとって私は one of them（多数のなかの一人）にすぎないのですね」と言う人さえある。

現実の多層性

ヒルベルにとってクレーマー先生は、「父親」になって欲しい唯一絶対の人であった。彼はそのために仮病になるような努力まで払ったのだ。しかし、クレーマー先生にとって、ヒルベルは三人の子どもに加える一人としての one of them どころか、その中に加えることもなく見棄てたのである。ヒルベルは見棄てられた子であり、クレーマー先生は見棄てた人である。悲しいことではあるが、これはひとつの現実である。

ところで、ヒルベルに黙って立去られた後のクレーマー先生の心境はどうであったろうか。クレーマーは、可哀相な子どもに役立とうとしてこのような職業を選んできた自分を自嘲したかも知れない。一人の子どもを救えないどころか、むしろ絶望に追いやったことに深い自責の念を感じたことであろう。あるいは「許して下さい」と心の中であやまったかも知れない。これに対してヒルベルは「許してあげますよ。カロルスさんあなたはよくやっています。人間はいくら頑張っても限界というものがあるのです」と言えたかも知れない。しかし、ヒルべルは黙って立去った。ヒルベルはクレーマーを見棄てたのである。

現実は多層性をもっている。われわれはそれをどの層において把握するかによって、その様相は極めて異なるものになってくる。クレーマーがヒルベルを見棄てたのもひとつの現実であるなら、ヒルベルがクレーマーを見棄てたのもひとつの現実である。あるいは、このことを、クレーマーとヒルベルの関係の層で把えたので上述のような表現になったが、クレーマーもヒルベルも、両者を見下ろす偉大な存在の視点からみれば、彼らは共に、他人を愛そうと努めることによって、自らの限界を知らされる、かなしい存在として、共に one of them であり、また同時に共にかけがえのない唯一の存在なのである。この層において、クレーマーとヒルベルは、まったく同等になる。しかし、異なった層においては、彼らは医者と患者、健常者と障害者として同等でありえないのである。

現実の多層性について、ヒルベルの「アフリカ体験」は示唆するところが大である。われわれは現実を把握する上において、それぞれの現実に名前をつけ、それらについて調べ、関連を明らかにする。たとえば、羊とかライオンとかの名前を与え、それが動物であるとか家畜であるとかないとか分類をする。人間のこのような知識体系は文化遺産として継承されてきており、人間は生まれたときから、それを身につけるように「教育」される。子どもたちは最初に羊を見て驚き、後で羊という名前を教えられることもあるし、ライオンという名前と、それに関する知識を与えられ、大分たってからライオンという現実に触れることもある。何事によらず、ともかく名前を知ることは偉大なことであるし、何かについての知識を得、名前を知ることによって、われわれは安心する。しかし、ここにひとつの落し穴があるようだ。われわれは羊という名を知り、羊を見ることにより、羊のことを「知っている」と思う。ところが、それは実のところ、羊という存在のほんのごく一部分なのである。既に述べたように、ヒルベルが「知った」ような羊の現実を、われわれは知ってはいないのだ。

現実は極めて多層であるのに、ともすると、われわれはそれを極めて単層的な構造に押しこめてしまって、それが現実そのものであると錯覚して暮らしている。大人たちは自分たちの「常識」を何ら疑うことなく、単層性の現実を唯一のものと信じている。しかし、子どもたちはもっと柔軟な心をもっている。彼らは一方では大人たちの「教育」に従おうと努力しつつ、一方ではそれをはねのけて、大人たちの知らない現実を露呈せしめるのである。ヒルベルがマイヤー先生との最初の出会いにおいて、真裸であったことは極めて象徴的である。ヒルベルは現実の表層を覆っている常識という衣服を取り去って、異次元の現実を大人たちに露呈する役割をもっているのである。このことは、筆者が最初に「子どもの目」の重要性を強調したことにつながってくる。子どもの目は大人の目のように常識によって曇らされていないので、現実の多層性を見ぬく力をもっているのだ。そこに児童文学の存在意義がある。

ヒルベルは、大人たちが知っていると思っている「羊」について、大人たちの知識をはるかに超えた羊の現実に触れたのである。残念ながら、彼は自分の経験した現実を他人に通用するような言語で表現できなかった。彼の使用し得る言葉のなかで、彼の体験に最も近いものが、「ライオン」であった。彼は自分の体験を述べるために「ライオン、ライオン」と言った。嬉しいことに羊飼のおじいさんはヒルベルの表現をそれなりに理解してくれた。だから、彼はヒルベルを叱らず、抱いてホームまで連れてきてくれたのである。しかし、他の人たちはヒルベルを理解できなかった。羊をライオンと間違うような馬鹿なのだ、と皆は決めつけたのである。

現実を把握する上で、「子どもの目」がどれほど素晴らしいか、ということを示すのは、児童文学のお得意のことなので、どの作品を取りあげるのか迷ってしまうのだが、ここにカニグズバーグ作『ジョコンダ夫人の肖像』(松永ふみ子訳、岩波書店)を取りあげてみよう。カニグズバーグは児童文学の傑作をつぎつぎと生み出してゆく人で、それらについては後に論じるが、筆者の好みを敢えて言わしていただくと、筆者はそれらの中で『ジョコンダ夫人の肖像』が一番好きである。これは、天才レオナルド・ダ・ヴィンチに関する二つの疑問をうまく重ね合わせることによって、ひとつの現実が浮かび上がってくるように意図された作品である。二つの疑問とは、ダ・ヴィンチがイタリアやフランスの王侯貴族から肖像画を描くことをせがみつづけられているときに、なぜよりにもよって、フィレンツェの名もない商人の二度目の妻の肖像(これがモナ・リザである)を描いたのか、というのが一つ。もう一つの疑問は、サライといううそつきで、どろぼうまでする少年を、なぜ長い間自分の傍におき、悪事を我慢し、遺言に彼のことを書き残すほどまでに大切にしたのか、ということである。これに対する、カニグズバーグの解答は、この少年サライこそ、ダ・ヴィンチが不朽の名作「モナ・リザ」を描き残す道を、ダ・ヴィンチのために用意した人間なのだということである。

サライは浮浪児である。財布をすりとろうとしたところを、ダ・ヴィンチに見つけられて捕えられる。しかし、ダ・ヴィンチは彼を罰する代わりに、自分の徒弟としたのである。ダ・ヴィンチの天才は、この浮浪児が自分にとって大切な存在であることを直覚したのであろう。徒弟となった後も、サライのうそつき、いたずら、それに盗みさえなくならなかった。ダ・ヴィンチはそれらをかばってやるのみか、自分も適当に楽しみさえした。ダ・ヴィンチが学者たちと議論した後で、自分はあの学者たちほど本を読んでいない、本を読むことは大切だとサライに言ったのに対して、サライは答える。

「ぼくはあの人たちみたいにはなりたくないね。ふん、あいつら、三か国語で本読んで、四か国語で意見をいってら。」サライは彼の主人の口もとにかすかな笑いが浮かびはじめたのに気がついた。「なんだい、あいつら。」彼は続けた。「出かけて行って馬を見るよりは、馬のことを本で読んでるほうが好きなんだ。」レオナルドの顔に笑いが広がった。「あいつら、馬に小便ひっかけられたって、どうして濡れたのか、本で見なくちゃわからないのさ。なんだい、あいつら――」

レオナルドは頭をふり上げて笑った。あのふしぎな、静かな、胸に押し殺したような、彼の考えと同じように秘密めいた笑い方で笑い出した。その笑いこそ、サライが引き出したかったものだった。

サライは愛する主人を笑わせてあげて満足した。彼はともすると深い想いの中に沈みこみがちな主人を、明るく笑わせてあげようと思って努力している。しかし、彼のしていることはもっともっと大きい意味をもっているのだ。天才レオナルドにしても当時の教養ある人、権力をもった人が現実であると信じているのとは、はるかに異なる現実を把握し得ても、時には不安に陥るのだった。そんなときに、サライはしっかりと支えてくれ、レオナルドの方が絶対に正しいことを知らしめてくれるのである。サライは主人を支えるだけではなく、新しい道へと導くことさえしたのだ。つまり、彼は「モナ・リザ」の世界へと主人を導いたのである。もともと浮浪児で、うそつきでどろぼうでもある少年の目は、天才の目を開眼させるために役立ったのである。

ミラノのロドヴィコ公の愛人、チェチリア・ガレラーニは絶世の美人であった。ロドヴィコ公はその上、フェララ公の娘である才能に恵まれ美しくもあるイザベラ・デステを妻にしようとした。しかし、残念ながらロドヴィコ公はイザベラを手に入れることはできず、政略的な配慮からイザベラの妹ベアトリチェと結婚することになった。ベアトリチェは姉のように美しくはなかった。サライでさえ、はじめて彼女を見たときは、「小さくて色が黒くて、まったくみっともないや」と思ったほどであった。しかし、彼は当時の人々のコンセンサスとしての「美」の認識を超えて、ベアトリチェのなかに、あらたな「美」を見出し、それを主人のレオナルドに紹介するのである。ベアトリチェは美貌の持主ではなかった。しかし、言うならば彼女の存在全体が美であった。レオナルド、ベアトリチェ、サライ、この三人の間に生じる楽しく美しい関係は、『ジョコンダ夫人の肖像』のなかに見事に描き出されていて、児童文学の傑作であると思わされる。松永ふみ子の訳文もそれに呼応する味わいをもって、われわれに原文の素晴らしさを伝えてくれるのだ。

サライはベアトリチェのなかに見出した美の延長上に――既にベアトリチェは死亡していたが――マドンナ・リザ・ジョコンダの美を見極め、レオナルドに不朽の名作を描かせることになるが、これらのことは原作を読んでいただくことにして省略しよう。ただ、最後に、サライがレオナルドに対してもつ意味を、ベアトリチェがいみじくも言い表わしている言葉を紹介しておくことにしよう。彼女はサライに対して、「おまえのレオナルド先生は、おまえの持っている何かを必要としているのよ。おまえの粗野なところと、無責任さが、必要なの」と言う。彼女はレオナルドには「荒々しい要素」が必要だと言うのだ。

「すべて偉大な芸術にはそれ（荒々しい要素）が必要よ。跳躍するもの、はばたくものがね。芸術家によっては、作品の制作そのものの中に、そういう荒々しい要素をとり入れることができるのだけれど、レオナルドにはできないわ。自意識がありすぎるもの。彼は重要なお客から、重要な主題で、重要な仕事を授けられたりすると、せっかくの素質が金縛りになっちゃうの。自分を出すことより、作品を完璧にしようと必死になっちゃうの。（中略）サライ、レオナルド先生がいつも何か荒々しいもの、何か責任に縛られないものを持ちつづけられるよう、おまえに気をつけていてもらいたいの。」

ベアトリチェの語った、サライがレオナルドに対してもつ意味は、児童文学が現在の成人たち——自意識が過剰で、重要な仕事をもち、完璧にものごとを仕上げようとする人たち——に対してもつ意味と相通じるものがあると感じられる。

書くこと

児童文学を読むときに、筆者がどのような関心をもって読むのか、従って、児童文学の狙いはどのあたりにあると筆者が考えるのかという点について、現実の多層性に焦点をあてて論じてきた。次に、児童文学を書く問題であるが、筆者は児童文学の書き手ではないので、ここからは推察に頼っての論になるが、お許し願いたい。

われわれは書くことによって、自分の意志なり感情なりを他人に伝える。その内容が相手と自分の間にコンセンサスの成立している現実内のことであれば、そこにはあまり困難は生じないであろう。しかし、今まで考えてきたような児童文学においては、読者に対して、ひとつの新しい現実をつきつけるようなものになるのだから、それを書くことがいかに困難であるかが了解されるであろう。ヒルベルは、自分の「羊」体験を表現するために「ライオン、ライオン」と言い、それはなかなか他人に通じなかったのである。作者がいかに素晴らしい現実を知ったとしても、それを他人に対して説得的に伝えるのは至難のことなのである。

ミヒャエル・エンデ作『モモ』(大島かおり訳、岩波書店)については既に詳しく論じた(2)ので繰り返さないが、ひとつだけ言っておきたいことは、主人公モモが行方不明になり、心配して警察に届出に行った道路掃除夫ベッポは、精神病者扱いされてしまう、という事実である。確かにモモやベッポの経験した現実は、日常的な現実とはまったくかけ離れたことであった。それだけにベッポも、もっと慎重であるべきだったのだが、モモのことを心配するあまり、警察に届出たのだ。はじめの警官は、ベッポを酔っぱらい扱いをしたりして、じゃまくさがり相手にしなかったが、次の警官はもっと始末が悪かった。「この人は同僚にくらべて、ユーモアのセンスに欠けるところがありました」というわけで、彼は「このじいさんは気ちがいだな。公安を害するおそれがないかどうか、たしかめる必要がある。留置場に入れておけ！」とどなり、結局、ベッポは留置場を経て、精神病院におくられることになるのだ。とかく、ユーモアのセンスに欠けた人は恐ろしい。

ヒルベルは悪い子とか馬鹿とか呼ばれた。サライはうそつき、どろぼうだった。ベッポは精神病者扱いをされた。こんな点から考えると、児童文学を書くものは、体制からのはみ出し者扱いをされる可能性が高いとも思われる。といっても、児童文学者ははみ出し者であるとか、反体制でないと児童文学が書けないなどという気は毛頭ない。むしろ、今まで述べてきたような観点に加えて、児童文学の読者には当然、子どもたちもいることを考えると、子どもたちが現在われわれが生きている社会に属し、知的遺産としての文化を――盲目的にではないにしろ――継承してくれるようにとの願いもこめて、児童文学は書かれねばならないのである。ここにも、児童文学を書くことの難しさが存在している。それは両立し難いものを両立せしめるための努力を必要とする。

既成の体制の周辺部から中心部へ向かってなされるコミュニケーションは、時に、その切迫性と、こめられた情動の強さのために、「叫び」という形態をとることがある。それは救いを求める叫びのときもあれば、強烈な抗議としての叫びであるときもある。

一歳二か月のころ、脳性小児まひと診断され、それ以後は六歳まで機能訓練に通い、養護学校の高等部を卒業した吉村敬子は、自分の経験に根ざした文をかき、「絵本のテキスト」としてどうかと、児童文学者の今江祥智に見せた。それは「わたしいややねん」と題されて、吉村敬子の車椅子による生活体験から生み出されたものであった。そのときのことを、今江は「おずおずとさしだされた「わたしいややねん」を読んで、わたしは背筋がきゅんとなった。叫びやなあ、テキストちゅうもんやあらへンなあ……、としかいえずにいた」と述べている。(3)これに対する吉村の答えが素晴らしい。「わかってます。ちゃんと「作品」を書いてきます……と吉村さんはい い、次にもってきてくれた」のは、『ゆめのおはなしきいてェなあ』という作品であった。そして、『わたしいややねん』も『ゆめのおはなしきいてェなあ』も、ともに出版された(ともに偕成社刊)ので、われわれはそれを素材として、「叫び」と「作品」について考えてみることができるのである。

『わたしいややねん』は確かに「叫び」である。車椅子で出かける「わたし」をじろじろと見る人に、「わたし　宇宙人と　ちがうでェ」、「怪獣でもないで」とプロテストする。これを読んで、われわれは今江の言うとおり「背筋がきゅんと」なるのだ。素晴らしい文学はわれわれの身体にまで作用を及ぼすのだ。それに絵も素晴らしい。絵は吉村敬子の友人で、その車椅子を押し続けてきた松下香住によるものだが、著者の身近にあって、よく気持を知るものにこそ描ける表現になっている。「わたしが強《つよ》なったら　こわいやろなあ」という文のところでは、見開きの頁いっぱいに、正面をむいた車椅子が仁王立ちした大男のように描かれていて、こちらは身のちぢむ思いがする。この優しい女性も、車椅子を押していて、時々、誰かをそれによって蹂躙《じゅうりん》したくなったのではなかろうか。文章とともに絵も叫んでいるのだ。

『わたしいややねん』を読んで、今江祥智が「叫びやなあ、テキストちゅうもんやあらへンなあ……」と言ったことは、他人の作品を多く世に出した編集者としての彼の資質を見事に示している。この言葉には二重の意味がこめられているように思われる。まず、これは絵本のテキストなどというものではなく、一人の人間が生きてゆくことに伴う悲しみと怒り、それに願いをこめた精一杯の叫びとして、直接に、真剣に受けとめねばならないということと、それとはむしろ逆と言ってよいのだが、これはあまりにもなまなましい叫びなので、「出版」して人々に供するためには、作品という形に昇華しなくては、というのと二つの面があると考えられる。今江は一瞬のうちに、このように矛盾するような体験をし、短い言葉の中に表現した。嬉しいことに、吉村は今江という人格に触れて、叫びを作品へと直ちに変容させてきたのである。叫びは誰かの胸にとどいたことが確かめられたとき、作品に変わる転機をもつ。誰の胸にもとどかないとき、叫びは叫び続けられるより仕方がないのだ。ここで、吉村が作品として示した『ゆめのおはなしきいてェなあ』に少し触れることにしよう。

この作品の冒頭に、「ものすご　けったいなゆめ」を見たことが告げられ、夢のなかで「ぜんぜん知らん男の子とはなししてんねん」「ふつう男の子はわたしらとは　はなししてくれへんのに、なんでか知らんけど　いろんなことをきいてきやってん」と語られる。これを読んで筆者は深く感動した。今まで、不特定多数の人々に向かって、あるいは虚空に向かって叫んでいた吉村敬子は、対話の相手を得たのだ。そして、そこに相手として出現してきたのは、あの男の子である。ここに、あの男の子とわざわざいうのは、筆者にとって、この子は相当になじみ深い子だからである。筆者は自分の職業とする夢分析の仕事のなかで、何度この子に出会ったことだろう。あの子は本当に素晴らしい子だ。あの子は絶望の底に沈んでいる人に、そっと希望の手を差しのべるために現われたり、鼻高々の偉い人の鼻を折るために思いがけないいたずらを演出したりする。夢の中の少年について書くのなら、一冊の本だって書けるだろう。いや、実のところ、その少年は夢の世界を抜け出して、いろんな名前をつけられ、児童文学の世界で活躍しているのだ。

「あの子」の出現によって、叫びは作品へと変った。つまり、作者と読者はお互いの胸から胸へと対話をかわせるようになったのである。ところで、この二作を比較して人々はどう感じるだろうか。おそらく一般には『わたしいややねん』の方が、その強烈な衝撃性のために、より注目されるのではなかろうか。確かに、叫びは作品よりも強いときがある。しかし、持続的なポジティブな効果をもたらすのは、むしろ作品の方なのである。人々は最初にあげられた叫びにショックを感じ、注目する。しかし、人々はそのうちにそれを忘れるし、二回目以後の叫びには注意を払わないだろう。人は――残念ながら――あきやすいのである。だから、叫びがどれほど強力であることを知っても、それを作品にする努力を払わねばならないのだ。考えてみると、すべての素晴らしい作品は、その底に何らかの叫びを内在せしめている、と言えるかも知れない。ただ、その叫びは生《なま》のままで読者に投げかけられるのではなく、作者の人格を通して濾過され、作品となって、人々に語りかけられるのである。やはり、書くということは大変なことなのだ。『わたしいややねん』の場合、その最後の一行「そやけど　なんでわたしが強ならなあかんねんやろ――か」が、これをぐっと作品の域に高めていると筆者には思われた。

書く人・読む人

作品が「叫び」を内在していると言えば、灰谷健次郎『兎の眼』(理論社)も、多くの叫びを内在している作品である。実に多くの人に読まれた有名な作品で、今さらその内容について紹介する必要はないであろう。小谷芙美という若い新任の女性教師が、主人公といえば主人公である。小谷先生が苦労を重ねながらも、子どもたちの心の奥深いところと接してゆけるようになる過程が生き生きと描かれている。小谷先生のそのような成長の手引きとなるのが、先生の級にいる鉄三という「問題児」である。筆者はかつて、「問題児」というのは、先生や親に問題を与えてくれる子供であり、大人は子どもに問題を与えて、子どもが解かないと怒るくせに、自分たちは子どもの提出した問題を解こうともしない、と述べたことがある。(4) 鉄三はまさにそのような意味での「問題児」なのだが、小谷先生は同僚の足立先生という愉快な教師に支えられたりしながら、鉄三の提出する「問題」を必死に解いていって、教師としての成長を遂げてゆくのである。実際、子どもたちは教師を鍛えてくれる「師」なのである。

鉄三によって小谷先生も大分鍛えられた頃、またもや新しい「師」が先生の前に現われる。十月になって小谷学級に転入してきた、伊藤みな子は実に変った子だった。みな子は三分間も自分の席に座っておられない「手のかかる子」だ。おかげで授業は無茶苦茶になりそうになるが、鉄三に鍛えられただけあって、小谷先生はなかなか頑張って、この「師」に仕え抜こうとする。こんなときには必ず起ってくることだが、小谷学級の子どもの親が先生に文句を言いに来たりして、小谷先生も苦労するが、何とか頑張り抜いていく。このあたりのことは、著者が長い教員生活をした経験を生かしてのことだろう。なかなか生き生きと描かれている。そして、全体を通じて非常に気持のいいことは、小谷先生や足立先生を絶対的な善玉にすることなく、対抗上、悪玉的要素として登場している教頭先生や教育委員会の人たちをも、余裕をもった態度で記述していることである。著者の余裕のある姿勢によって、ユーモアが流れ出している。最初に指摘したように、この作品には、体制から除外されがちになる人々の強い叫びが多くこめられている。しかし、それらは鋭くはあっても瞬時に消え去る叫びとしてではなく、読む人の心に永続的に留まってゆく作品へと、著者の力によって変容しているのである。

現在は教育の問題が難しい時代である。現場にあって苦労している教師たちが、『兎の眼』によって励まされたり、新しい指針を見出したりした例を筆者もよく知っている。そのような読者としての教師たちの感想のなかで、気になるものがあった。ひとつは、障害児学級の担任をしている教師で、「小谷先生は伊藤みな子を暫くの間担任しただけだが、私はあんな子を二年も三年も見ている」「それに問題児というものは『兎の眼』に書いてあるほど、そんなにうまくよくなるものではない」と言うのである。「話が甘すぎる」と言いたいのである。あるいは、こんな話も聞いた。小谷先生はよく頑張っているが、そのために家庭生活の方はうまくゆかず、おそらく離婚になりそうだ。女性教師として子どものために本当に取り組むことは、家庭生活と両立しないのではないだろうか。児童文学を「読む人」たちが、このように疑問をもったり、わが身のこととして考えこんだりするのを、筆者は歓迎したいと思う。しかし、考えはじめたからには、深く考えすすんで欲しいと思う。早急に『兎の眼』がいいとか悪いとか結論を出してしまわずに。

自分は障害児に長い間会い続けているのだ、と言った人に、筆者は「それでは自分の体験を書いてごらんなさい。素晴らしいものはたくさんの人が読んでくれますよ」と言ったことがある。実際に書いてみると「書くこと」がどれほど難しく、苦しいことであるか解るであろう。自分が「体験」したと思っていること、自分が「知っている」と思っていることが、どれほど不明確であるかが思い知らされるであろう。何かを「書く」場合、今まで述べてきた現実の多層性ということに関連して言うならば、どのような層の現実を自分は把握し、それを他人に伝えようとするのか、ということが問題となる。皆がよく知っている「現実」をそのまま書いてみても、誰も注目してくれないであろう。『兎の眼』に描かれている現実は、今まで多くの人から忘れられ、見棄てられしてきた人――特に子どもたち――の叫び、その叫びを聞きとった少数の大人たちの、それに応えようとする努力、どんなに不幸な子どもにも希望は与えられるのだ、それは成就するに違いない、という願い、それらの現実がすべてこめられて、ひとつの作品となっているのである。そして、これらの叫びや願いは、そのようなことに気づかずにいたわれわれの胸にひびき、われわれの心は新しい活性化を体験する。

文学作品に、何かの問題に関するハウ・ツー式の答えを要求するのは間違いである。たとえば、障害児、問題児をどうとり扱うかということについて、ハウ・ツー式の答えが出る側面と、出ない側面がある。前者について知りたければ、そのような専門書がたくさんあるからそれを読めばよい。文学作品は後者の面について、著者が自分の人格を賭けてぶつかっていった結果として書かれたものであり、読者も、自らの人格を賭けてそれにかかわり、自分は自分なりの答えを引き出す努力をしなくてはならない。何も小谷先生が家庭のことがうまくゆかないからといって、それを手本と考える必要はまったくないのである。

われわれの心の中にある「願い」、「希望」も、ひとつの現実であると先に述べた。特に、子どもたちの幸福を願う気持は、無視できない重みをもった現実である。このことを忘れて、「現実」を極めて皮相に解釈し、暗いことを書けば現実的で、明るいことを書けば非現実的で甘いと思うのは馬鹿げている。子どもに「現実」を知らしめるというスローガンによって、今まで児童文学において書かれなかった、現実の暗い半面を思い切って書いてゆこうとする人がある。確かに、児童文学の名作『ふたりのロッテ』を書いたケストナーは、あの当時、児童文学のなかで「離婚」を取り扱うことについて、作品のなかで弁明を書かねばならなかった。しかし、『ふたりのロッテ』は、ケストナーがはじめて離婚のことを書いたから、児童文学の名作なのではない。ケストナーが書きたい新しい現実を記述するためには、どうしても離婚のことを書かねばならなかっただけのことである。大人なら誰でも知っているが、子どものことを配慮して書かなかった現実を、そのまま書いてみても、あまり大きい意味は無いように思われる。新しい現実の深みを表現するために、どうしても取り扱う現実の幅を広げねばならないときにのみ、それは意味のあることと思われる。

『兎の眼』のなかで、小谷先生は夫との関係がうまくゆかず、離婚のきざしさえ見える様子であった。読者たちの「幸福の願い」に応えて、小谷先生を子どもだけでなく、夫にもよくつくす人として描き出し、家庭の幸福もつかむ女性として、どうして書けなかったのだろう。そのようにした方が、若い女性教師の読者たちに、もっと希望と励みを与えられたのではないだろうか。それは、紙に書けば書けることであり、現実に生きることとは異なるので、簡単にできそうに思われるかも知れない。しかし、実のところそれは極めて難しいことなのだ。作中の人物はそれほど簡単に、作者の意図どおりに動くものではない。ここに、創作することの不思議さがある。

作者がハッピーエンドをねらって、何もかもハッピーにしようとすれば、それはそれで不可能ではない。しかし、そのときは、その作品にかかわる著者の態度が極めて底の浅いものとなり、読者の方にしても読み甲斐のないものとなってしまう。作者が自分の存在を深くかかわらせるほど、作中の人物はそれぞれ個性のようなものをもってきて、作者の意図には簡単に従わないのである。そして、不思議なことに、作者の意図と作中の人物の合作のような形で作品ができあがり、そのときは作者の意識や意図を超えたものとなり、人々の心を深くゆり動かすのである。このことは、たとえば、障害児を扱う先生と児童との関係とほとんど同じだと言ってよいほどなのである。自閉症児が水道の水をじっと眺めているとき、食事の時間だからと言っても、その子は簡単には動かないだろう。そこで、われわれは無理にその子を抱きかかえてゆけば、食堂に連れてゆくことはできる。子どもを食事の時間に食堂に連れていったことで満足する人は、それでいいだろう。しかし、それは実に底の浅い行為だ。それでは、子どもが水を眺めているのを、われわれはじっと見ていればいいのか。それでは食堂も困るかも知れぬ。子どものするとおりにさせていても、それでいいとは限らない。いったいわれわれはどう行為すればいいのか、実に難しいことだ。このような難しさと、作中の人物を動かすのとは、ほとんど同じ困難さをもっているのだ。

灰谷健次郎の心の中の小谷先生は、夫との関係においては簡単にハッピーな方に動かなかった。ここで、作品としての『兎の眼』を全体としてみると、小谷先生の夫に対しては著者の目が優しくないことに気づく。既に述べたように、著者は相当の「悪者」に対しても暖かいまなざしを向けている。ところで、作者というものは、自分の作品中のすべての人物を愛すべきではなかろうか。愛するとは、悪を善に言いかえ、俗人を聖者に見たてたりすることではない。俗人は俗人なりに、悪人は悪人なりに、その存在の根っこまで、できるかぎりかかわるのを放棄しないことを愛というのではなかろうか。

灰谷健次郎が創作という新しい世界の開拓を続けようとするかぎり、今後は小谷先生の夫のような人を愛することに取り組まねばならないかも知れない。おそらく、俗気の少ない同氏にとって、このことは命がけの仕事になることとも思われる。自分は障害児に十年会い続けている、灰谷先生は障害児のことを書くだけ——それも短期間のかかわりを書くだけ——だと思った人は、書くことも命がけであることを理解して欲しい。そして、自分が障害児に接しているとき、自分がどれほどのものを賭けているかを反省してみることである。それにしても書くことは恐ろしいことだ。著者は俗気のない人だが、『兎の眼』にはどこか通俗性があるように筆者には感じられる。作品というものは著者が意識内にはもっていないものを露呈することがある。ここに著者の今後の課題が示されているように思う。既に述べたように、読者が小谷先生の夫のことにこだわるのは、あんがい、このようなことを感じとっているためかも知れない。

主人は誰か

小宮山量平の「いま創作児童文学の壁に直面して」という講演(5)は、児童文学における問題点をいろいろと指摘していて興味深いが、そのなかで、「わたしは文学はどういう意味でも主人持ちであってはならないと思います」という有名な志賀直哉の言葉に反論して、「むしろ、いついかなる時でも、文学は自分自身の真実を主人公にした主人持ち文学じゃなくちゃいかん……と、何故言わんのだろう。そう胸を張って、なぜ旗を振らないのだろう。少なくとも堂々と旗を振らねばならぬのは、わが児童文学ではなかろうか」と述べたところがある。これは児童文学における重要な問題であるので、最後にこの点について少し触れておきたい。

小宮山量平は、なぜ「わが児童文学」こそ主人持ちであるべきだと主張したいのだろう。筆者も小宮山の説に賛成なのだが、筆者の趣旨は、端的に言うと、子どもこそが真の「主人」を見抜く力をもっているから、ということである。大人たちの目はあまりにも曇ってしまって、真の主人を見抜く力を失っている。大人が主人だと思ってかつぎまわるものは、多くの場合、真の主人には程遠い存在であり、主人持ちの文学は、プロパガンダに成り下がる。このため、志賀直哉の言葉も生じてきたのだろう。特に、日本人はつまらぬ主人でも、いったん主人ときめると盲目的に従うような傾向があるので、インテリどもが志賀直哉の言葉に傾倒したのもよく解る。しかし、逆に主人を見出す努力もせず、主人無しでふらふらと生きているのも日本人の特徴であり、小宮山の憤慨に示されているように、それはインテリの怠慢につながることが多いのである。

ところで、児童文学は主人持ちでなければならぬというときに、読者が子供であるから、子どもたちに良き主人を見つけてやるのだなどと思うと、大きいあやまちを犯すことになるだろう。そのあやまちの最たるものは、知らぬまに児童文学の作者自身が、子どもたちの主人のような気持になってしまうことである。確かに、子どもと大人と、その持っている知識において比較するならば、大人の方がはるかに上である。大人たちのよく知っている事実や、月並な表現でも、子どもたちには目新しく感じられる。このため、児童文学の作家は、どうしても安易になってしまう危険がある。相手が子どもだということは、大人よりも油断がならないのである。児童文学作家の、月並な夫婦げんかの描写などを読んだ後で、六歳の女の子の次のような詩を読むと、胸にぐっとこたえるのだ(6)。

わたしが五さいのとき
おとうさんと
おかあさんが
ふうふげんかをしました
でもいまは
そんなことは
わすれています
きょうは　土よう日
あしたは　日よう日
あさっては　月よう日です

どんな大人だって、土曜日の次に日曜が、日曜の次に月曜がくることは、知識として知っている。しかし、この詩のように、詩の終わりの三行に、このような表現をできる人はまずいないだろう。知識としてなら、それは当り前のことである。しかし、こうして書かれてみると、それは千鈞の重みをもって迫ってくるのである。児童文学の作家は、読者のなかに子どもという凄い存在がいることを忘れないで欲しい。そして、そのような読者に、「主人持ちの文学」を提供するのである。それは、よほどの「主人」でないと駄目なはずである。子どもという存在に対する畏敬の念に欠けている児童文学に接するとき、筆者はいきどおりをさえ感じる。

C・S・ルイスは「子どもの本の書き方三つ」(7)という素晴らしい評論のなかで、児童文学のよくない書き方として、子どもたちの欲するものを与えようとする書き方をあげている。子どもたちは「正義」を欲するだろう。「ハッピーエンド」を欲するだろう。このような考えだけにとらわれるとき、それは浅はかな主人持ちの文学になってしまうのである。このことは既に述べてきたことによって明らかであろう。「ハッピーエンド」を子どもたちの願いという現実のひとつとして肯定し、他の現実ともぶつからせてゆくのならばいい。そのときは、ハッピーエンドはひとつの要素かも知れないが、「主人」にはなっていないのである。

ルイスのあげている、児童文学のよい書き方のひとつは、特定の子どもに自ら話してきかせる方法である。これは先にあげた方法と似ているようで、まったく異なるものである。大人が頭で考えた子どもに喜ばれる話と、目の前に現存する一人の子どもに喜ばれる話とは、まったく異なる。それほどまでに、生きている子どもは恐ろしい存在なのである。何度も同じことをいうようだが、子どもの頭脳、子どもの体力は大人より劣っている。しかし、子どもの魂は、測りかねる偉大さをもっている。一人の子どもを相手に、話をするとき、われわれはそれに対抗し得る「主人」をもつことがどれほど大変なことであるかが解るであろう。

ルイスのあげている、もう一つのよい方法は、「子どもの物語が、自分のいわんとすることを、最もよく表わし得る文学形式だから」と述べている。そして、彼は自分は物語を「つくる」のではなく、「見えてくる」のだと言っている。つまり、彼は自分の心のなかに「見えてくる」ものを表現する上において、児童文学という形式が最も適しているから、そうするのだ、というのである。彼にそのような物語を見させるもの、それこそが彼の「主人」ではなかろうか。では、その主人は誰なのだろうか。

志賀直哉の言葉と、小宮山の言葉と、どちらもが意味をもっていることを認めた上で、志賀の言葉を、「文学は直接的に語れるような主人持ちであってはならない」と言いかえてみては、どうであろう。あるいは、小宮山の言葉を、「児童文学は「子どもの目」にかなうような、主人持ちの文学でなければならない」と言いかえてみては、どうであろう。浅はかな主人は「子どもの目」によって、偽物であることを、すぐ見やぶられるであろう。本当の主人は、簡単には直接的に語れぬものである。作者は自らも直接には知り得ない「主人」の意を受けて動く作中の人物たちを、的確に描写する仕事と、時には「主人」の意を測りかねて、自らの意で作中人物を動かしてみる仕事とをやり抜かねばならない。読者は、作品を通じて、その背後に存在する「主人」を見出そうと努める。結局のところ、読む人も書く人も、この測り難い「主人」の姿を求めて努力を重ねることになる。そして、言うならば、このような主人探しこそ、人生の窮極の目標に通じるものと言っていいのではなかろうか。このような意味で、筆者は児童文学を、自分の生き方に深くかかわるものとして読んでいる、と言ったのである。

注

（1）C・S・ルイス、清水真砂子訳「子どもの本の書き方三つ」、『オンリー・コネクトII』岩波書店、一九七九年、所収。

（2）河合隼雄「『モモ』の時間と「私」の時間」、『人間の深層にひそむもの』大和書房、一九七九年、所収。〔本巻所収〕

（3）今江祥智「解説——いきさつ ふたつ」、吉村敬子・文／佐々木麻こ・絵『ゆめのおはなしきいてェなあ』偕成社、一九八〇年。

（4）河合隼雄「新しい親子関係の探索」、『新しい教育と文化の探求』創元社、一九七八年、所収。〔本著作集第十四巻所収〕

（5） 小宮山量平「いま創作児童文学の壁に直面して」、『児童文学 1980』聖母女学院短大児童文化研究室。
（6） まつなり さとこ「なかなおり」、灰谷健次郎他編『児童詩集　たいようのおなら』サンリード、一九八〇年、所収。
（7） C・S・ルイス、前掲注(1)論文。

アイデンティティの多層性
――カニグズバーグの作品から

はじめに

アイデンティティという外来語も、最近ではわが国に定着して、あちこちに見られるようになった。アメリカの精神分析家エリクソンの提唱した概念で、簡単に言ってしまえば、私という存在が「他ならぬ私である」ことを、その独自性・一貫性・主体性などの感じと共にしっかりと自ら確信できること、と言っていいだろう。エリクソンは特に青年期におけるアイデンティティの形成に注目し、その時期にアイデンティティが拡散してしまう危険性について論じた。

エリクソンの考えは、青年期の問題を考えるのに好都合であったため、アイデンティティに関する一般の理解を皮相化せしめ、極端に言えば、人間が職業を選択し家庭をもてば、「アイデンティティの確立」ができたような錯覚を起こさしめるような傾向が生じた。しかし、少し考えてみると、そのようなアイデンティティも有効ではあるが、それほど強力なものでないことがすぐわかる。人間は職業も家庭も失うときがあるし、それを自分という存在の「足かせ」として感じるときもあるかも知れない。それに、老人の場合はどう考えればいいのか。職業とも家庭とも無縁の老人はたくさん居る。そのような人たちこそアイデンティティをもつべきではないか。それでは、アイデンティティをどう考えればいいのだろう。自分は「課長だ」とか、「父親だ」とか言って満足しておられないのである。

エリクソン自身もアイデンティティをこんなに単純に考えていたわけではない。アイデンティティは、人生のどこかの時点で「確立」されるものとしてではなく、人生の全般を通じて「探索」を続けねばならぬもの、として見る方が実状にあっていると思われる。もちろん、人生の節目においてそれ相応のアイデンティティの確かめのようなことは必要だが、それによって「確立された」と言い切るのもどうかと思うのである。このように考えると、アイデンティティはその「確かめ」をどのような現実と、どのような関連によってなしているかによって、その次元が少しずつ異なるとも言えるのである。それは、現実の多層性や、心の在り方を層的に把握する、という考えと呼応して、多層的な在り方を示すと思われる。

本稿において取りあげるのは、アメリカの著名な児童文学者、E・L・カニグズバーグの作品である。彼女は一九七三年に発表した処女作がアメリカ児童文学最高峰のニューベリー賞を獲得して以来、今日まで一作、一作と注目すべき作品を発表し続けている。ここにそれを取りあげるのは、それらの多くが、十一、二歳の子どものアイデンティティに深くかかわり、その多層性ということをよく示すものと思われるからである。アイデンティティを論じるのに、わざわざ児童文学を取りあげることもあるまい、という人もあろう。しかし、これは既に述べたように、アメリカでは一般に、アイデンティティが何となく青年期の自我確立と同様に考えられ、単層的な様相を示していたのに対して、十一、二歳の子どもを取りあげること、そして、作者が「子どもの目」という、透徹した目で見ることによって、その単層性を突き破って、多層なリアリティを現前せしめる、という利点をもっているのである。
本稿に取りあげる作品にも述べられているが、ヘブライの律法によると人間は十二歳で一人前になる。明恵上人は「今は早十三に成りぬ。既に年老いたり」と言い残して自殺しようとした。既に他に論じたので省略するが、筆者は、人は十二歳の頃にひとつの完成に達するのではないかと考えている。[1] このあたりの子どもを「深く」知ることは、人生全般を知るのと等しい。大人の常識とかに惑わされぬので、現実の多層性がより鮮明に見られるのである。従って、十一、二歳の子どもを主人公とするカニグズバーグの作品において、人間の生涯全般にわたって考えられるような、アイデンティティの多層性の問題が、くっきりと浮かびあがってくるのである。次に本稿で取りあげるカニグズバーグの作品を示す。( )内の年号は原著出版時のものである。[2] (以後引用はこれらの訳書による。)

『クローディアの秘密』(松永ふみ子訳)、岩波書店、一九七五年(一九六七)(以後、『クローディア』と略記)
『魔女ジェニファとわたし』(松永ふみ子訳)、岩波書店、一九七〇年(一九六七)(以後、『魔女』と略記)
『ロールパン・チームの作戦』(松永ふみ子訳)、岩波書店、一九七四年(一九六九)(以後、『ロールパン』と略記)
『ぼくと〈ジョージ〉』(松永ふみ子訳)、岩波書店、一九七八年(一九七〇)(以後、『ジョージ』と略記)
『800番への旅』(岡本浜江訳)、佑学社、一九八七年(一九八二)(以後、『800番』と略記)
『エリコの丘』(岡本浜江訳)、佑学社、一九八八年(一九八六)(以後、『エリコ』と略記)

これらの作品は年代につれて、そこに示されるアイデンティティが深化してゆくのが感じられる。これは作者のカニグズバーグの成長を反映するとともに、アメリカ人のものの考え方が全体として変化してきたこととも関連していると思われる。

秘密

秘密とアイデンティティとの関連は深い。私が私しか知らぬ秘密を持つとしたら、それは端的に私の独自性の証しとなるものである。カニグズバーグの最初の作品においては、秘密ということが極めて大切なこととなる。『クローディア』の主人公の十一歳の少女クローディアは家出をする。彼女がいったいなぜ家出をしたのか、これについて作者は、「毎週毎週が同じだということからおこる原因です。クローディアは、ただオール5のクローディア・キンケイドでいることがいやになったのです」と言っている。たとい「オール5」をとっていても、それは真の意味での独自性の証明にはならない。オール5の少女などたくさん居るのだ。クローディアが自己の独自性を確信するためには、誰も知らない秘密を必要とするのである。

オール5というような「よい子」の勲章を得ようといくら努力しても、それは本来のアイデンティティを得られぬどころか、むしろ遠ざかることになってしまう。アメリカ人のよき努力が、結局は同調性を高める方向に向かうだけで、本来の自分の姿を見失うことになることを、カニグズバーグは手をかえ品をかえて警告している。最新作の『エリコ』ではそれは「クローン人間」という表現によってなされる。この主人公も十一歳の少女で、ジーンマリーと言う。彼女は母親と二人でトレーラー(車で引っぱる移動住宅)に住んでいる。彼女は転校してくるのだが、トレーラーに住む転校生に対して級友は冷たい。その級友たちを嘆いて、ジーンマリーは言う。「クローン人間。そう。だれもかれもが、トレーラーではないふつうの家に住んで、両親がそろっていて、母親はP

TAのバザーのためにケーキを焼き、電話で何時間もしゃべりあい、世界が始まったときいらいの友だちどおし。クローン人間はけっしてひとりぼっちにならないのだ。」

個人主義が発達しているアメリカにおいて、クローン人間が大量発生していることは注目に値する。これをわが国におけるクローン人間の在り方と比較することも大切であろうが、今はその点には触れない。クローン人間であることを欲しないジーンマリーは、彼女固有の秘密を持たねばならないのだ。

クローディアは家出中にふとかかわりあうことになった、ミケランジェロの彫刻に関する秘密を知るために全力をつくす。『魔女』の場合は、小学五年生の少女「わたし」は、友人となった「魔女ジェニファ」のことを、母親に知らせずに秘密を守ることに苦心をする。しかし、母親は「わたし」の行為に何となく不安を感じ、いろいろと知りたがって質問する。秘密をもつことは難しいし危険でもある。子どもが秘密をもつことを極端に嫌う親もある。

秘密をめぐる親子の在り方について、『ロールパン』には興味深いエピソードが語られる。十一歳の少年の「ぼく」は、秘かに手に入れた雑誌『プレイガール』をベッドのマットレスとスプリングの間に隠しておく。母親はそれを知りつつ黙認している。そのことがわかって彼女の姉が非難したとき、母親は次のように答える。「どんな子でも何か母親にかくすものが必要なのよ。わたしはあの子をちゃんと育てたつもりよ。あの子はLSDをかくしたわけでもなし、こっそり煙草をすってトイレに流しちゃったわけでもないわ。あの子がベッドのマットレスとスプリングの間にじぶんだけのコーナーを持ちたいなら、それでもいいと思うわ」と言い、家の中にじぶんだけのコーナーが持てないとわかった時、それを他の所に求めることの方が心配だと主張する。

この母親の態度は、「ぼく」の同級生のバリーの母親のそれと対比されている。バリーの母は「教育者」で親子の間はすべてをオープンにすべきだと考えている。そこでバリーが『プレイガール』が見たいと言えば、購読してくれ、母の前で堂々と裸の女の子の写真を見させてくれる、というあんばいである。このような模範的母子が、どんなにいやらしくなってくるかをカニグズバーグは巧みに描いて、われわれを楽しませてくれる。

しかし、秘密もその内容によっては、それをもつことによる困難が増大する。『ロールパン』の愉快な母親も、『プレイガール』はいいがＬＳＤは困るとはっきり言っている。秘密は独自性を保証する役割をもつが、それが危険性を増してくると、それを持つことによって他と切断されることになり、孤独へとその人を追いやってくる。もともと、アイデンティティの探索は厳しい孤独感を強いるものではあるが、それに当人が耐えられるかどうか、という点で困難さが増大してくる。もし、当人がそれに耐えられないときは、その秘密はむしろ破壊的になってくる。

『ジョージ』の主人公ベンは六年生の男の子。彼の秘密は、自分の体の中に「ジョージ」という少年が住んでいて、二人で対話をすることができる、ということである。『ジョージ』については既に他に論じたが、本論に関係するところは重ねて取りあげることにした。この秘密は彼の母親も知らなかった。ベンは一度、ジョージが居ることや、ジョージの言ったことなどを話したが、母親はそれを「空想上の遊び相手」程度に考え、そのうちベンも忘れてしまうだろう、くらいに受けとめていた。しかし、それは「空想」なんてものではなかった。ベンにとってジョージはちゃんと存在していたのだ。そして、ジョージはベンの親友として、いつも彼を助けてくれた。

ベンが父親の家を訪問し、泊った夜、ベンとジョージは口論をはじめ、それをマリリン(父親の再婚した妻)が聞いてしまった。マリリンは常識が発達している上に、大学時代に「心理学」などということまで学んでいたので始末が悪かった。マリリンはベンを「精神分裂症」と断定し、治療を受けるようにすすめる。『ジョージ』についてはもう後でもう一度触れるが、ここでは秘密のもつ危険性ということを、この話が端的に示していることを指摘しておきたい。

マリリンがよい例だし、先にあげた『ロールパン』のバリーの母親もそうだが、このような模範的な人たちが、どれほど子どものアイデンティティ形成を妨害してかかるものか、をカニグズバーグは、時にユーモラスに、時に皮肉に、そして時に怒りをこめて語っている。出来合いの「模範」は、人間の独自性を奪う最大の武器である。アメリカという国は、「模範」の好きな人が多い。この傾向が強まるにつれて、それに対抗してアイデンティティをもつには、どうしても秘密は深化せざるを得ない。一九六七、六九年の作品における秘密が、一九七〇年の『ジョージ』になって、飛躍的に次元を変えていることに注目すべきである。後の二作はますますその傾向を強めてゆくが、それは後に触れることにしよう。

他者の存在

アイデンティティに必要な秘密を持つことは、独立への危険性をもつことを既に指摘した。ここにアイデンティティの難しさがある。それはあくまで独自でありつつ、他とつながってゆくものでなくてはならない。この問題の一番わかりやすい解決は、大切な秘密をわけもってくれる他者を見出すことではなかろうか。実際、われわれは大切な秘密ほど、誰にも言いたくない気持と、誰かに言いたい気持との両方を味わうものである。このとき秘密をわけもってくれる人は、その秘密の意義がわかり、その秘密を保持してくれる人でないと駄目である。

秘密をわけもつ人の典型が、『クローディア』に出てくるフランクワイラー夫人であろう。クローディアは家出してメトロポリタン美術館に住むという奇想天外のことをやってのけ、そこで見た彫刻がミケランジェロのものではないかと考え、その秘密を明らかにするため、彫刻の寄贈者である大富豪のフランクワイラー夫人を訪問する。突然の見知らぬ子どもの訪問に驚いた夫人は、クローディアと話し合っているうちに、この子が好きになり、その家出の意味、秘密を知りたがる意味について――クローディアより深く――知ることになる。

十二歳頃に人間はある種の完成に達するのではないかと述べた。十二歳の子どもは成人と同じくすべてのものをそなえている、とも言える。彼らのアイデンティティ探索は、人生全般についてのそれを既に含んでいる。しかし、彼らはそのような行為をするにしても、その意味を言語化することはできないことが多い。この年齢の子どもたちが時に行なう――明恵の場合のような――自殺企図などがそれであろう。彼らにとって意味は不明ながら、そこに強烈な死のコンステレーションが存在していることを感じとり、行動化しようとしているのだ。それも実は深いアイデンティティ探索行動の一端なのだ。『エリコ』に語られるように、アイデンティティが深化すると、死にかかわってくる。

このようなとき、子どもにとっての秘密の意味をよく知り、それを共有する、フランクワイラー夫人のような大人が存在するとき、子どもは幸福である。これは共有というより抱きとめてくれる人、とでも言うべきであろう。『ロールパン』の主人公の母は、共有と抱きとめと、両方をやりながら、フランクワイラー夫人よりも、もっと日常性を濃くもったイメージを提供している。

子どものアイデンティティ形成に、いつも重要な大人が必要とは限らない。『魔女』の場合における、「わたし」に対する「魔女ジェニファ」がその好例である。「わたし」とジェニファは同級生である。ジェニファは初対面のときに自分は魔女だと言い、その後の彼女の行為を見ると、まさにそのとおりと感じさせるのだった。アイデンティティの深化の際に、重要な他者として現われてくる人物は、非日常性を帯びたものとして体験される。大人の場合、恋愛の体験を考えてみるとわかるであろう。相手が「この世ならぬ美」をそなえていると感じたり、「天にも昇る気持」で会いに行ったり、時には地獄の苦しみを味わったりする。「わたし」にとってジェニファは「魔女」だったし、その秘密は母親を含む日常の世界に対して守らねばならぬことであった。

『魔女』では、母親は「わたし」の同級生のシンシアを模範として与えたがっている、日常世界の代弁者として現われてくる。『ロールパン』の母親が、野球チームの監督になり、「女性が野球監督になるのは、自然現象のひとつだ」などと宣言したりするのとは大違いである。模範というのはアイデンティティの敵になることが多い。模範という鋳型に押しこむときに、アイデンティティが壊れるのである。シンシアという名前まで模範的な子に対して、魔女ジェニファは「わたし」のアイデンティティを守るのに役立つのである。

「わたし」がジェニファに導かれて行なった魔女見習としての儀式は、子どもの「遊び」であり、遊びのもつ本来的意義を果しているという点において、それはまさに生きた儀式であった。それは既成の儀式が形骸化してしまってオアソビに堕しているのと好一対である。アイデンティティの深化が行なわれるとき、それは未知の畏敬すべき存在とかかわるという意味において、宗教的な色彩を帯びてくる。アイデンティティとのかかわりにおいて子どもたちの行なう、遊び、家出、旅などは、本来的意味における「儀式」、「出家」、「巡礼」などと読みかえることができる。

『８００番』において、主人公の少年が父親とした旅は、重要な他者と共に行った巡礼であると考えられる。この父親の意義や、旅についてては後で述べる。

『魔女』について一言つけ加えておくと、「わたし」にとってジェニファが必要だったように、ジェニファにとって「わたし」が必要だったということである。お互いが重要な他者の役割をしたのである。「わたし」にとってアイデンティティを深化させるためには、非日常性の強いジェニファを必要としたし、既に深みにおりているものの、この世との接触を回復することによってアイデンティティを堅固にしなくてはならぬジェニファについては、彼女の世界にはいりこみつつ、日常を失ってしまわない「わたし」を必要としたのである。

ジェニファのような感受性の強い子は、「わたし」のような他者を得られないとき、この世との接触を失ってゆくにつれ、「落ちこぼれ」という烙印を押されてしまうことがある。この際も、せっかく深化していったアイデンティティが破壊されることが多い。

もう一人の私

重要な他者がフランクワイラー夫人のような、「容器」のような役割や、導者(3)のような役割でもなく、先に述べた「魔女ジェニファ」と「わたし」のような相互性を帯びてくるとき、それは「もう一人の私」と言えそうな感じがしてくる。そして、その他者が「自分のからだの中に居る」などということになると、ますます「もう一人の私」と呼んでいいように思う。それが『ジョージ』のなかに描かれている。

人間は一般に誰しも自分という存在の単一性を確信している。つまり、自分と同じ人間は過去にも現在にも未来にも一人しか存在しないと確信している。もちろん、文字どおりの再生や輪廻を信じている人は、この限りではないが、そんな人でも現在における自分の単一性は確信していることだろう。しかし、「私は私である」と言う場合、一番単純には、自分の意識的に把握し得る「私」を指しているのだが、自分も知らない「私」という側面が存在するのは、誰しも漠然とは感じとれることだろう。自分にとっての自分の未知な部分が、ある程度の他者性をもって意識されるとき、それは「もう一人の私」という表現がぴったりのときがある。それは「私」であ りながら、意識的な「私」と異なる自律性をもって存在している。

『ジョージ』については既に論じた。本論にかかわる点について、少し重複するが次に述べる。模範はアイデンティティの敵だ、と既に述べた。ベンが模範生になったとき、彼のアイデンティティに深くかかわる部分は、壊されはしなかったが、ジョージという存在として分離されたのである。ベンにとってジョージといかに深くかかわるか、分離された二人がどのようにして再び一体化されるかが、彼のアイデンティティ探索の課題なのである。

ベンはしかしこの課題とは逆に、ジョージの存在を忘れて、優等生のウィリアムに接近しようとする。「人と差をつけるという点に関して、ウィリアム・ハズリットは生まれつき有利だった。」彼は一人息子であり、両方の家系の唯一の孫として、常にかけがえのない存在であった。彼は入学以後も人と差をつけることに専念した。みんながスポーツシャツや遊び着のとき、彼はスーツにチョッキにネクタイといういでたちだったりした。空手をいち早く習い出したが、下級生が二人入門してくると、すぐに切りかえて、フランス料理を習い出した。

ここで、ウィリアムは誤ったアイデンティティ形成のモデルとして提出されている。彼は確かに大変な努力をしている。彼は何とか他と差をつけようとする。そのようにして、自分の独自性を誇示しようとするが、最初の出発点である基盤が「他」におかれている。いかにして「他」と同じようになるか、というのも、「他と差をつけるか」というのも、規準を他に置いているところで同じであり、ここからは真のアイデンティティは生じて来ない。

ウィリアムは最後には、化学の実験室で秘かにＬＳＤをつくっていたことがバレて破局を迎えることになる。

彼は密造したＬＳＤを大学生に売りつけていたのだが、金持の彼にお金がいるはずがない。なぜ、あんなことをしたのだろうとベンが不思議がると、ジョージは次のように的確に答えている。

「ＬＳＤを売るってより、ＬＳＤを使って自分たちを売りこみたいのさ——大学生の連中に。かれらには自分だけの特徴ってものが何ひとつないんだ、ベン。だから自分らの仲間連中と違って見えることに懸命なのだ。そんなことしたって、結局べつな仲間の一人になっちゃうことに気がつかない。仲間はかわっても、自分はもとの自分なのに。」

仲間と違って見えることによってアイデンティティを形成しようとする誤った態度は、「よい子」だけに見られることではない。いわゆる不良のグループの子どもたちは、「よい子」や模範のうさんくささを攻撃しつつ、彼らのグループ内においては、「悪」という一種の模範が生じてきていることに気がつかない。そして、そのなかで「他と差をつける」ことに努力しようとすると、仲間よりも悪いことをしなくてはならず、非行少年たちが後になってから自分も驚くほどの残酷なことなどをやってしまうような事実の背後には、このような心の動きが存在している、と思われる。それぞれがアイデンティティを求めて努力している。しかし、その方向が間違ってしまっているのだ。

他を規範とするのではなく、「自分だけの特徴」とジョージが言うようなものを、自ら見出してゆく努力をすることが、アイデンティティの探索である。ベンにとっては、「自分だけの特徴」であるジョージという存在を大切にしてゆくべきなのだが、どうしても他人に目立つウィリアムに惹かれ、ジョージのことを忘れそうになったのも無理からぬところがある。しかし、このような危機も、ジョージの必死の叫びによって乗りこえられる。「ぼくのからだベンジャミン君、ぼくはおまえさんを人間にしたい。ぼくが誇りをもって中に住んでいられるような人間に」とジョージはベンに向かって叫ぶ。われわれは、内なる「もう一人の私」の存在を忘れてしまうと、単なる「からだ」になってしまうのかも知れない。それは医学的には生きているわけではあるが。

「もう一人の私」は、ベンのように劇的ではなくとも、もっとマイルドな形で体験される。『ロールパン』の場合、母親と兄を、自分の所属するチームの監督とコーチにもった「ぼく」は、いつも二重の生活をしなくてはならなくなる。息子としての自分と、チームの一員としての自分と。このため「ぼく」は自分をも家族をも今までとは異なる視点から見ることができるようになる。このことによって、それまでは優等生のバリーの母親が自分の母だったらよかったなどと思っていたのに、自分の母の本来的なよさを発見したりするのである。『魔女』の場合のジェニファは、「わたし」にとって、「もう一人の私」とも言えるわけで、このような見方をすると、われわれの日常生活も「もう一人の私」の主題に満ちているとも言えるのである。

一流とほんもの

『ジョージ』において、ウィリアムが他と差をつけることに一所懸命になって、結局はアイデンティティを失ってゆくことを前節に述べた。他と差をつけて一流になることを願っている少年が、ほんとうのアイデンティティについて知る旅——それは巡礼と言ってもいいだろう——に出る話を、『800番』は見事に語っている。

『800番』の主人公、レインボウ・マクシミリアン・スタブスは、中学一年に入学したばかりの少年である。彼は一流の私立中学フォトナム中学に入学できて、母親にねだってブレザーなど買って貰い嬉しくて仕方がない。

しかも、それまで離婚して母子暮らしを続け、貧しい生活をしていたのに、母親が凄いお金持のマラテスタ一世さんと再婚することになったので、にわかに一流ずくめの生活が可能となってきたのである。

マクシミリアンは大喜びである。しかし、お母さんがマラテスタ一世さんとの新婚旅行の間、彼は父親のところに泊まりに行かせられることになった。お父さんのウッドロウはラクダを飼っており、ラクダに人を乗せてお金を貰う職業である。お父さん、お母さん、マクシミリアンは一緒に住んでいたが、母親は、「きちんとした生活」をしたくなり、子どもを連れて離婚したのだった。

マクシミリアンは父親のところに行くが、そこで彼の経験したことは、何から何まで一流とは縁遠いことだった。お父さんはキャンピングカーに住み、ラクダに人を乗せてお金を取れる催物のある地点へと移動する生活だ。食堂もカフェテリアで安物を食べる。マクシミリアンはだんだんと不愉快になる。

一流どころか最低かも知れぬ旅を続け、自分のことをほとんど気にかけてくれぬ父親に腹を立てていたが、マクシミリアンはそのなかで、父親のよさをだんだんと見出してゆく。父親のよさを一言で言うと、「……のふりをしない人」だった。偉そうなふり、何かを知っているようなふり、親切そうなふり、そんなことを彼は全然しなかった。ウッドロウは「だれにたいしても、見せかけの自分になったふりなんかしない」のである。彼は一流ではなかった。しかし、ほんものだった。

「ふり」というのは衣装と関連が深い。『800番』には、衣服の意味がうまく語られている。まず、主人公のマクシミリアンは、一流中学フォトナムのブレザーに凄くこだわっている。このブレザーは彼のアイデンティティを守る鎧《よろい》のようなものである。しかし、その鎧によって、彼は本当に人と人とが肌で接するという機会を奪われてしまっているのではなかろうか。ほんものとほんものの接触が避けられてしまう。

もちろん、人間は衣服を必要とするし、名門校のブレザーが大切なときもある。しかし、それだけに頼ってアイデンティティをつくりあげようとすると、どこかで、ほんものからはずれてしまうことになるのだ。

マクシミリアン親子は旅先で、なかなか魅力的な、母と娘に出会う。母親の職業は「八〇〇番さん」、つまり、全米共通に八〇〇番の電話番号にかけると商品についてのインフォメーションが得られることになっていて、その電話のインフォメーション係なのである。娘のサブリナに言わせると、「これほどだれだかわからない仕事って世界じゅうにないと思うわ。だれだか知らない人がかけてくるのよね。そしてこっちは永久に知られることはない。……顔は絶対出ない。個性も出ない。過去も語らない。この先のことも出さない」という仕事だ。確かにこれほどアイデンティティと無縁の職業があるだろうか。文明社会が便利さと効率の良さを追求してゆくなかで、こんな職業が生み出されるのだ。この職業と、ラクダに一人一人を乗せてはお金を頂く、ウッドロウの職業とを比較してみると、後者の方が人と人との生の触れ合いを大切にしていることがよくわかるであろう。

サブリナ母娘は、全米の有名な協会の全国大会に、うまく協会員のようになりすましてまぎれこみ、一流ホテルの宿泊とおいしい食事にありつく、という楽しみを夏休みに三回ぐらいするのだという。その旅行中にマクシミリアンと知り合ったのだ。このエピソードも実に示唆的である。サブリナ親子は自分たちのアイデンティティを偽ることによって、一流グループに仲間入りしている。しかし、彼らを非難する前に、われわれは一流の仲間にはいるため、自分のアイデンティティを放棄したり、歪めたりしていないかを反省すべきではないだろうか。あるいは、一流のふりをしているうちに、ほんものの自分はどこかへ行ってしまっていないか、考え直す必要があるようだ。

マクシミリアンが父親のほんものぶりに心を惹かれるようになったとき、彼はふとしたことから、「父親」が本当の父親でないことを知る。他の男によって妊娠し放浪していたマクシミリアンの母を、ウッドロウが好きになり、妊娠を承知で結婚したのだった。これはマクシミリアンにとって凄い衝撃であった。

マクシミリアンは、ほんものの父親を発見したと思った。ところが、それは本当の父ではなかったのだ。真実を教えてくれた、ウッドロウの友人、トリナ・ローズ――彼女もほんものの人生を生きている――にマクシミリアンは聞いてみた。

「じゃあ、教えて、トリナ・ローズ。ぼくのお父さんはだれなの?」

「あら、それはウッディ(ウッドロウ)よ。そうじゃないの?」

これが彼女の答えだった。そうだ、ウッドロウはマクシミリアンのほんものの父親だ。ただ、彼らには血のつながりがないだけで、そんなことは大したことではないのだ。一流とか、血のつながりとか、世間の人が大切にする規準を離れ、自分自身が腹の底から、ほんものだ、と言えることを頼りとして、マクシミリアンは、ウッドロウの息子としての自分のアイデンティティの確かめを行なうことができたのである。

死者の目

血のつながらぬ父と息子が、ほんものの父・息子関係であると自覚するという「秘密」は、常識から大分はずれたものだ。アイデンティティと秘密とは深くかかわることを最初に述べたが、アイデンティティが深化するにつれて、そこに存在する秘密がだんだんと常識をこえたものになってくる。

『エリコ』の場合の秘密は、まったくの常識はずれ、非日常性も甚だしいものになる。主人公のジーンマリー、十一歳の少女は、何しろ死者と話し合ったり、姿が他人には見えなくなったりするのだから、大したものである。『エリコ』については、既に他に詳しく論じたので(4)、ここではアイデンティティとの関連で、もっとも重要と思われることについてだけ述べる。ジーンマリーは、母親との二人ぐらし、トレーラーに住んでいる。ここに取りあげたカニグズバーグの六つの作品のうち、最初の三作では、主人公は両親と住んでいるが、後の三作では、主人公が片親のみと住んでいる。これは、アメリカにおいて離婚の多い事実を反映しているし、一般的には、両親がそろっていて問題のない家庭に育つときは、子どもたちはそれほどアイデンティティの深化を体験せずに生きてゆけるので、やはり、アイデンティティの問題を深く追求してゆくためには、このような家族構成の方が好都合だ、とも言えるだろう。

ジーンマリーが級友たちの「クローン人間」ぶりを嘆いていることは、既に述べた。彼女は動物の死骸を埋葬してやろうと、友人の男の子、メルカム・スー(彼も父親との二人暮らし)と地面に穴を掘っているうちに、二人とも地下の世界に吸いこまれ、そこに住んでいる、何年か前に死亡した大女優タリューラに会う。ジーンマリーのアイデンティティは死者と会うことによって深められることになる。

この世のものはうつろいやすい。この世の人との関連によるアイデンティティは、いかに堅固に見えても、うつろいやすさがある。しかし、死者との関係は変わることがないのではなかろうか。柳田國男は、あるとき「自分もそのうちに御先祖さまになるんだ」と言っている人に会ったことを、感動をこめて語っている(5)。年輩のご老人で、ゴム長靴をはいて、はんてんを着て、白い髪の垂れている、大工さんである。柳田國男は、その老人のゆるぎのない安定感に感動したのだ。

「そのうちに御先祖さまになる」、これほど確たるアイデンティティは少ないであろう。「誰それの親である」「子である」「○○中学の生徒である」などと言っていても、この世との関連で語られることは、いつどのように変わるかわからない。しかし、あちらの世界との関連で語られることは何と強いことだろう。それは他人が破壊することのできぬものである。

ジーンマリーはタリューラとの結びつきによって、深いアイデンティティの確かめをする。その経験は、同年輩のメルカム・スーと共にするのである。このメルカムも既に述べた重要な他者のひとりであるが、タリューラの存在とははっきりと次元が異なっている。メルカムのことも興味深いが、ここではその点については省略する。タリューラの存在は大きい。ジーンマリーにとって、彼女は重要な他者であり、もう一人の自分(未来の)という感じもする存在である。

ジーンマリーはタリューラの命令によって、こちらの世界で行なう「宿題」を与えられるが、そのときは、彼女の姿は誰からも見えなくなっている。この特徴を彼女は「急《せ》かされないこと――それと――気づかわれないことだ。わたしは自分が眉間にしわを寄せていないことに気づいた」と述べている。彼女は他から見られない。従って、「私とは何か」を考える際に、他者の目はまったく意味をもたないのだ。他人の承認を必要としないし、気にすることもない。『800番』の表現を借りるなら、どんなふりをすることもないのだ。凄い自由、と言いたいところだが、考えてみるとこれは恐ろしいことだ。誰とも関連のないところで、どうやって自分を定位するのか。アイデンティティとは自分という存在が、確実に定位されていることを意味する。

ジーンマリーを定位するのは、タリューラという死者の目である。タリューラの前で、「私は……をしました」と報告し、承認を得ること、これはなかなか大変なことである。われわれは透明人間にはなれないにしても、生きている誰彼の目を盗んで何かをすることはできる。しかし、死者の目を逃れることは可能であろうか。このように考えると、死者の目によって定位されることの重みが了解されるだろう。われわれが必死になって、何かのふりをしても、死者の目はそんなのをすぐに見透かしてしまうだろう。

　ジーンマリーがタリューラに与えられた宿題は、「ほんものとにせ物を見わけること」、次に、「何もしないでいることが、何かをしていることになることを知る」であった。前者の点については『８００番』との関連で既に論じた。後者について言うと、われわれがアイデンティティを考える場合、何かをすること、したことに頼っているのが多いことに気づく。私は入学試験に合格した。私はあのビルディングを建てた。私は大変なお金をもうけた。この考えが発展してゆくと「一流病」になる。これに対して、タリューラは「何もしないでいる」ことも、アイデンティティを支える要素となることを告げている。このことが腹の底までわかってくると、老人になって何もできなくなっても、そのアイデンティティはゆるぎがないだろう。

　既に述べたように、十一、二歳の子どものアイデンティティの問題をよく見ていると、人間の全年齢にわたる多層なアイデンティティがすべて見えてくるのである。それが大人になると、かえって「何をしたか」とか、「一流」とかにこだわって、まったく単層のリアリティしか見えなくなってしまうのである。ひたすら「世界一」を目指して努力し続けてきたアメリカ社会のなかで、このような文学が生まれてきたことの意義は非常に高い、と思われる。これも曇りのない「子どもの目」で見たからこそ、このような現実が描き出されたとも言えるだろう。児童文学は「子どものための本」などでないことは、これによってよく了解されるだろう。大人たちこそ、このような作品から学ぶところが大きい、と筆者は常に考えている。

注

（1） 河合隼雄『明恵　夢を生きる』京都松柏社、一九八七年。〔本著作集第九巻所収〕

（2） 順番に原作名、発行所などを記しておく。
From The Mixed-Up Files of Mrs. Basil E. Frankweiler, Atheneum Publishers, New York, 1967.
Jennifer, Hecate, Macbeth, William Mckinley, and Me, Elizabeth, Atheneum Publishers, New York, 1967.
About The B'Nai Bageles, Atheneum Publishers, New York, 1969.
(George), Atheneum Publishers, New York, 1970.
Journey to an 800 Number, Atheneum Publishers, New York, 1982.
Up From Jericho Tel, Atheneum Publishers, New York, 1986.

（3） 子どもと老人が互いに「導者」の役割をとることについては、既に拙著『子どもの宇宙』（岩波新書）〔本巻所収〕に詳しく論じたので省略する。

（4） 河合隼雄「E・L・カニグズバーグ『エリコの丘』から」、『飛ぶ教室』一九号、一九八九年。〔本著作集第四巻所収〕

（5） 柳田國男「先祖の話」。

『モモ』の時間と「私」の時間

今日は、ミヒャエル・エンデの『モモ』(岩波書店)について考えてみることにしましょう。この本には実は、いろんな人が関心を持たれたようです。有名な哲学者の中村雄二郎さん(1)、村上陽一郎さん(2)なんか『モモ』のことを時間について考えるうえで論じておられますし、精神科医の山中康裕さん(3)も注目しておられます。

まず、面白いのは、この本は「むかし、むかし」という言葉ではじまっています。ところが、後で展開するのは現在の話なんです。これは、非常に意味が深いと思います。しかも最後の「作者のみじかいあとがき」をみると、これは過去に起こったことのようだけれど将来起こることとして話してもよかったということが書かれています。つまり、この話はいわば時間を超えた話なのだと考えますと、「むかし、むかし」と語りはじめたのは効果的です。昔話というのはみんな「むかし、むかし」ではじまります。それは、聞き手を時空を超えた世界へと、一挙にさそいこむ呪文のようなものなのです。そして、「むかし、むかし」円形劇場があったと書いてあって、その次にはちょっとお芝居のことが書いてある。「ただの芝居にすぎない舞台上の人生のほうが、自分たちの日常の生活よりも真実に近いのではないかと思えてくるのです。」これは結局、真実ということをどんなふうに考えるか。真実というものにもいろいろあるし、『モモ』の話というのは、この世の日常の世界に通用する真実じゃなくて、それを超えた真実をいっている。このようにこの辺の何の気なしに昔のことが書いてあるあたりで、うまく読者に心の準備をさせるようにしてあると思います。そして、その上でモモという主人公が登場するわけです。

モモクロコスモス

モモという主人公は、「たしかにいささか異様で、清潔と身だしなみを重んずる人なら、まゆをひそめかねませんでした。彼女は背が低く、かなりやせっぽちで、まだ八つぐらいなのか、それとももう十二ぐらいになるのかけんとうもつきません」というわけで、ダブダブの男物の上着を着た、非常に変てこな子として描かれています。しかもモモは、両親のことも知らないし、名前はモモというんだけれども、それも「自分でつけたの」という。いつ生まれたかもわからない。そしてもっとひどいのは、自分の年は「百」と答えています。まさかこの作者は、「百」が日本語で「モモ」ということは知らなかったと思いますが(笑)。自分の身の上についても何も知らない上に数ということも知らない子供が出てきた。われわれの人生にとってものすごく大事なものが全部スッポ抜けた子供が、ひょっこり出てきた。ここのところが非常に面白いわけです。この登場人物の出てき方は、昔話の「桃から生まれた桃太郎」というのとそっくりです。桃から生まれたというんだから、誰がお父さん、お母さんかわかるはずがない。

作者のミヒャエル・エンデという人は日本が非常に好きな人らしくて、日本に来たときのインタビューが『子どもの館』一九七七年四月号に載っている。これによりますと、やはりミヒャエル・エンデは、『グリム』とか『千一夜』とかが非常に好きだった。それらに直接影響されて自分は書いているわけじゃないが、そこから得たいろいろなものの姿や像は、いまでも自分の心の中に生き続けていると言っています。だから、作者の心から

『モモ』が出てくるのも当然のことです。

ところで、主人公の性格が面白いのですが、「モモにできたこと、それはほかでもありません、相手の話を聞くことでした」と書いてあります。話を聞くということがうまい。「モモがそういう考えを引き出すようなことを言ったり質問したりした、というわけではないのです。彼女はただじっとすわって、注意ぶかく聞いているだけです。その大きな黒い目は、相手をじっと見つめています。すると相手には、自分のどこにそんなものがひそんでいたかとおどろくような考えが、すうっとうかびあがってくるのです。」こういうのを見ますと、皆さんはカウンセラーと非常に似ていると思われるでしょう。『ゲド戦記』(岩波書店)のときもカウンセラーに似ているといいましたが、考えてみますとファンタジーの世界の話は、カウンセラーの仕事と関係することが非常に多い。ミヒャエル・エンデは自分が『モモ』を書いたときの体験を書いていますが、非常に興味深い。話を書いていて行き詰まってしまったら、大いに苦しむ。ところが、ポッと名案が出てくるんですね。そこで、話が開けてまた書いていく、と。だから、ミヒャエル・エンデは、先に話の筋をつくったり、大体の構想をつくって書いてるんじゃないのです。心から出てきたものを書いている。行き詰まったらつまったままで、フラフラしている。これはつまり、彼のつくる話は、ミヒャエル・エンデの「心のなか」から生まれたものでしかあり得ない。ファンタジーはすなわち彼の「心の中の世界」なんです。

聞き耳とカウンセラー

われわれ心理療法家は、心のなかを問題にしようとしている人間ですから、ファンタジーの作品を見るとわれわれの仕事と似たことが出てくるのではないかと思います。モモも人の話を聞くのですから、われわれの仕事とそっくりです。しかも、モモは時間をふんだんに持っているのです。僕はここでふっと考えたんですが、僕はモモのように絶対なれない。つまり、僕は家庭を持っているわけですから、時間はふんだんにありません。家族といっしょに飯も食いたいし、家の仕事もなんかある。そうしたら、モモはわれわれに似ているんだけれども、そのものズバリではない。実際考えましたら、僕らカウンセラーは、時間を区切って聞いているわけでしょう、一時間とか。こういうところが難しいところです。こういう本を読んで、われわれ感激するんだけれども、この本を読んで感激するのと、自分の人生にもうちょっと引きつけて考えるのとだいぶ違ってくると思います。モモのように誰でもなりたいでしょうけれども、実際にはなれない。

ちょうどこれを読んでいた頃に、谷川俊太郎さんの詩を読んでいたら、新幹線を主題にした詩があるんです。新幹線に乗ったために、景色も十分に見られず、急いで走っていって何ごとかというようなことを、非常に上手に詩につくっておられる。僕はその詩を読んで、なるほどと思って、実はつい最近、谷川さんと対談したんですが、谷川さんは新幹線に乗ってくるわけですよ、やっぱり(笑)。そして僕も実はここまで新幹線に乗ってきているわけです。新幹線というのは、どうも困るんじゃないかというのもたしかですが、乗らない人生というのも、僕らは送れない。そこのところが、『モモ』を読んでいても、よっぽど考えねばならぬところでしょう。

さらに考えますと、モモというのは実在していない、現実の世界のなかには実在することはできない。しかし僕らの心の中に持つことはできる子どもであると考えたほうがいいのではないか。つまり、僕らはモモのように生活することは絶対できないから、僕らの心の中にモモのような要素というか、モモのような因子というか、そういうものはあるというふうに思ったほうがいい。

そして、そういうふうに考えますと、昔話には、こういう超能力を持った子どもがよく出てくるわけですね。

これは、われわれの心の中のすごい可能性をあらわすには、こういう超能力を持った子どもというのがイメージとしてピッタリくる。ところが、ここでちょっと面白いと思うのは、昔の超能力の子どもは、大体、力が強いとか、よい知恵をもっているとかが多いのに、モモは、力とか知恵とか金でなくて、「聞く」という能力をもっている。これは現在の超能力と昔の超能力との違いを示しています。昔は超能力とされたことは、現代人はむしろ実際に全部持っている。むしろ欲しいのは、話をゆっくり聞いてくれる人。昔ならこんな人はいっぱいいたでしょうに、現在は超能力としてのこういう形で出てくる。だからこそ僕らカウンセラーは、話を聞くだけでお金が儲かるということになってくるんですね。昔だったら絶対そんなことなかった。モモが話を聞くだけでどんな素晴らしいことが起こるか書いてあるわけですが、これは皆さんは説明しないでも全部わかると思います。いろいろと例が述べられていますが、われわれカウンセリングでしょっちゅうやっていることですから。

本題にはいる

そういうことで、第二部に「灰色の男たち」というのが登場しますが、それまでの第一部に書いてあることは一種の伏線ですね。例えば第三章でしたら、子どもの遊びとか空想とかがどんなにすばらしいものか、この中でどれだけみんな生き生きとすごすことができるかということが非常にうまく書いてある。僕らも子どもの頃いろんな空想遊びをしたものです。

第四章になりますと、モモの友達として、ベッポとジジが出てきますね。道路の掃除をしているベッポさんと、観光案内やっているジジ。この二人は非常に対照的で、ベッポはなかなか話もうまくできない。ゆっくりゆっくり話をする。ジジは出まかせでもなんでもベラベラ喋る。「これほどちがった種類の人間、これほどちがった人生観をもった人間がなかよしだなんて、そんなことはありえないと考えるのがふつうでしょう。ところがこの二人はほんとうになかよしなのです」と書いてあります。ベッポさんはジジを軽薄だと思っていないし、ジジもベッポを笑いものにしない。友達というのは、相反するものを持っていながら、そういう目に見える性格とはちがう、非常に深いところでつながっている。どちらも内面的な真実というか、そういうものを共有している。しかも内面的な真実を共有するつなぎ目として、モモが二人の話を聞いてくれるということがあります。ベッポというじいさんは、町の石なんか見ているうちに、こういうことをずっと昔の時代に誰かがやったんだろう、その誰かというのは実は、ベッポとモモなんだというようなことをいう。つまり二人は、昔にも実はこの世にいたんだということを、空想か真実かわからないけれども、喋っている。それから、ジジがお話をつくるときは、モモとジジの話をつくったりしているわけですね。二人はいろんな姿で出てくる。これはみんな時間ということを考えさせますね。時間には、直線的に流れていく時間と、そうじゃなくて循環している時間と二つの考え方があると思います。循環というときは、同じことが何度も繰り返される、永劫回帰という考え方です。だから、ベッポやジジのいっていることもまんざら嘘じゃないかもしれません。このあたりで他愛もないことがいろいろ書いてあるようだけれども、この本の主題である時間ということを、みんな考えさせられるようにうまくつくられているのです。ジジが変てこな話をしますね。クルシメーア・アウグスティーナとかいう話をします。この中でも「大きければ大きいほどいい」という言葉が何度も何度も出てきます。今の世の中は「速ければ速いほどいい」「大きければ大きいほどいい」という考え方が優勢である。そこで世の中の進歩という考えに対する皮肉がジジのお話にはどこか入っていると思います。あるいはジジの話の中に、地球が新しい地球と入れかわるというようなことがありますが、これも全体の話とかかわっている。つまり、このお話の最後のところで、時間を司るおじいさん、マイスター・ホラが眠っている間に事態が変化しますが、これは一種の死と再生みたいなものですね。だから、古い地球から新しい地球へというのもそのテーマに大いに関連している。ジジが喋っているバカバカしいお話の中に、いろんなテーマをうまく入れ込んでいるわけです。そして最後にジジとモモの話が出てきまして、ここでテーマになるのは、永遠の命ということです。命の永遠性とか命の限界とか、そういうこともどこかで問題になってくる。

灰色のロジック

ところで灰色の男というのは第二部までにチラッと出てきますね。そしてここでモモは「これまで味わったことのないようなさむけにおそわれました」とあります。この「さむけ」というのは何度も何度も出てきますが、大切なことですね。人間は、人間の顔を見たり、話を聞いたりして頭でいろいろ判断するんですが、その判断をこえた勘みたいなのが働くときがある。こういう感じはむしろ男性よりも女性のほうが発達していると思いますが、ある人を見るだけでゾッとするというような、それも皮膚感覚としてとらえられる。特にこういう灰色の男のように表面的にはいいことを言っている人に対しては、肌で感じるような判断の方が正しいことが多い。

ところで、そういうふうに伏線を張っておいて、とうとう第二部に灰色の男が登場してくる。これが非常にうまいですね。被害者のフージーさんのいった言葉が最初に書いてあります。「おれは人生をあやまった。」「たかがけちな床屋じゃないか。おれだって、もしもちゃんとしたくらしができたら、いまとはぜんぜんちがう人間になってたろうになあ!」こういう考えは誰でもみんな持ちますね。はっきりとはわからないが「週刊誌にのっているようなしゃれた生活」をしてみたい。そういうようになれそうな気がすると思ったときというのは、灰色の男がつけ込んでくるのに一番いい状況です。しかも、灰色の男の話というのは、論理的で筋が通っていて、なるほどと思わせるようなことを話す。この話にいったんのってしまったら、どんどんすすんで最後はちゃんと路線どおり、時間を貯蓄することになってしまう。「これであなたは、時間貯蓄者組合の新しい会員になられたわけです。あなたはいまや、ほんとうに近代的、進歩的な人間のなかまに入られたのです」ということになってしまう。なんだか、こういう灰色の男はわれわれの周囲にもいるようですね。

時の舞台裏へ

このへんでいちばん問題になっている時間について考えたいのですが、時間というのはまったく不思議なものです。時間のはじまりというのがあったのか、終わりというのがあるのか、これはむずかしい問題ですね。それから、絶対的な時間なんてあるんだろうか。極端な話が、地球からなにから、宇宙の動きが全部パタッと停止したときがあったら、さて時間というのは流れるのかどうか、全部が止まってるわけですから、止まっていても誰もわからない。そのときに時間は止まったといってもよさそうだし、それでも時間は流れているかもしれない。これは大問題で、哲学者にとっては大変ですが、われわれはこんなむずかしい哲学的な時間に関係するよりも、自分にとっての時間といいますか、人間は心のなかで時間というものをどんなふうに受けとっているか、どんなふうに使っているだろうと考えたら面白いのじゃないかと思います。皆さんも時間を非常に大事にしているわけでしょう。今日の午後四時集合といいますと、今日の午後四時というのは日本にいる人にとってみんな同じなんです。ところで、今日は皆さん同じ服を着てきた人は誰もいない。みんな違う顔をつけてきた。しかし、時間はみんなにとって同じです。午後四時というのも、いまから一時間話しますというのも、絶対に同じです。そういうふうに考えますと、さっき顔も服も違うといいましたが、そういうたくさんの人の個性を消してしまって一様化するという点で、時計ではかれる時間というものは凄いものだと思います。

ここでフッと思いついたのは、お金のことです。たとえば皆さんの服は全部違うといいましたが、その違う服を一列に並べられるかというと、好きか嫌いかとか、趣味がいいとか悪いとかいうと、簡単には一列に並べられない。ところが、値段で並べたら全部一列になる。ものすごくおそろしいことです。人間はみんな異なる個性をもっている。ところが収入はいくらですかというと一様化する。金というものはものすごい力を持っている。貨幣経済というものがそんなに発達していないときには、なかなか金で買えないものがたくさんあったでしょうが、いまだったら金で買えないものはないといっていいくらいですから、ますます強い力をもつ。このように考えますと、人間の個性を抹殺するものとして、時間と金は似たものになってきます。だからここで時間を貯蓄するというのは非常に面白いですね。時間というものを、みんながお金と同じように考え違いすると大変なことがおこる。つまり僕らの個性というものが全くつぶされてしまう。

この中に出てくる灰色の男にしろ、あとに出てくる町にしろ、ものすごく一様性が強い。大きければ大きいほどいいとか、速ければ速いほどいいとかいう考え方になるとどうしても一様化されてくる。だから、われわれの現在のこの社会あるいは文化、特にフージーさんがほめてもらったような「近代的、進歩的人間」というのは下手すると個性を全く抹殺してしまうような方向へどんどん進んでいく。そこに大きい役割を果たしているものは、お金と時間です。そこで、個性ということを考えようと思うと、時間の中でも個性を感じさせる時間はあるだろうかということになります。時計ではかれるような時間と違う個性的な時間というのは、僕らが普通よく言うように「時間がたつのを忘れてしまった」とか、あるいは演劇や映画なんかで二時間の間に一人の人間の一生を感じとることもある。実際、その人の一生を共に体験したように感じるけれども本当は二時間ですね。二時間でいつも一生がわかるかというとそうじゃなくて、すばらしい人がすばらしい表現をしたときのみ、僕らはそのなかに入りこむことができるわけです。しかしまた、そこに入りこめない人もあるでしょうし、そこに個性的な時間体験が生じてくるのです。そういうふうに考えると非常に面白いことに、一人一人にとって違う時間というものがどうもあるらしい。このように人によって違うかけがえのない時間というものは、その人の「いのち」ということと一番結びつくのではないでしょうか。時間は一様性が強調されるとお金と似てくるし、個性が強調されるときは、いのちと似通ったものとなるといっていいでしょう。これが時間というものの面白いところです。

いのちと関連する時間というのは、たとえば、ガンであと三か月で死ぬという宣告を受けた人の例を考えるとよく解ります。その人がいま体験しつつある時間と僕の時間と、どちらも同じ時間だとは言えないと思います。何かそこにすごい厚みの差といいますか、そういうものがあるに違いない。ところが、よく考えてみると、本当は僕らはみんなガンの宣告を受けているのと同じなのです。実際はどうせ死ぬんだから。目に見えないガンにかかっていてもう決まっている。ただ僕らはそれを知らないだけなのです。われわれはいわば進行の遅いガンにかかっているのだと思うと時間ということの意味も変わってくるでしょう。ところが不思議なことに、僕らはそういうことを忘れている。そして自分の命の方を粗末にして、みんなと共通の時計ではかれる時間を大事にして生きているんじゃないかということを、モモのお話は具体的に上手に表現してくれてるように思います。

そういうことがわからずに近代的な人間になろうと思って、時間を貯蓄した人は、怒りっぽい人になってきたとか、あるいは静かになると不安でたまらないと書かれています。そして、これはどうも怪しいことだと子どもたちが気がついてきた。これは確かに大人の方は、常識とか日常生活とか時計の時間とかに縛られていますのでなかなか本質に気がつかない。むしろもっとも本質的なことには子どもが気がついている。

物語の淵へ降りてゆく

第八章では、灰色の男をやっつけるために、モモとベッポとジジの三人が相談をします。ジジはプラカードをつくって町中をねり歩こう、そうすると町中の人がみんな注目するだろうと言います。誰でも何かの企画をするとき、自分のコンプレックスが関連してくるものです。ジジの計画ははなやかで面白いです。しかし、灰色の男と戦うという本来の目標から少しずれてきます。人間というものは悲しいもので、いかにいいことをしようとしても、その人のコンプレックスがそれにからんできて、時にはそのために失敗してしまうものです。ジジの計画も結局はうまくゆきません。

ところが、むしろぼんやりもののベッポのほうが、灰色の男の集会を見てしまう。ここで彼は真実を知るのです。ここでベッポは灰色の男たちの情容赦のない刑を見ます。「われわれの掟はぜったいで、いかなる例外もみとめないのだ。」これはこういう「近代的合理的な考え」を守る人の特徴のひとつです。

灰色の男たちの勢力が頂点に達したときに、カシオペアというカメが出現します。カシオペアはギリシャ神話にお話がありますが、それに関連しては意味を考えられませんでした。星座のカシオペアは北極星を指し示しています。北極星というのは、昔から世界の中の不動の一点と考えられています。それを指し示している存在というふうにカシオペアの意味を考えてみました。インドの神話では、世界ができあがるときに混沌をかきまわす軸の受けとしてカメがでてきます。これらの点から考えて、この世界の根源的な存在というような意味をもって、カメのカシオペアが出現してきているように思います。このカメは時間の圏外で動いていて、しかも、三十分後のことがわかるのです。いったいそれはどういうことか、モモは考えれば考えるほどわけがわからなくなりますが、要するに、それは人間が考えてわかるような存在ではないということのようです。このような根源的存在に対しては、いったいそれは何かなどと考えたりするよりも、ともに行動してみる方が、わかりやすいのではないでしょうか。

モモはカメに連れられて出てゆきますが、ベッポはそれを知らずに警察にとどけます。ところが警察は忙しいので、そんな変なことをいう人間を相手にしてくれない。ここで警察というのは社会の規範の守り手という意味をもつと思いますが、心の中のことに還元すると、心の中に確立している意識体系を守るものと考えられます。ところで、モモやベッポは、われわれの心の中で常識とは異なるはたらきを示しています。それは、今までの体制にはなかなか受入れられないものです。ベッポはそんなわけで警察に相手にされないのです。モモはカシオペアに連れられて、非日常の世界へ入ってゆきます。これを心の内界のこととすると、警察があったりするのは、われわれの意識の世界であり、モモが行ったところは無意識界の深層であるということができます。そこにはマイスター・ホラという老人がいる。そして、ホラとモモという老人と子どもの組み合せができあがります。老人と子どもの組み合せは昔話にしばしば出てきます。それは、無意識界の可能性とか新しさとかは子どもの像によって示され、知恵の深さや永続性などは老人の像によって示されるためです。マイスター・ホラ自身が若くなったり老人になったりするのも、そのことを示しています。

マイスター・ホラはモモに謎を出します。この謎の答えは「時間」なのですが、なかなか素晴らしいですね。この謎遊びを通じて、モモは時間とは何かということを、マイスター・ホラに教えて貰ったように感じられます。学者の中には、日本の「とき」という言葉は「とく」という動詞から出てきたという人があります。氷がとける、問題がとける、というように、とけて流れていという感じと「とき」とが結びつく。そうなると、これは時計ではかる一様な時間とは違って、流れのなかに、氷のとける「とき」というようなものが存在することがイメージされると思います。モモも、水の上を風が吹くとさざ波がおこるイメージについて話していますが、これなど日本語の「とき」の感覚と似ているように思います。ここで死のことなども語られますから、二人の間で話されている「とき」は、先ほど、「いのち」に似ているといったことと重なってくると思います。その人その人の命があるように、その人その人の時がある。

中心のない花

モモがホラ老人のところで見た、時間の源は全く素晴らしい。これは、時間の源と言われていますが、モモは自分の(世界の)生命の源泉を見たと言ってもいいのではないでしょうか。これはまさに生命の曼陀羅です。動きのある曼陀羅です。ユングは『心理学と錬金術(4)』という本に、ある人の見た「宇宙時計」というビジョンを記述しています。これはもっと立体的・抽象的で、動きが非常に精密です。こんなのとモモの見た曼陀羅を対比して考えてみるのも面白いでしょう。モモの見た曼陀羅で感心したのは、中心に何もないことです。曼陀羅の中心に何かを置くと、おさまりはよくなるのですが、そのひとつのものによって全世界が規定されることになって、多様性のなかに生きる現代人にとっては、かえってそぐわない感じを受けます。その点、モモの曼陀羅は、振子の動きにつれて周辺に花が咲きますが、それが即ち、その時の中心である。それは周辺であって同時に中心なのだ、というふうに考えてみると面白い。われわれが日常生活のなかですごしている「とき」は、われわれの生涯の中での周辺部でありながら、その「とき」において中心でもある。しかも、それは一瞬のうちに、モモが見た花のように消え失せてゆくのだと思うと、「とき」のもつ重みと、悲しみがわかるように思われます。

モモは素晴らしいものを見て、これを他人に伝えたいと思うが、マイスター・ホラは、それを話すためには、お前のなかで言葉が熟さないといけないと言います。われわれは他人に伝えようとする秘密が深いものであればあるほど、言葉の熟するのを待たねばならない。未熟な言葉で秘密を語ろうとした人の運命は、ベッポの体験に示されています。彼は精神病院に入院させられます。彼は妄想を語る患者なのです。ベッポは結局モモを救うことをあきらめ、灰色の男のいいつけを聞くと決心したときに退院できることになる。彼は心の深層との接触の放棄と引きかえに、近代的・合理的社会へ健康な人間として復帰できることになったのです。

ベッポの話を先にしてしまいましたが、モモはこちらの世界へと帰ってきて、随分と長い時間がたち、いろいろな変化があったことに驚きます。「むこうでは一日、ここでは一年」は昔話にもよく出てくるテーマですが、これは「生きられた時間」というものの特徴をよく示しています。それは時計ではかる時間とは異なるものなのです。

日常の浮沈の中で

十四章には現在の生活に典型的なことが生き生きと描かれています。誰もがスピードとか能率を尊ぶあまり、真実の話ができない。モモの訪問を受けたジジも、昔の心が残っていて話をしたいんだけれども、どうしてもダメです。彼はあまりにも日常の世界にしばられすぎています。ジジはたまらなくなって、モモに力になってくれといいますが、モモがそれを断るところは本当に印象的です。モモはジジの力になりたくて心がうずくほどでしたが、「ジジはまたもとのジジにならなくてはならない」にしても、「モモがモモでなくなってしまってはならない」と思い、涙ながらに首を横にふります。これはわれわれカウンセラーも体験することですね。われわれが誰かを助けようとして、自分自身でなくなってしまったら絶対ダメなのです。「とき」が来るまでは、首を横にふり続ける強さをもたないと、人助けはできないのです。

ところで、モモはこの時期に随分、孤独を味わいます。それは「おそらくごくわずかな人しか知らない孤独、ましてこれほどのはげしさをもってのしかかってくる孤独は、ほとんどだれひとり知らないでしょう」というものでした。モモが見てきた時間の源の秘密が、このような絶対的な孤独を強いるのです。そして、ベッポのようにうっかり喋ってしまうと精神病者扱いされるか、あるいは、殺されることさえあるでしょう。ただ、この孤独に耐えぬいた人だけが、多くの人のために真理を語ることになるのです。

モモはまたもや現われたカシオペアに助けられ、マイスター・ホラを再訪します。いろいろ考えた末、ホラが暫く眠りについて、そのあいだにモモが一人で仕事をすることになる。これはさっきも言いましたが、死と再生をあらわしています。すべての時間がとまる。しかし、全部が死んでしまったら再生は生じないので、モモは時間の花をもち、カシオペアという根源的な存在も、それ相応の働きをして、再生への活劇が演じられます。

灰色の男たちは「時間」がなくなるので、半分ずつ消される。作者はこの話は未来のことかも知れないと言っていますが、このあたりは、未来の地球上の人口増加と資源の欠乏のことを心に描いていたのだろうと思います。本当に下手をすると、地球の上の人間に全部背番号がつけられて、偶数番号の人は今日限りで消えていって下さい、というようなことになるかも知れません。

ところで、最後の活劇のあたりは省略して、あとはめでたし、めでたしで終りとなります。作者の一番いいたかったことは、時計でははかれない、個人の命に相応する時間の大切さということでしょう。ただ、われわれが実際に生きてゆくためには、時計ではかる時間も大切であり、この本を読んで喜んでいるだけではなくて、実際に生きてゆく上で、時間ということを考えるならば、この二つの時間を、自分の人生の中にどのように統合してゆくかが問題となります。もっとも、お話の作者としては、皆の忘れがちな「とき」の大切さを強調したかったわけで、それからさきの統合の問題は、われわれ個人個人にまかされた課題ということになるのでしょう。

（これは一九七八年十月七日、明石箱庭療法研究会においての話に訂正を加えたものである。）

注

（1） 中村雄二郎「人間の時間について」、『図書』一九七八年一月号。
（2） 村上陽一郎「総論――時間・空間」、『講座現代の哲学1　時間・空間』弘文堂、一九七七年、所収。
（3） 山中康裕『少年期の心』中央公論社、一九七八年。
（4） C・G・ユング、池田紘一／鎌田道生訳『心理学と錬金術』人文書院、一九七六年。

現代青年の感性
――マンガを中心に

一　マンガと青年期の感性

現在、青年の感性の世界を論じるにあたって、マンガという領域を避けて通ることは不可能であると思われる。ここに、「マンガ」という語を、石子順造にならって(1)、いわゆる「劇画」や「漫画」などを含む広義な意味をもつものとして使用しているが、現在の青年たちがマンガを読む量は、膨大なものとなっているのである。昭和四十年代にはマンガ・ブームが取沙汰され、『京都大学新聞』の調査によって、学生の読んでいる週刊誌の第四位に『少年サンデー』があることが明らかにされたため、余計に一般の注目をあびることになった。そして、「右手にジャーナル、左手にマガジン」、「手にはジャーナル、心はマガジン」などのキャッチ・フレーズによって、ジャーナリズムを騒がせたものである。ここに「ジャーナル」は週刊誌のなかではもっとも堅いイメージをもつ『朝日ジャーナル』を指し、「マガジン」は『少年マガジン』というマンガ誌を指している。その後、マンガは衰退に向かったなどと言われたが、現在の状況はむしろ定着したと言うべきであろう。毎日新聞社による、一九七八年版の『読書世論調査』を見て驚いたことは、「好きな著者」という項目に並んで、「好きなマンガ家」という項目が存在していることである。好きな著者として、夏目漱石・谷崎潤一郎などがあげられている次の頁に、手塚治虫・赤塚不二夫などがおさまっている。マンガが読書の世界ではっきりとした市民権を得ていることを、これは証明しているものと思われる。

戦前においては、青年期における文学・芸術への関心を論じるにあたって、青年に共通に読まれ、話題となっている書物を選ぶことができた。そこには、いわゆる「必読の書」があったわけである。そのために、その書物を取りあげることによって、青年の関心を読みとることが可能であったが、現在ではまずそのような本を見出すことができない。多様化の時代と言われるように、青年の興味も多様化し、愛読書も相当に分散している。ところが、ある種のマンガこそ、大学生の共通の「愛読書」として取りあげうるのである。精神病理学者の荻野恒一は、その劇画に関する評論[2]において、性向がまったく異なる大学生たちが、「共通のカルチャー」として劇画を有していることをまず最初に指摘している。

大学生のマンガ志向に対しては、その父親の年代の人々から、大学生の堕落ぶりを示すものとして受けとられたようである。マスコミも先に示したキャッチ・フレーズのように、やや冷やかし気味の論調で取りあげていたように思う。しかし、その一方では極端な擁護論もあり、石子順造も述べているように[3]、白土三平の『忍者武芸帳』から、唯物史観を学びとっているなどという話さえ、大真面目に流布されるほどであった。しかし、このような一方的な賛否両論に対して、最近では、マンガを重要なマス・メディアのひとつとして取りあげ、客観的に分析しようとする試みも多くなされるようになってきた[4]。これは、マンガを真剣にとりあげて論じてきた、石子順造、加太こうじ、鶴見俊輔、などという人の功績も大きいが、マンガが一般の中に定着していった事実によるところが大であると思われる。

ところで、筆者がここにマンガを取りあげたのは、マンガ論を展開するためではなく、現在の青年たちの多大の興味を惹きつけているマンガを素材として、現在の青年の感性の在り方を論じるためである。実のところ、一般的なマンガ論を展開するほど筆者はマンガを読んでいない。従って以下のマンガの素材の選び方も、マンガの「専門家」から見れば恣意的に見られるかも知れない。筆者としては、前記の毎日新聞社の調査や、マンガに詳しい人の意見を参考にして、代表的な作品には目を通したつもりではいるが。

感性の次元

前述の『読書世論調査』による一九七七年度のベストテンをあげてみると次頁の表1のようになる。ここで興味深いことは年齢による読者層の差が明確に示されていることである。手塚治虫と長谷川町子は群を抜いて一位であるが、手塚は二十―二十九歳の層にピークをもつのに対して、長谷川は三十―三十九歳のところにピークをもっている。両者に次ぐ水島新司になると、二十九歳以下に読者の多いことが極めて明白である。そこで、同じく、ひとつの家族を中心とし、そこに生じる笑いをテーマとしている、長谷川町子の『サザエさん』と赤塚不二夫の『天才バカボン』をとりあげてみよう。どちらも若年から高年齢に到るまで広範な読者をもっているが、後者の方が前者に比して若年層に人気をもっているようである。この両者の比較ではっきりとしていることは、赤塚の描く主人公の容姿のデフォルメの強さである。天才バカボンの家族は、その母と弟のハジメだけが平凡なデフォルメされない容姿で描かれているが、これはバカボンとその父親のデフォルメを際立たせる効果を狙ってのことと思われる。そして、そこに生じるギャグも馬鹿さ加減もまったく非日常的で底抜けのものである。つまり、これは家庭を主題とするかに見せて、いわゆる家庭マンガの枠を突き破っているのである。『サザエさん』と比

表1　好きなマンガ家・1977年度(男女)　　　(数字は実数)

順位	マンガ家名	全体	性		地域				年齢						学歴			
			男	女	十大都市	中都市	小都市	郡部	16~19	20~29	30~39	40~49	50~59	60歳以上	9年以下	10~12年	13年以上	無回答
1	手塚治虫	130	69	61	31	53	22	24	29	59	19	12	6	5	10	62	58	—
〃	長谷川町子	130	41	89	46	46	24	14	3	20	52	30	17	8	13	78	38	1
3	水島新司	71	52	19	16	27	12	16	23	33	9	4	2	—	6	40	25	—
4	ちばてつや	58	44	14	20	25	7	6	10	33	12	1	2	—	3	25	30	—
5	サトウサンペイ	29	12	17	10	11	7	1	—	7	11	6	4	1	—	17	12	—
6	里中満智子	25	—	25	4	6	5	10	13	9	2	1	—	—	1	18	6	—
7	赤塚不二夫	24	16	8	6	7	6	5	7	4	6	5	1	1	2	9	13	—
8	川崎のぼる	21	14	7	7	5	5	4	8	8	3	2	—	—	1	17	3	—
〃	本宮ひろ志	21	17	4	3	8	6	4	11	8	1	—	1	—	—	17	4	—
10	池田理代子	19	1	18	5	8	2	4	5	7	3	2	1	1	2	14	3	—
11	さいとう・たかを	18	14	4	4	10	4	—	1	11	4	1	1	—	3	4	11	—
12	白土三平	16	12	4	5	6	3	2	—	10	3	2	1	—	2	7	7	—
〃	松本零士	16	14	2	4	4	4	4	8	5	1	1	1	—	2	8	6	—
〃	山上たつひこ	16	15	1	4	3	5	4	5	8	1	1	1	—	3	10	3	—
15	石森章太郎	15	14	1	8	3	1	3	6	7	2	—	—	—	2	6	7	—
〃	ちばあきお	15	13	2	3	5	3	4	5	8	2	—	—	—	2	5	8	—
〃	はらたいら	15	7	8	4	5	4	2	1	2	7	4	—	1	2	9	4	—
〃	大和和紀	15	1	14	5	8	—	2	8	5	—	1	1	—	1	9	4	1
19	山本鈴美香	14	1	13	9	5	—	—	7	6	—	1	—	—	—	10	4	—
20	梶原一騎*	13	9	4	4	3	1	5	2	5	3	3	—	—	1	8	4	—
〃	黒鉄ヒロシ	13	7	6	5	4	1	3	—	7	6	—	—	—	1	5	7	—
〃	東海林さだお	13	11	2	4	3	2	4	1	6	4	1	1	—	—	8	5	—
〃	萩尾望都	13	3	10	4	5	2	2	7	6	—	—	—	—	1	9	2	1
24	ジョージ秋山	12	8	4	6	4	2	—	1	8	3	—	—	—	1	1	10	—
25	園山俊二	11	8	3	1	2	3	5	3	4	3	1	—	—	1	5	5	—
〃	田河水泡	11	9	2	8	2	—	1	—	—	1	4	4	2	1	6	4	—
〃	田淵由美子	11	1	10	1	7	2	1	7	1	1	1	—	1	—	9	2	—
〃	矢口高雄	11	10	1	1	6	1	3	2	4	3	1	—	1	2	5	4	—
29	池沢さとし	10	10	—	1	4	1	4	5	4	—	1	—	—	2	6	2	—
〃	小山ゆう	10	9	1	6	2	—	2	4	6	—	—	—	—	—	7	3	—
〃	みつはしちかこ	10	1	9	4	3	3	—	1	8	1	—	—	—	—	4	6	—
32	陸奥A子	9	1	8	1	6	1	1	8	—	1	—	—	—	—	8	—	1
33	一条ゆかり	8	—	8	1	3	2	2	7	1	—	—	—	—	—	5	3	—
〃	楳図かずお	8	1	7	2	2	2	2	1	7	—	—	—	—	—	6	1	1
〃	庄司陽子	8	1	7	2	2	1	3	5	3	—	—	—	—	—	7	1	—
〃	平松伸二	8	6	2	2	—	2	4	4	4	—	—	—	—	—	4	4	—

『読書世論調査』(1978年版，毎日新聞社広告局，p. 54)より．＊＝原作者

較してみると、われわれの感性に訴えてくる次元が明らかに異なっていることに気づかされる。これは家族や家庭のことを描きながら、日常性をどこかで突き破っているのである。上野瞭[5]は、天才バカボンのおやじの鉢巻は「世間様のいう「良識」を行動の規準にすまいとする決意」を表明するものと述べているが、そのような読みとりも可能であろうと思われる。

感性の次元の差について考えるにあたって、作田啓一の理論を援用してみよう。作田啓一は子どもが大人になってゆく過程を、シャハテルに従って、第一次自分中心性、対象中心性、第二次自分中心性という推移によって把握している。そして、「第二次自分中心性の特徴は、客体に対して、それの操作が容易であるような仕方でラベルをはることである。さまざまの客体が、主体の用途に応じて、ラベルをはられ分類される」と述べている。大人はこのようにして、自分をとりまく複雑な対象世界を、一応安定したものとして組織化してゆくことができるのである。ところで、このように安定して見える第二次自分中心性の世界も、再び対象中心性の世界に立ち返って見てみると、それほど安定したものでないことが分かる。そこから引き起こされる笑いの世界を描くことは、実のところマンガのお得意であり、どこにでもその例をみることができる。たとえば、天才バカボンのおやじは望遠鏡を大砲と思って恐怖心を起こし、星と犯人を示す「ホシ」とを取り違えたりしている。バカボンのおやじは、大人に通用するラベリングをまったく理解していないのである。

ところで、劇画の世界によく登場する「変身」の主題は何を意味しているのだろうか。サイボーグものが喜ばれる理由のひとつは、それが人間の形態をしていながら、実は人間ばなれをしているという点であろう。あるいは、インヴェーダーの話が興味を惹きつけるのも、同様のことと思われる。ここで、若い離人症の人の見た夢を次に示してみよう[6]。

父と兄がインヴェーダーになっている。そしてテレビの「インヴェーダー」を見ている。テレビの中でインヴェーダーがやられると兄の顔色が変わったので分かった。

作田は第二次自分中心性の段階では、人間も分類され、特定の役割を通じて利用し合い操作し合う関係となることを指摘している。[7] ところで、この夢は、父や兄と思っていた人物が、父や兄でなかったという恐ろしい体験である。つまり、安定した分類体系に属していた父や兄が、まったく次元の異なる存在であることを露呈したのである。それは地球外から侵入してくるインヴェーダーであったのだ。

最近のマンガや劇画などを見て、そこに描かれる感性の世界の次元が、一段と深くなっていることに気づかされる。ここに言う「深い」は何ら価値的意味をもつものではなく、大人の次元からの退行の程度をあらわすものとして使用している。対象中心性の次元に退行することによってこそ、ラベルを貼られた対象を、もう一度見直すことが可能になるが、退行の次元が深いときは、そこに「見える」ものは、極めて非日常的なものとなってくるのである。先に例にあげたインヴェーダーはその一例であり、実際に、自分の肉親をインヴェーダーとして感じるとき、その人としては離人症という恐ろしい症状に悩まされざるを得ない。ここに、離人症について詳述することはできないが、それは、人間の存在の根底をゆるがすほどの苦しみを与えるものである。

強烈な賛否両論を巻き起こしたと言われる、ジョージ秋山の『アシュラ』も、感性の次元の異なりを感じさせる。これは、自我の深い亀裂の体験に根ざしているように思われる。このような劇画が多数の青年に読まれるという事実は、現代の青年の心の亀裂の深さが相当に深いものであり、そこに生じる不安も次元の深いものがあると感じさせられる。それはフロイトによる個人的無意識よりも、ユングによる普遍的無意識の層にまで達する感性として特徴づけられるように思われる。荻野恒一も、劇画のなかに、しばしば「太古の文化への復帰の意志」がみられることを指摘し、「精神分析ブームがフロイトからユングに移行している文化現象を裏書き」しているように見えると述べている。(8) 確かに、現在の不安はフロイトが抑圧の機制によって説明したような神経症性の次元から、分裂症型の不安へと移行しているのである。ただ誰かが背後に立つというだけで、極端な恐怖を示す、おなじみの『ゴルゴ13』などが共感をもたれるのも、こんな点に関連しているであろう。

内向型感覚

ユングの普遍的無意識の考えが、現在の劇画の内容を説明しうることが多いと述べたが、同じくユングの心理機能に関する理論を用いて、マンガ表現の特徴を指摘してみたいと思う。

ユングは人間の心理機能を四つに分類し、それぞれ互いに対立する思考と感情、および、直観と感覚の機能を考えた(図1)。思考は文字どおり考える機能であるが、ユングのいう感情とは、ものに対する好き嫌い・善悪の判断を下す機能を示している。これに対して、感覚は、五感に関係して、ものそのものの形や色などを的確に把握する機能であり、直観は、ものの属性を超えた可能性を把握する機能である。ところが、ユングはこのような機能にそれぞれ内向と外向の二方向があると考える。たとえば、同じ思考機能でも、物事の関係やそのはたらきの仕組みなどについて考える外向的思考型と、生きることの意味とか、死とは何かなどを考える内向的思考型があるという。そして、彼は現在のヨーロッパ文化では、外向的な態度の方が価値を与えられ、内向的感覚や内向的直観の機能は評価されなかったり、誤解されたりすることが多いと述べている。

このような観点に立つと、現在のマンガには、ユングのいう内向的感覚機能に頼って描かれているものがあると感じられる。つまり、現在において理解されなかったり、認められなかったりする心の機能をはたらかせることによって、現代人にひとつの衝撃を与えているのである。これは現在の青年の感性に強く訴えるものがあったと思われる。そのような作者の代表としては、つげ義春をあげるのが適切であろう。つげ義春は自分の内界を感覚的にとらえて、それを表現する。

内向とか、人間の内界というと誤解する人があって、人間の内省可能な範囲内のことと思う人が多い。自分はどんな欠点をもっているとか、他人に対してどう感じたとか、そのように考えたり感じたりするのは、むしろその人の意識可能な自我の内部で生じていることである。ユングが内界という場合、自我の外部に外界が存在するように、内界も心の内部ではあるが自我の外に存在するものと考えている(図2)。そして、外界が一般に客観的な世界と言われているのと同様の意味で、この世界を客観的な心《オブジェクティブ・サイキ》の領域と呼んだことがある。内向感覚型の人とは、このような世界が鮮明に「感覚的に」とらえられる人である。その人は内省をするのではなく、ただ「そこに」ある世界を見たり、それに触れたりするのである。

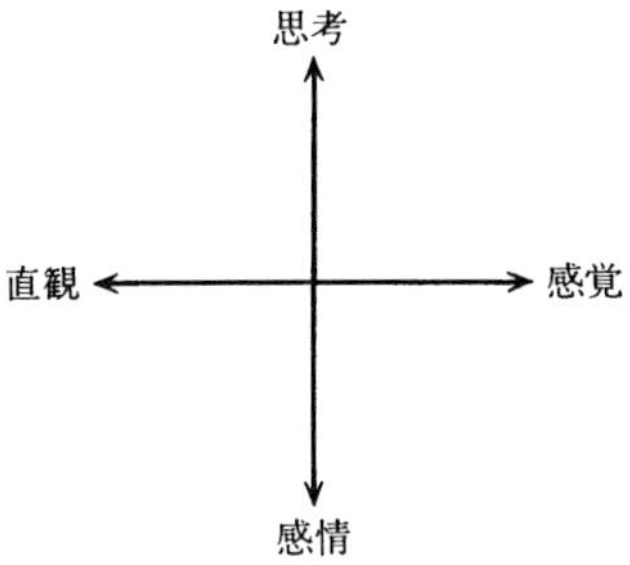

図1　ユングによる4つの心理機能

つげ義春の作品を評して、赤瀬川原平は、

> 眼の前にあって眼に見えない不思議な正体があるので仕方がないのだ。そしてその正体は、眼に見えずにリアルなのである。その漫画の細部は非常に触覚的であり、私たちの生活の検証にも耐えうる確証的なもので

ある。

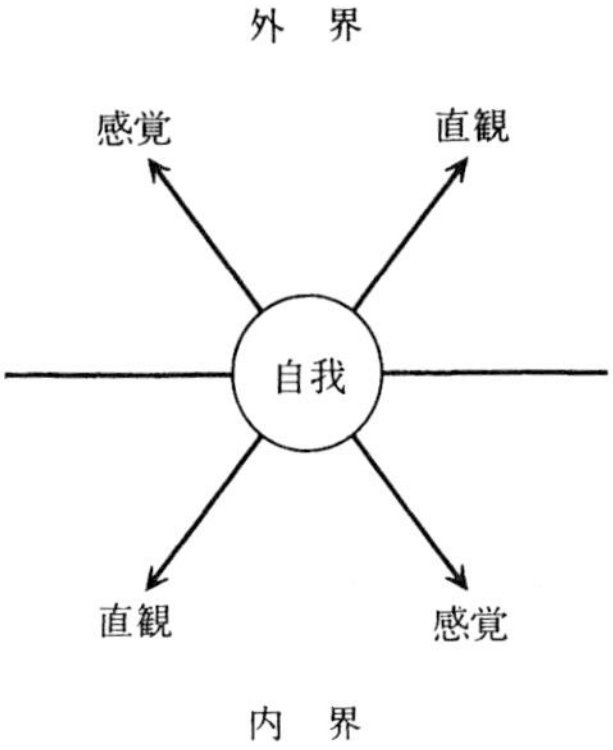

図2　自我と内界・外界の関係

と述べている。[9] ここに「眼に見えずにリアル」などの逆説的表現を誘い出すところが、彼の作品の特徴であり、それはとりもなおさず内向的感覚の特徴なのである。それは「触覚的」でさえあるほどのなまなましさをもちながら、どこかで非存在感を強く味わわせるものである。それは、われわれが一般に「存在」とか「現実」というときに、どうしても外界に縛られる傾向をもつために、つげの作品を見て、非存在、非現実と感じるのだが、一方それは、まぎれもなくつげ義春が彼の感覚によって確実に把握しているものであるために、なまなましい存在感を与えるのである。それは、自我の中で「考え出された」偽物の「ファンタジー」作品とは異なるのである。

たとえば、つげの代表的な作品のひとつである『沼』を見てみよう。これはわずか十四頁の短篇である。最初、おそろしい沼の岸に立っている弱々しそうな一人の着物姿の乙女が描かれている。そこへ傷ついた雁がバタバタと足もとに現われてくる。ここで、「傷ついた雁と乙女」という心像から、読者は何らかの一般的期待が心に浮かびあがってくるのを感じるであろうが、ストーリーはそれを裏切って意外な展開を示す。この乙女は雁の傷を見て、「いっそ死んでしまったほうがなんぼか幸せ……」というので、雁の首をねじって殺してしまう。雁を射落した青年が銃を片手にそこに現われるが、娘に雁のちぎられた首を見せられてギョッとする。青年はこの娘にすすめられてその家に泊まることになる。娘の家族は、バアサマと義兄と、その妻である彼女の姉と四人暮らしだという。いざ寝るときになって、青年は鳥籠から出てきた蛇に驚かされる。娘は驚くこともなく、蛇が勝手にはいってきたので飼っているのだという。青年は夜中に蛇がはい出して来ないかと心配する。それに対して娘は、蛇が夜中に必ずはい出してきて眠っている彼女の首をしめる。「ゆううつなれど蛇にしめられるといっそ死んでしまいたいほどいい気持や」と答える。夜が更けて、緊張感のあまり眠れない青年は、緊張が頂点に達したときに娘の首をしめる。

朝になって目を覚ました青年は、娘がすでに起き出して、義兄に見ず知らずの男を泊めたことを責められているのを見る。娘はそれにはお構いなく、蛇が逃げ出してしまったことを気に病んでいる。その場をそっと脱け出した青年は、再び沼にゆき、沼に向けて銃をズドーンと撃つ。これがラストシーンである。

この物語の中で、首をしめられるものとしての、雁と乙女、首をしめるものとしての、蛇と青年、の秘められた結びつきが感じとられるが、その乙女自身も雁の首をしめたものであり、青年も夜中には蛇に首をしめられるのではないかという恐れに悩まされる。従って、ヒーローとヒロインと、そこに登場する動物との関係は秘かな同一性によって糸が織りなされ、にわかに、どれがどれとは判定し難い関係にあり、これらは一体として『沼』のイメージに包摂されている。沼はその水面下に一切のものを秘めて不気味な静けさを漂わしている。

『沼』をこのように読みとると、この作品に描かれていることは、タイトルに描かれている沼の岸に立った青年が、ラストシーンにあるように、ズドーンと銃を発射するまでの一瞬のうちに、彼の内界において生起した現象を描き出したものとも見ることができる。内界の事象は外界の時空の限定を超越しているので、一瞬のうちに多くのことが起こり得る。青年が蛇と娘の恐怖におののいた内的経験は、外的には沼へ吸いこまれる危険として感じとられたかも知れない。ここで、彼と沼とをへだてる隔壁が消失し、作田の言う溶解指向が生じたものと見ることができる。溶解現象のひろがりのなかで、人は同一性の溶解をも体験する。右に示したような同一性の錯綜はそれを物語っている。

沼との溶解体験を作者は見事に「感覚的」に表現する。それは実に触覚的ですらある。乙女の首にまきつく蛇の肌の感触を、われわれは感じさせられる。このような点が、つげを内向的感覚型であるとするところである。溶解体験は自我の同一性の崩壊の危険をもたらす。青年は沼との距離を取りもどすために、ひとつの儀式的行為を必要とする。それがズドーンという銃の発射である、と考えられる。おそらく、作者自身もこの一発の銃の発射によって、さまざまの溶解体験から自分を切り離すことができたのではないかと推察される。

次に、内界に住む心像の不可解さと残酷さについても述べておかねばならない。このような点は、この物語に登場する娘の行動に如実に表わされている。彼女の行為をどのように判断するべきかに迷わされるが、ここで大切なことは、彼女は残酷か否か、その行為が善か悪かなどの判断以前に、ともかくそれはそのようにある(just-so)ということである。感覚は事実をあるがままにとらえて、そこに判断を入り込ませないのである。内界に存在するものが、そのままの姿で把握され描かれるという、このような傾向は、違った表現法ではあるが、萩尾望都の作品においても認められる。

内奥からの異議

現在の青年の感性が内向感覚機能と結びついて開発され、それがそのまま表現されるとき、一種の内奥からの異議申し立てとなってくる。つまり、成人の自我はその社会の規範を受けいれて形成されているので、成人が一般に外界や内界を知覚するとき、それは社会的規範に沿ったものとして受けとられる。たとえば、傷ついた雁を水中から拾いあげる少女は、「それを救い出す」ものとして知覚されやすい。自我の在り方がその知覚を限定するのだ。しかし、つげ義春が自我の限定にとらわれず、内なる少女のそのままの姿を直視するとき、それは一般の期待と異なる行為をするのである。つげはただそれをそのまま描くわけだが、それは社会の一般的期待を破る衝撃となり、強い異議申し立てとなる。

ジョージ秋山の『アシュラ』が強烈な非難を巻き起こしたのも同様のことである。アシュラのテーマはカニバリズムである。極端な飢餓状態の中で、人々は生きのびるために人肉を喰わねばならない。このような心像も、われわれが自分の内界の深層をつきつめてゆくと出会わねばならないものである。しかし、このような「現実」も、自我の体制内に受けとめることは至難のことであり、アシュラの像を受け入れ難くて、非難する人の多いことも当然である。アシュラの引き起こす不安は極めて次元の深いものであるが、このようなマンガが出現してくることは、すでに述べたように、現在の青年の退行の次元が非常に深い事実を反映しているものと思われる。

近代になって自然科学の発展が急激となり、自然科学的なものの見方が文明国においては大勢を支配するようになってきた。それと関連して、外向的思考や感覚の機能は一般に重視されるが、内向感覚機能はそれらと相容れぬものとして軽視された。従って、内向感覚型の人は現代の社会においては下積みの生活を余儀なくされる。あるいは、無理をして自分にとって不得意な機能を何とか開発し、この社会に適応することになる。このようななかで、つげ義春のように思い切って、自分の得意な内向感覚の機能を発揮すると、現在の社会の一般の傾向と相反するものであるため、それだけで強い衝撃を与えるものとなるのである。青年はいつの時代においても、その社会の体制に何らかの異議申し立てを行いたいとの欲求をもつ。前述のようなマンガは、そのような意味でも、青年の感性にアッピールするものがあると思われる。

既存の体制を破壊し、そこに思いがけない結合をもたらし、時に創造にまでつながってゆく行為をなすものとして、トリックスター(神話・伝説などに出てくるいたずらもの。いたずらが創造行為に結びつくことがある)の存在が最近とみに注目されている。つげ義春は、彼の夢日記を公表しているが[10]、その中にトリックスター像が現われていて興味深い。彼は自分の夢をほとんどそのまま描いて、『アルバイト』というマンガの草稿を発表しているが、その話の終わりの方に、まったく唐突に狸が出現する。うるさいと言われながら、「ヒョコ」と顔を出すのだが、最後に「狸汁にして食べてしまうぞ」とどなられて、アルマジロに化けて地底の穴にすっこんでしまう。これを見ていると、彼の有名な『ねじ式』のマンガの中で唐突に現われてくる機関車を想起させられる。しかも、機関車を運転している子どもは狐の面をかぶっているのだ。これらの像は、つげの心の中に存在するトリックスターの見事な顕現であると思われる[11]。

いま、トリックスター像について指摘したが、このようにしてみると、マンガはユングのいう元型的な心像の断片化されたものの集積場ともいうことができる。たとえば、脇明子は、竹宮恵子の作品にしばしば出現する「永遠の少年」の元型的心像について論じている[12]。元型的なイメージは、ある時代にある天才によって把握され、それがある集団にとって普遍的なものとして認められるとき、それは宗教的な意味をもつことが多い。たとえば、ユングが述べているように、キリスト像を、元型としての「自己」の象徴とみることもできるし、ギリシャ神話に登場する神々を、何らかの元型像として考えてみることもできる。ところで、現在の多くのマンガの素材には、これらの元型的な心像が手軽に切り取られたり、矮小化されたりして用いられていることが分かる。それは、安手の英雄や神の活躍の場である。

すでに述べたとおり、近代科学によって武装された現代人の意識は、在来の宗教を受けつけるのに困難を感じている。「合理的」判断が強化されるにつれ、今までの宗教的な心像の実在性が疑われるようになってくる。実のところ、これは現代人が外向化し過ぎて、内界のイメージと外的現実とを混同することによって、このようなことが生じたのである。かくして、現代人は意識的には宗教を否定しつつ、無意識的な宗教的欲求は増大するばかりである。その間隙を縫って、マンガが活躍の場を見出したのである。鶴見俊輔はこのような点について、昭和五十一年にすでに次のように述べている(13)。

> 米国において漫画は宗教の役目をハットリつつある。それは言語を新たに設定し、児童を教育し、神話を与え、自由思索の場を提供し、同時にまた画一的理想を人々に投げ、現実とがっしり組み合わさっており、不安定社会における安定を象徴する。

ここに鶴見はいわゆる大衆マンガの安定性の方に強調点をおいているが、今まで紹介してきたようなマンガの中には、未だ普遍性を得ないものとして、「新興宗教」的な衝撃性と不安定性をもったものもある。

ところで、深く読めば前述のような読みも可能ではあるが、現在のマンガは残念ながら、あまりにもマスプロ化された商業ベースに乗ってしまったため、元型的イメージの断片の切り売りに堕しているといっても過言ではあるまい。作田は青年期の溶解指向が向上指向と結合して、そこに宗教的・芸術的な体験が生じることを述べ、溶解指向と道具指向とが結びつくことはないと指摘している。しかしながら、現在の多くのマンガは、この結びつくはずのない二つの指向が奇妙に結びつき、せっかくの溶解指向が、画一化され、形骸化された「死せる神像」へと頽落していったものと思われる。現在の多くの青年がシラケを強調するのも当然のことである。

二　青年期の感性と自我形成

作田が前述の論文の冒頭にS・ホールの言葉を引用しているように、青年期には「世界は奇妙で新たなものに見える」。この「奇妙で新たな」体験を重ねつつ、青年はその自我を確立して行かねばならない。「これが私だ」と言えるような自我を作りあげ、それが人の存在する社会と摩擦を生じさせないものとなってこそ、彼は一個の成人となったと言うことができるのである。そのような自我を形成する過程と感性との関係について考察してみよう。

自我と感性

フランスの精神医学者アンリ・エーは、「意識しているということは自己の経験の特殊性を生きながら、この経験を自己の知識の普遍性に移すことである」[14]と述べている。これは意識の、従って自我の、二面性について明確な指摘を行なっているものである。すなわち、自我は何かを知覚するとき、それをたとえば、「一本の糸杉」と呼ぶならば、それは糸杉という普遍的な知識に基づいて判断しているわけである。実のところ、ある人があるものを見るとき、それは極めて特殊な一回かぎりのことを「生きて」いるのだが、それは糸杉を見たという内省なり判断なりが生じた途端に、普遍化され、「ものそのもの」に対して限定がなされたことを意味している。そして、その人は「糸杉そのもの」に対する全体的な感受性に限定を加えているのである。

自我はその拡大のためには、できるかぎりの多くの新しい体験をし、それを知識として自我の内部に整理し蓄積してゆかねばならない。そして、そのような蓄積された知識は何らかの統合性をもつものであり、社会一般の普遍性を共有するものでなければならない。ところで、青年はその自我を新しく作りあげてゆくときに、できるだけ早くその社会のもつ知識体系を吸収しなければならぬという欲求と、それが「新しい」ものであるためには、それまでの社会の共有しているものと何らかの意味で「異なった、新しい」ものでありたい、というジレンマに直面する。作田のいう道具指向や向上指向にのみ依存するとき、青年は早く有能な成人になり得るとしても、それはあまりに体制順応型となってしまう危険性をもっている。それを活性化し、個性的なものとするためには、それを裏づける溶解指向を必要とするが、これは自我の統合性を破壊する危険性をもっている。

青年期の感性は限りない可能性に向けて開かれているが、そこには常に崩壊の可能性もが含まれているのである。このような点を如実に物語るものとして、画家の林武が自分の青年期の体験について述べているのを取りあげてみよう。(15) 林は結婚を決意したとき、妻を養うために画家の職業をあきらめ、他の職につこうとする。このときに彼は一種の何とも言えぬ解放感を味わうのである。それまでの彼は、「道一つ見ても、絵描きになりたいと執着した人間の目でしか見ていなかった」ことに気づいたのである。学校でものを明暗で見ることを学んだので、「ものは明暗に見えた」。それに、「学校で教えた樹木もまた明暗であった。そして塊《マッス》であった。それは現象であって、本質ではなかった」。ところが、彼が画家になる志を棄て、素直な気持ちでものを見るようになると、明暗とか、塊《マッス》などということを超えて、ほんとうのものそのものが見え出したのである。彼はその時の感激を次のように書き記している。

そのとき僕は、歩きなれた近くの野道をぼつぼつと歩いていた。すると突然、いつも見なれていた杉林の樹幹が、天地を貫く大円柱となって僕に迫ってきた。これは畏怖を誘う実在の威厳であった。形容しがたい宇宙の柱であった。僕は雷にうたれたように、ハアッと大地にひれ伏した。感動の涙が湯のようにあふれた。

このような体験をもとにして彼の名画が生まれるのであるが、ここに彼がこのような体験を自らのものとし、他人に伝達可能な方法によって――彼の場合は、絵画という作品によって――表現し得たことに大きい意味があると言わねばならない。林は同書の中で、青年期にひどい神経症になったことを述べているが、それは、彼が自我の崩壊のぎりぎりの線上に立って、感性の可能性の世界に挑戦していたことを示すものである。この戦いに敗れたものは、ひどい精神障害に陥ることになるであろう。

青年期において、自我は新しい世界に向けて開かれつつ、そこに体験することを自らの中に統合してゆかねばならない。そのときに、どのような人間にとっても直面しなくてはならぬ問題として、性《セックス》ということが存在する。性の問題は、人間の歴史を超えて存在すると言っていいほどの古い問題である。しかし、個々の青年にとっては、新しく体験する未知の領域なのである。子どもの自我が顕在的な意味における性ということ抜きで、一応の形成を終えたと思うとき、性の問題が生じてくる。いかなる思春期の人間にとっても、それは測り難く、強いものとして感性に訴えてくるものである。

青年期の心理について興味深い論考を述べている笠原嘉は、青年期の特徴のひとつとして、「わが身体」との最初の出会いのとき、という示唆にとんだ表現を行なっている。(16) 青年が「わが身体」と出会うとき、そこには漠然としていて自覚され難い性の衝動も存在している。それは、いわば内なる身体性として意識されるものであろう。マンガの低劣さを攻撃する人は、そこに性と暴力の主題がいつも取りあげられていることを非難する。確かに、そのような低俗なものは数多く存在しているが、それは青年たちの「身体性へのかかわり」を反映しているものである。性は生理的であり心理的である。自我はそれを無視することもできず、それと正面から取り組むのには危険が大きすぎると感じる。性が青年期の感性を論じる上において大きい意味をもつのも当然のことである。

自我の確立

青年はすでに確立している社会の規範に沿って多くの知識を獲得したい欲求と、既成のものを破壊するほどの新奇なものを求める欲求との間にジレンマを感じる。そのジレンマの中に身をおき、苦悩に直面してゆくことによって、その青年の個性が磨かれ、自我が確立してゆく。このような人格発展の過程を、一人の主人公の体験を中心にして描かれた小説を教養小説(Bildungsroman)という。これは特にドイツ語文化圏に多く、有名な『ヴィルヘルム・マイスター』などがこれにあたる。青年たちは、このような教養小説を読み、主人公に同一化しつつ、自己の発展の道を探索するのである。戦前までは、このような教養小説は、わが国の高校生の必読書であり、彼らが成人した後も、いわば「共通の体験」として、同世代の連帯を支える役割をもったものである。現在の状況は、すでに述べたような感性の次元の急激な拡大と、それに伴なう価値の多様化によって、「必読書」的な教養小説を喪失していると言えるであろう。おそらく、同世代の者が共通体験としてあげ得る書物は、マンガの類になるのではなかろうか。

教養小説として、現在の青年にも相当に読まれているものとして、ヘルマン・ヘッセの『デミアン』がある。この小説の冒頭にヘッセが「二つの世界」の存在を語っているのは非常に示唆的である。主人公のジンクレエル青年にとって、両親に代表されるような、「愛情と厳格、模範と訓練」といった、あきらかできよらかな世界と境を接して、「怪談や醜聞」に満ちて「美しくものすごい、あらあらしくて残酷な」世界が存在していた。この二つの世界に対するジンクレエルのジレンマこそ、先に述べたすべての青年の味わうジレンマに他ならない。ジンクレエルは敢えて第二の世界へと足を踏み入れ、そこで危険にさらされながら、二つの世界の統合への魂の遍歴を続けるのである。

小説を読むことによって、青年は主人公に同一化し、その感性の世界の拡大と統合をはかる。このようなことは、小説のみではなく、絵画・音楽などの芸術の領域においても生じることである。あるいは、スポーツ選手に対する同一化として生じることもある。筆者は青年期のノイローゼの人々の心理療法に従事しているが、このような青年が有名なスポーツ選手の姿に感動して、自我確立への努力を強化することを、しばしば体験している。テレビというメディアによって、世界的な名選手の映像に直接に接触できることが可能となったために、このようなことが生じやすくなったのであろう。スポーツのように身体の動きによって感性に訴えるものは、直接にその姿を見ることが、どのような言語的表現よりもまさるので、このような点におけるテレビの有効性は非常に高いものがある。

青年が自ら創作をすることもよくある。詩や小説などを書いたり、絵画や音楽の演奏などもする。これらの創造活動を通じて、青年期が鋭い感性によって多くのものを取り入れ、自我を確立してゆくのは当然のことである。筆者のような心理療法家のもとに相談に来る青年たちが、その治療の過程の中で、このような創作をすることがよくある。すなわち、心理療法といっても、結局は悩みを背負った青年がアイデンティティを確立してゆく過程そのものであり、われわれ治療者は医者のように「治療」をするのではなく、その青年の人格発展の道につきそってゆくだけであるから、そこに多くの創造活動がなされるのも、むしろ当然のことと考えられる。紙数の関係でそれらの例をあげられず残念であるが、ここに、ひとつだけそのような青年の作った詩をあげてみよう。二十五歳の同性愛傾向に悩む男性の作品である。[17]

大空高く舞い上るために
俺は大きな翼を用意した
大空を真っ二つに裂くために
俺は鋭利なナイフを用意した

何回も何回も
大きな翼を動かしてみた
だけど俺は知らなかったのだ
大きな翼には
広い大地が必要だということを

この青年の治療者である氏原寛は、同性愛という症状の背後にはたらいている「永遠の少年[18]」の元型の存在を指摘している。これはまったく適切なことであると思われるが、この詩からイカロスの飛翔を想起される人も多いことであろう。永遠の少年は大地を離れ太陽に向って飛翔しようとする。しかし、それは危険極まりないことであり、多くの場合、イカロスのように墜死の結末に終わることが多い。この詩の中で、飛翔を欲する青年は、「大きな翼には／広い大地が必要だということ」に気づきはじめている。これは、実に重要な発見である。この青年の治療の経過については述べることができないが、ここに示した一篇の詩からでも、このような創造活動によって、青年が自分の内面の世界を見つめていくことが理解されると思われる。

最後に、自我の確立と感性との関係において、現在青年の経験している感性刺激の過剰現象について一言触れておきたい。すでに述べてきたように、自我は外界、内界からの刺激を受けとり、それを自我の体制の中に統合してゆくのであるが、現在のテレビやマンガなどに示される映像は、自我の統合力を無視して、過剰になりつつあると思われる。たとえば、日本の子どもたちの見るテレビマンガは、その残虐性が強いため、欧米においては受けいれられないことが、つとに指摘されている。

日本のテレビマンガではあまりにも安直に破壊や殺人が行われるのである。わが国の青年たちは、ともかくこれらの刺激を受けいれはするが、それを判断したり、統合したりすることを放棄しているかのように思われる。一時、若者に「フィーリング」ということばが流行したが、このフィーリングというのは、すでに述べてきたようなユングの言う思考や感情の機能に頼らず、ただ直観や感覚の機能に頼ってしまうことを示しているものと思われる。従って、そこには鋭い感受性と、低い道徳観や判断力の無さが同居することになる。このような点が現在の青年の感性を考える上において重要な課題となるであろう。

マンガの世界では感性は拡大を求めて、どこまでも拡げられてゆく。たとえば、すでに少し触れておいたジョージ秋山の『アシュラ』では人肉を喰べることが主題となる。このような凄まじい感性の世界を描きはなしにすることはできないので、作者は一人の僧を登場させることによって一種の統合をこころみようとしている。しかし、こうなってしまうと、このマンガの世界の基本構造は、地獄草紙が描かれた頃とまったく変らないことになってしまう。安易に感性の世界を拡大しても、それをいかに統合するかという点で、革新的なものを見出さぬかぎり、それは本来的には大きい意義をもち得ないし、古いものの塗りかえにすぎないものとなる。このような点も、現在の青年の感性の世界を考える上において、留意しなくてはならない。拡大された感性の世界を統合するために、現在の青年がいかなる自我を築きあげてゆくかは、残された問題であるように思われる。

注

(1) 石子順造『戦後マンガ史ノート』紀伊國屋書店、一九七五年。
(2) 荻野恒一「劇画の精神病理学」、『現代思想』一九七八年十月、一一五頁。
(3) 石子順造、前掲注(1)書。
(4) 筆者の管見しただけでも、『児童心理』一九七三年九月、『現代のエスプリ マンガ文化』一〇八号、一九七六年、『思想の科学』一九七八年九月、『中央公論』一九七八年十一月、などがマンガについて特集を行なっている。マンガに対する論はこのように相当出つくしている感があるが、筆者はそれらと少し異なる角度から論じることにした。
(5) 上野瞭『われらの時代のピーター・パン』晶文社、一九七八年、二四二頁。
(6) この夢についての詳細は、河合隼雄『影の現象学』思索社、一九七六年、一一八頁参照。〔本著作集第二巻所収〕
(7) 作田啓一「青年期の感性」、『岩波講座 子どもの発達と教育6』岩波書店、一九七九年、所収。
(8) 荻野恒一、前掲注(2)論文。
(9) 『つげ義春集』筑摩書房、一九七八年、三五四頁。つげ義春の作品論が巻末にあげられている。
(10) つげ義春「夢日記」、『ポエム』一九七七年一月、三六頁。
(11) もっともそれは少しの反撃によって、アルマジロのようにすっこんでしまうもののようだ。つげ義春の生活様式を反映しているのではないかと思われる。
(12) 脇明子「永遠の少年」、竹宮恵子『変奏曲』朝日ソノラマ、一九七七年の巻末解説。
(13) 鶴見俊輔「物語漫画の歴史」、副田義也編『現代のエスプリ マンガ文化』一〇八号、一九七六年。
(14) H. Ey, La conscience, Paris, 1968. 大橋博司訳『意識』I、みすず書房、一九七一年、一二三頁。

(15) 林武『美に生きる』講談社、一九六五年。
(16) 笠原嘉『青年期』中央公論社、一九七七年。
(17) 氏原寛「永遠の少年――そのおごりと傷つき」、河合隼雄編『心理療法の実際』誠心書房、一九七七年、九三頁。
(18) 永遠の少年については、河合隼雄『母性社会日本の病理』中央公論社、一九七七年を参照されたい。〔本著作集第十巻所収〕

現代マンガを読む

マンガは「見る」ものかもしれないが、つい「読む」ところが、私の年齢を示しているし、マンガを「読ん」でコメントをするなどはナンセンスであると言われるかもしれない。しかし、ここに取りあげた作品は「読む」に値するものと私には感じられた。相当に真剣に読んだものである。

電車のなかや、喫茶店などで、若者があっという間にマンガを「見る」光景には、誰しもよく接しているはずである。現代の子どもや若者で、マンガを見ない者はいないと言ってもいいほどであろう。「子どもの心理」や「青年の心理」について語りながら、マンガに触れたことがないのは申訳ないと思っていたが、それでも抵抗が強くて、なかなかその機会がなかった。何しろ「読む」のに相当な時間がかかるのである。ところが、鶴見俊輔さんと多田道太郎さんにうまく誘いこまれて、マンガを読むことになった。鶴見さんは私の好みなどを考え、いろいろとマンガを送って下さり、それらのなかから私も少しものが言えそうに思うものを選んで、つぎに示すような作品についてコメントを書いた。

一九八七年頃までに、評判の高かった作品をいろいろと読んだが、ひろく若者たちに読まれているものでも、私にとってはあまり面白くないのもあった。深層心理学を専門にしている者にとっては、「仕掛け」が見えすぎるのである。どうしても頭で先に筋がつくられているのではないか、と思わされるものが多い。創造性が少ないので、新しい発見をすることがあまりないのである。

そのようななかで、ここに取りあげた少女マンガには驚かされた。本文中にもあるように、表現するのが極めて難しいと思われる思春期の女性の内界が、みごとに描かれているのだ。私が心理療法をするときに、非常に接近し難いと感じるのが、思春期の女性である。彼女たちは、ほとんど「言語化不能」の世界に住んでいる、と言っていい。それをマンガというメディアを使うことによって、実にうまく表現しているのである。特に、萩尾望都、竹宮恵子、大島弓子の三人の作品には感心させられた。おそらくこれらの作品は、自分の内界にもやもやと存在するものを、どのように表現していいかわからず、暗い気持に引きこまれていた少女たちの心を癒すはたらきをしたことだろうと思う。

人間が見せる表向きの顔に対して、このような裏もあるよと見せることを狙うマンガは多いが、単なる裏がえしは、アイデアとしては表と同じで、すぐにあきられてしまう。一応は、そこでその表現を拡大することによって魅力を保とうとするが、それにも限度がある。マンガを書き続けることは、なかなか大変だろうというのが実感である。読者の方もある程度読むと、後は「卒業」ということになるのではないだろうか。

『赤　目』

マンガをあまり読まない人でも白土三平の名前を知らぬ人は、少ないのではなかろうか。『忍者武芸帳』『カムイ伝』などの大長篇によって多くの読者をひきつけ、いわゆる劇画ブームを巻き起こした中心人物である。白土三平の作品についての研究や評論が、『朝日ジャーナル』や『展望』などの、マジメで堅い雑誌に多く掲載され、マンガに対するマジメな読者獲得にも大いに役立ったと思われる。

『赤目』は昭和三十六年作で、『忍者武芸帳』をはじめ彼の代表的な作品が発表されつつあったときのものである。短篇であるが彼の作品の特徴がよくあらわれているものとして、ここに取り上げることにした。

永禄年間、領主伊予守信平の農民に対する圧政はまったくすさまじい。殺人、暴行があいつぎ、ついには主人公松造の妻は生体解剖によって殺害される。松造は忍者によって救われ、妻子の仇を討つべく修行に励むが、「いくら努力しても天分がなければ駄目じゃ」と追放されてしまう。このあたりに作者の厳しい目が光っており、おきまりの仇討ち物語とは展開が異なってくる。

伊予守の暴力と圧政はますます度合を強くするが、そこに松造が上人となってあらわれ、それは「赤目さまのたたりじゃ」と言う。つまり、赤目(ウサギ)を農民が殺して食べる呪いであるのだと告げる。それを馬鹿にしたひとりの農民は村人の目の前でウサギを殺すが、翌朝死体となって発見される。これは偶然かもしれないが、ともかくこの事件によって、「赤目教」が農民のなかにひろがってゆく。

かくして、ウサギの異常増加の現象が生じるが、ここに作者お得意の食物連鎖の説明がはいり、ウサギを主食とする山ネコにも繁殖増加が生じたことが描かれる。ところが、ウサギの方は異常繁殖の結果、疫病の流行によって数週間のうちに絶滅してしまう。ウサギを食物としていた山ネコは飢えにさらされるが、上人の計略で人を食うことを知る。山ネコはついに伊予守の姫まで襲うようになり、山ネコ討伐のため銃や槍が農民に手渡される。この時を待ちに待っていた上人の命令で農民は武器を手に城に攻め込み、上人・松造も伊予守の首を切りおとして仇を討つ。

大喜びをする農民たちの前に、伊予守の首を引きずった上人があらわれるが、上人はすでに狂っており、驚く人々をしり目に、「ヒヒヒヒ」と立ち去ってゆく。

これは短篇ながら、「殺しの美学」とか「集団描写の迫力」とか白土作品の魅力として語られる特徴をそなえ、動物の繁殖力の操作による農民一揆の成功という奇抜な発想を含んだ傑作である。白土三平に対する高い評価はすでに確定していると思うので、それを前提とした上で、少し異なった角度からの感想を述べてみよう。

作者はおそらく論理的思考の得意な人であり、その考えや観念を映像化し得る稀有《けう》な才能をもつ人と思われる。その作品の論理の展開において、強—弱という軸が極めて強烈なことが特徴であり、心情的には弱者に同情しつつも、あくまで作者自身の目は強者の目であること——それはなにも武力的な強さだけではない——が感じられる。

しかし、人間の心は強弱の軸や論理だけで動くものではない。大衆というものは、一人のリーダーの考えや計画に従って動いているごとく見えながら、その実、それを超えた、もっと大きく深い流れによって動かされているものであり、リーダーといえども、その流れの最大の犠牲者でしかあり得ないものである。

また、殺すものが強く、殺されるものが弱いとは常に言い切れるものではなく、観念を破った世界、つまり真に宗教的な世界において、その逆転が体験されることは多い。作者は大衆や「弱者」の魂の世界に自らの身をおいて体験することなく、ひたすらマジメに強者の論理を展開する。そこには、高みに立って考えるのではなく、生身の人間として現象に主体的に関与したものが体験する、観念化し得ない世界が描かれていない。つまり、そこには観念の底流に存在する本来的なイマジネーションの貧困が感じられる。

主人公松造が最後に発狂する点が、作者の反省を示していて唯一の救いとはなるが、これにしても頭で考えた「狂」であり、真に精神を病む人の体験とは結びつくものではない。それにしても、大衆に背を向けて立ち去ってゆく主人公の姿はなにやら暗い予感を与える。作者は弱者の世界へのよほどの思い切った下降をこころみないかぎり、大衆の心を永くひきつけることはできないであろう。

『いじわるばあさん』

マンガは嫌いとか無関心と言う人でも、長谷川町子さんのマンガは見ている人が多い。温かくて健康な笑いをもった『サザエさん』は日本中の家庭にはいってゆき、ひろい年齢層の読者をひきつけ、まさに彼女は「国民的作家」というべきであろう。笑いというものはいいものだが、それは背後にどこか攻撃の針を隠しもっている。ある人にとっては、おかしくてたまらないことでも、ある人にとってはきつい皮肉と取れることもある。ある種の笑いは破壊的にさえ作用する。その点、『サザエさん』は家庭のなかで、すべての家族が安心して笑えるマンガであった。ところで、その作者が「いじわる」を主題としてマンガを描き始めたのである。

『いじわるばあさん』は昭和四十一年から『サンデー毎日』に連載されはじめ、圧倒的な人気を獲得した。サザエさんにもいたずらっ子的要素は十分にあった。しかし、いじわるとなると、それは積極的に悪の方に傾斜してくる。いじわるばあさんの活躍ぶりは底抜けの笑いをさそうのや、いかにも女性らしいこまやかな配慮？に基づくものがあったりして楽しいのだが、マジメに読むとなかなか恐ろしいのもある。病院から喜んでタクシーに乗り退院してゆく人がある。おめでとうと挨拶する看護婦さんの表情も明るい。ところがその直後に工事中の建材がタクシーに落下する。見ていたいじわるばあさんは俄然張り切って「ウン、こうこなくっちゃ！」と走ってゆく。マジメな人は顔をしかめて、人の不幸を楽しみの種にしていると言うかも知れない。神社に願をかけたが御利益がない。いじわるばあさんはそれでもそこのお守り札を買ってゆく。そして、交通事故で死んだ人のそばにその札をおき、やってきた人たちが、あそこの神社の札はきき目がないな、というのもある。これなど、人の命を何と心得ておるか、と言われるかも知れない。世の中、笑いたがっているくせに、マジメな人も多いのである。

ところで、『いじわるばあさん』の初版は二十六万部が売れた。『サザエさん』の初版は十五万部とのことだから、いじわるばあさんの方が一層多くの読者を獲得したことになる。サザエさんは戦後の民主主義とともに育ってきた。それはヒューマニズムという表現で、日本人が一応納得してきた人生観に支えられている。ヒューマニズムはまことに結構なことだが、どんなにいいことでも人間はひとつのことにこり固まると動きがとれなくなってくる。それを活性化するためには対極にあるはたらきを呼び起こす必要がある。日本人全体が「戦後は終わった」と明確に認識したあたりで、ヒューマニズムにも嫌気がさし始めた頃に『いじわるばあさん』が登場する。国民的な作家になるような人は、自分の個人的なことと国民的なことがうまく重なるようになるものだが、作者の長谷川さんにとっても、この頃は、人生のひとつの転換期だったのだろうと推察される。人生を前半と後半にわけるとするならば、人生の後半には、われわれは前半の上昇と異なり、下降することによって高みに登る。逆説を生きねばならない。下降するためには、悪の意味を知らねばならないのである。おそらく、作者の人生の軌跡と重なったためもあろう。いじわるばあさんは実にのびのびと描かれている。その筆の闊達さによって、相当な悪に対してさえマジメな人の笑いを誘いこむことを可能にしている。

いじわるばあさんは戦後の若者文化に対して、精一杯の抵抗を示す。レストランの不作法なウェイトレスは、ばあさんのこうもり傘の手練でひっくり返される。レストランの主人はばあさんを追いかけてきて、「いつもオレはあのこにゃ泣かされていた」と泣きながら感謝する。これなど、若者のみならず若者に対抗できぬ中年者もこみにして、一喝されているのである。若者文化の価値規準は、何が有用か、何が楽しいか、という点にある。

これに対してばあさんは、己の「存在」を精一杯主張する。楽しくもなく、役にも立たず、ただ、存在していることがどんなに意味あることかを、ともすればばあさんの存在を忘れがちの若者たちに対して、知らせようとする。それが「いじわる」なのである。「存在する」ことの意味を知るには宗教が大きい重みをもってくる。既存の宗教は果たしてこれに応えようとしているだろうか。ばあさんのいじわるがしばしば宗教家にむけられるのもこのためである。鶴見俊輔の名言どおり、「真面目な人には宗教性がとぼしい」のである。

『ゲゲゲの鬼太郎』

伝説や昔話に登場する英雄《ヒーロー》は、桃太郎の例をまつまでもなく、異常な誕生によることが多い。われわれの主人公ゲゲゲの鬼太郎の誕生は、とりわけ異常な物語となっている。人類の誕生以前から地球上に住んでいた幽霊族は、人類によって圧迫されて地下に住むようになる。ところがそれも絶滅に近づき、最後に残された夫婦も死亡する。墓に埋められて三日後、妻のみごもっていた子が生まれ土のなかからはい出してくる。これが主人公の鬼太郎である。それと不思議なことに、鬼太郎の父親の目玉が生命力をもち、鬼太郎につきそってくるのである。

圧迫され、忘れ去られた存在として何万年も生きてきた幽霊。墓の中から生まれ出た子ども。これらのことから誰しも連想することは怨念ということではなかろうか。ところが、鬼太郎という子どもはまったく可愛い顔をしているし、怨念のかげりをどこにも見出せない。鬼太郎の宣伝文どおり、「恐怖の悪妖怪に大挑戦する正義の怪少年鬼太郎！」というわけで、幽霊族を苦しめてきた人間たちのために活躍するのである。可愛くて強く、正しい鬼太郎を、どんな幽霊嫌いの少年でも好きになることだろう。

このパラドックスを解く鍵として、作者が凄まじい戦争体験をもったという事実が役立つであろう。極限状況に追いこまれた中で作者のもった諦観は、ゲゲゲの鬼太郎の強い支えとなっている。おそらく作者は、極限の世界の中で、生と死、あちらとこちら、敵と味方など、何かを明確に区別する隔壁が崩れおち、そこに全体としての何かが存在するという体験をしたのであろう。怨念はそのような体験の前に力を失ってしまう。しかし、それは消滅したのではない。鬼太郎ファンの大人たちは、おそらく、圧迫されたものの悲しみや虐げられたものの叫びを、その作品のなかから感じとっていることであろう。鬼太郎の像はまったく明るく楽しいものであるのに、作品のなかからは戦争の苦しみや悲しみが流れ出てくるのである。

隔壁をとっぱらった全体性の諦観はこの世のルールを無視してしまうところがある。いろいろな妖怪と戦うが、鬼太郎は必ず勝つ。鬼太郎は勝つために、トリックや超能力を使用するが、それはこの世のルールを簡単に無視して考え出されたものが多く、作者は申訳なさそうに、超能力やトリックについての説明を書き入れる。「ゲゲゲの鬼太郎」は大体に、字の部分が少ないが、このときだけ字の部分が多くなって弁解がましくなる。鬼太郎は必ず勝つという安心感は、少年たちをひきつけるであろうが、それでは話はあまりに平板になってしまう。そこで、おなじみのねずみ男が登場する。ねずみ男という影の部分をもって、光の部分のみを代表する鬼太郎の像が立体化する。それに、「父親の目」という極めて象徴的な存在を加えることによって、話は面白さを増してくるのである。ねずみ男は欲にからんで敵についてみたり、まったくへまなことをしてみたり、敵の術中におちいってしまうことも多い。人間はいくら諦観をもっても煩悩は消滅しない。煩悩のはたらきは諦観に磨きをかける。いや、ひょっとしたら、ねずみ男の方が悟っているのかも知れない……。『ゲゲゲの鬼太郎』ファンのなかには、案外、ねずみ男ファンも多いのではなかろうか。

西洋流のファンタジーは、いかにファンタジーの世界であれ、それなりのルールをもっている。どうしても打ち破れぬルールと、人間のファンタジーの飛翔力とのぶつかり合いの中で、われわれは創造的な解決の生まれるのを楽しみ、名作も生まれてくる。それに比して、『ゲゲゲの鬼太郎』の世界は、そのような強い葛藤の存在と、それに対する解決への努力というものがみられず、物語性は低い。にもかかわらず、これが少年のみでなく大人にまでひろいファンをもつのはどうしてだろうか。『ゲゲゲの鬼太郎』に登場する多くの妖怪は、鬼太郎も含めて、ファンタジーの世界の住人ではない。それは、かつ現われ、かつ消え、流転しつつも永遠に不変である。日本人の心の中の「自然」の顕現であるように思われる。妖怪の姿をとっているが、本質的に花鳥風月の世界を描いているのである。西洋人とあれほどまで戦った体験をもっても、われわれの魂はそこに帰ってゆくのだろうか。

『ねじ式』

『ねじ式』の主人公は一人の少年である。海の波の中に立ち左腕を右手でおさえた少年が「まさかこんな所にメメクラゲがいるとは思わなかった」と独白するのが話のはじまりである。空は雲ゆきも怪しく、そこに真っ黒に描かれた飛行機の姿が不気味な感じを助長している。メメクラゲに左腕をかまれ、出血多量で死ぬことを恐れた少年は医者を求めて、村を歩きまわるがなかなか見いだせない。村の人々の少年に対するトンチンカンの応答は彼をいらだたせるばかりである。

そこへ突如としてキツネの面をかぶった少年の運転する機関車が出現する。機関車の運転法もなにやら怪しいが、ともかくそれは村の中心部に突入してゆく。

ここで少年は劇的な体験をする。まず金太郎アメを売っている「ぼくが生まれる以前のおっ母さん」に会うが、金太郎アメをしゃぶり、「達者でなァ」と別れる。少年はやっと婦人科の女医を見つけ、麻酔もかけない手術を受け、左腕の傷をねじでとめてもらう。モーターボートに乗って勇ましく海上を走りながら、少年が、「このねじを締めるとぼくの左腕はしびれるようになったのです」と語るところで、この不可思議な話が終わりとなる。

『ねじ式』を見ると、筆者のように夢分析を専門にしているものには、これが作者の夢体験を基としていることがすぐに感じとられる。事実、作者もこれが夢によるものであることを明らかにしている。『ねじ式』は発表されたとき(昭和四十三年)、多くの人に衝撃を与え、芸術作品としてもてはやされた。これに対して作者は「ラーメン屋の屋根の上でみた夢なのだから、およそ芸術らしくない」と言い、当時は別に夢に関心があったわけでもなく、原稿のしめ切りが迫り、「ヤケクソになって描いてしまった」。だから「メメクラゲ」が実は「××クラゲ」の誤植だったことも一向気にしなかったと述べている。

これは創作の秘密を語るものとして、非常に興味深い。『ねじ式』を好きになってしまった人は、メメクラゲなんて名前を好きになって、××クラゲよりそちらの方がこの作品にはるかに似つかわしいと思うだろう。確かにつげ義春の描く世界は、誤植の方が原稿よりも正しいことが起こるような世界である、と言うことができる。どんな夢を描いても作品になるというわけではなく、それが夢というあくまでも個人の内奥の世界の出来事でありながら、なんらかの普遍性をもってはじめて作品になりうるのである。

『ねじ式』をひとつの夢としてみるとき、われわれ専門家としては、「イニシエーション・ドリーム」の典型的なものと思う。少年は大人になるための第一歩として、自分の存在に気づくことになるが、それは不可解な傷として、まず意識されるだろう。この「傷」を受けたとき、彼の周囲のものはすべて無縁の存在になってゆく。「悪質な冗談はやめて下さい」と少年が叫ばざるを得ないような、彼の違和感といらだちは映像の助けを借りて見事に表現される。

機関車に乗って出現するキツネのお面の少年は、神話や伝説に登場するトリックスターそのものである。トリックスターは途方もないいたずらをやらかすが、それによって思いがけない発展や創造——ときには強烈な破壊——をもたらすものである。トリックスターの導きで内界の奥深くはいりこんだ少年は、「根元的な母」に会う。ポキンと折れる金太郎アメによって、母子分離の象徴的儀式が行われるが、これは作者の庶民性とユーモアを反映していて微笑をさそわれる。

母子分離の後に、イニシエーションの中核である「麻酔をかけない手術」が行われる。魂の傷は、その傷をより深く味わうことによってのみいやされるという秘密がここに描かれる。モーターボートで海を渡る少年の姿は、イニシエーションを乗り越えた後に、未来に向かう彼の姿勢を示している。しかし、彼は自分が傷を負った存在であることを十分に自覚している。

作者はその後、自分の夢日記を公表しているが、その中で穴からヒョックリ出てきたタヌキが、人間にどなられてアルマジロになり穴にすっこんでしまうところがある。これから判断して、作者自身が相当トリックスター性をもった人と思われる。『ねじ式』そのものがマンガ界のトリックスターであり、作者の意図を超えて創造と破壊をもたらしたものということもできるだろう。もっとも、このトリックスターも、アルマジロになって穴にすっこみ、何もかも出来なくなるときがあると思われるが。

『ポーの一族』

人間の体験する時間というものを、ごく大まかに二種類に分けることができる。ひとつは、時計によって計測される一般によく知られている時間で、これは万人に共通のものである。これに対して、もうひとつの時間は、深みや厚みをもった「とき」であり、無から有が生み出されたり、今まで存在していたものが無に帰したりするような「とき」、一瞬のうちに永遠が体験されたりする「とき」である。この二種類の時間は思いがけぬところで切りむすび、からみ合っているのだが、現代人はあまりにも前者のような計測可能な時間に縛られがちで、後者の「とき」の存在を忘れているようである。

萩尾望都『ポーの一族』は、このような二種類の時の切りむすびによって生じる、美しさとかなしさを見事に描き出している。女性特有の感性と、マンガというメディアのもつ特性がうまく作用して、このような難しい主題をとらえることに成功せしめている。まったくの無縁の者と思っていた人々が「とき」の作用によって、不可解な絆の存在に気づかされたり、切っても切れぬ絆によって結ばれていると思っていた者が、突然に絆の霧散する「とき」を体験したりする。そこには常に「血」と「死」という強烈なイメージが潜在しているのが感じられる。ここで作者がポー一族という吸血鬼《バンパネラ》を主人公として登場させたのは、上述の主題をかたるのにふさわしいものと思われる。

吸血鬼といっても、それはいわゆる悪魔のような姿をしているのではない。現代に生きる吸血鬼たちは外見上は普通の人間と変わりない。というよりは、むしろ普通以上の美しさをそなえている。ただし、人間と違って、それは歳をとることが無く、いつまでたっても同じ年齢であり胸にクイを打ちこまれてこの世から消え去ることが無いかぎり、いつまでも生き続けてゆく。脈も打っていないし息を吸うことも食事をとる必要もない。鏡に姿が映らないなどの特徴があるが、これらのことは「人間のふり」をして生きる能力を身につけることによって、なんとか克服することが可能となっている。彼らは計測不能な「とき」の中に生きている。

主人公の少年エドガーと妹のメリーベルは人間の子どもだったが、吸血鬼ポー一族の村の近くに捨て子にされた奇縁によって、吸血鬼に変身させられる。吸血鬼になるためには、吸血鬼から強力な血をもらうことによって達成されるが、少年エドガーが大老ポーから血をもらって変化してゆくところの描写はすばらしい。実のところ、すべての少年は思春期にその心の内奥において激変を遂げ、「吸血鬼体験」をするものなのだ。少年エドガーは吸血鬼となった後も、美しい妹が人間のままでいるので、親を同じくする兄妹の愛と、吸血鬼と人間という「血」を異にする者の間に生じてくる愛との両方を体験しなくてはならない。しかし、それは双方ともにまだ淡いものであり——といって決して浅いものではないが——明確な葛藤としては意識されず美しくかなしい情念として体験される。メリーベルの消え去った後、エドガーはアランという少年を吸血鬼の世界へと引き入れ、物語はまたしても、二人の少年を主人公として展開してゆく。ここに「またしても」と表現したのは、後に竹宮恵子や大島弓子の作品を論じる際に、「少女の内界」に住む男性は必ず複数形で顕現してくることを指摘するのに関連している。

二人の「永遠の少年」は、一八一五年、一八八〇年、一九五九年などと計測可能な時間を超えて生き続け、おりおりに出会った人の心の深みに作用を及ぼす。人々は忘れ難い思いを日記に遺書に、絵に託して残し死んでゆくが、それに心をとめる人は少数である。しかしながら、時間に追いたてられて生きている現代人のなかで、この少年たちの実在を知った人は、この世ならぬ美しさや永遠の「とき」に触れる特権をもつことができる。もっともそこには「血」と「死」の危険に満ちていることもよく知っていなくてはならないが。

兄妹愛から少年愛へ、そして主人公の一人アランが異性愛に目覚めかけるとき、この少年たちも消え去る運命にあった。異性愛は「少年」を殺すものだからである。美しくも妖しい少年たちは消え去ってしまったが、その姿は永遠に人々の心に残り、有限の生を生きる人々に不思議な力を与えてくれる。

『ベルサイユのばら』

池田理代子『ベルサイユのばら』は、昭和四十七年から四十八年にかけて発表され、爆発的とも言うべき人気を巻き起こした。「ベルばら」の愛称で呼ばれ、これを宝塚少女歌劇が取りあげ、これまた大変な人気を得たことは、周知のとおりである。歴史の授業でフランス革命を習うとき、「先生、オスカルは?」と質問する女生徒がよく居る、などという話も有名である。オスカルは『ベルばら』に登場する主人公だが、架空の人物なのである。

物語はフランス革命の時代であり、王妃マリー・アントワネット、スウェーデンの貴公子で後にアントワネットの愛人となるフェルゼン、および、女性ながら近衛兵となりアントワネットに仕えるオスカルの三人が主人公である。いずれも類い稀な美貌の持主で、この三人をめぐって、三つ巴四つ巴の恋愛絵巻が繰りひろげられ、背景には王宮の華やかさと、革命の血なまぐささが混在して彩りをそえるのだから、少女たちの心を惹きつけるのも、もっともな話である。

少女たちと言えば、少女が成長して一人前の女性となり、異性愛に目ざめる前に、一時的に大なり小なり同性愛的な傾向を体験することは、よく知られている事実である。あるいは、男性を愛する前に、男装の麗人を憧れの対象としたりする。そのような点から言えば、この歴史物語の中に架空の人物として、女性ながらも軍服に身を固めて登場するオスカルを配したことは、まことに適切な工夫と言わねばならない。オスカルは将軍の家に生まれてきたが、男の子を欲しがっていた父親の期待によって、男同様に育てられ、立派な近衛兵となって、王妃アントワネットに仕える。はじめはアントワネットの忠実な家来として、男まさりの活躍をしていた彼女も、ももともとの優しさのために、だんだんと一般市民の困窮に同情し、むしろ、革命家の方に同調してゆく。このような心の動きと並行して、はじめは異性愛など問題にしなかったのに、王妃の愛人フェルゼンに対する秘かな思慕の情を通じて、心を開かれてゆき、彼女を陰ながら愛し続けていた部下のアンドレと結ばれる。異性愛に目ざめたとき、それは少女の死を意味する。実際、主人公のオスカルは、貴族であることも返上し、市民軍に投じて、バスティーユ攻撃に参加し、華々しい戦死を遂げる。まったく、オスカルは少女歌劇の主人公として考え出されたのかと思うほど、少女好みの人物像を提供している。

このような構成力のある物語はマンガの世界には珍しく、それが少女ファンを魅了したと思われるが、これが女性の作者によって描かれたことは興味深い。一般に、構成力というのは男性的な才能とされるのだが、わが国の男性は一般に男性性が弱いので一種の補償作用としてこのようなことが生じるのであろう。女性の方が男性よりも男性的傾向を強く打ち出すという現象は、わが国においては、その他の領域でもよく見られることである。

構成力があるといっても、オスカルと歴史上の大人物たちとをうまくかみ合わせることは、さすがに難しかったのであろう。オスカルの死後のマリー・アントワネットの話は史実の羅列に絵をそえたようになって、まるで付録のような感じさえ受ける。少女ものの常として、登場人物の内面的葛藤を種として物語の構成をつくりあげるのは不可能だが、有名な王妃の首飾り事件や、恋愛事件などをうまくふくらませて、オスカルの死をもって物語が完結するような構成にした方が、はるかにまとまりをもった作品になっていたのではないかと思われる。貴族社会から市民社会へという理念や、史的事実に作者がこだわって、話を面白くなくした感もある。

この作者のみならず、少女マンガの作者はその性格上、外的事実をそのまま描写するデッサン力が弱いのは、どうも致し方の無いことであるが、もう少し何とかならぬかと思われる。もっとも、作品の種類によっては、絵の稚拙さが内容と微妙にからみあって、よい効果をあげているのもあるが、このような歴史物語的なものは——それに随分とよく売れるのだから——物語作者と絵を描く人を別にしてもいいと思うのだが、いかがであろう。そうして、素晴らしい歴史マンガができあがり、高等学校が副読本に採用したりすると、愉快なことになるのだが……。

『風と木の詩』

竹宮恵子の『風と木の詩《うた》』は少女の内界を描いたものとして、他の文芸作品と比較しても、おそらくあまり類例を見ない傑出した作品であろう。少女の内的世界というものは、もっとも把握し難いものといってよいほどだが、これはマンガという、それにもっともふさわしい表現手段を得てこそ、はじめて可能となったであろうと思われる。

『風と木の詩』の主人公は、ジルベールとセルジュという二人の少年である。舞台は十九世紀後半のフランスのラコンブラード学院という男生徒ばかりの寄宿制の学校である。ジルベールとセルジュはまったく対照的な性格で、前者は自分の欲求のままに奔放に生き、後者は欲求を見事に制御して生きている。彼らを取り巻く生徒たちも、なかなか面白い人物が多く、それらが全体としてうまく描き出されている。

「少女の内界」を描いた作品に、男性たちが登場する——第一巻には女性は一人も描かれていない——のを不思議に思う人があろう。しかし、このような男性群像こそ少女の内界の住人の姿なのである。私が「内界」という場合、それは少女が物思いに沈んだり、すばらしい未来を空想したりするような世界を指しているのではない。そのような世界を描いた少女小説や少女マンガは数多くあるが、それは少女にとっても、すぐ手のとどく世界である。

「内界」とはそのような世界をもう一段突き破った深い世界であり、この世界の存在に気づく少女はあまりいない。というよりは、このような内界を知らないことによって、多くの少女たちは「正常な」思春期をおくることができるのである。

少女の内界を形象化するとき、時代も場所も遠く離れたところに住む、男性たち（単数ではない）の姿をとって顕現することは、ほとんど普遍的な真理といっていいほどである。このような作品で、主人公を一人の少年にすることは不可能である。それは作者が主人公を「一人にするか二人にするか」などという問題ではなく、彼らは既にそこに住んでいるのだから、そのまま描くより仕方がないことである。「そのまま描く」といっても、見たことを見たままに描くためには、才能と勇気を必要とする。

内界の住人たちは道徳以前の世界に生き、特有の自律性をもって行動している。それは外界に生じる事象に対して、たとえば、木が天に向かって伸び、風はその間を断りもなく自由に通り抜けてゆくのに対して、われわれが「よい」の「わるい」のと言っても始まらないのと同然である。『風と木の詩』の世界の住人たちの行動は、「この世」の判断によると、同性愛、近親相姦、暴力、裏切り、などであり、これを描くのに勇気がいると言ったのもこのためである。

彼らは彼ら自身の法則――それはこの世のものよりももっと過酷なときもある――によって動いているのだ。作品の冒頭に二人の少年のベッドシーンが描かれているのは、この作者の作品に対する態度を最初に鮮明に打ち出している。

巻がすすむにつれて、主人公ジルベールとセルジュの生い立ちが明らかにされる。両親からは見放され、叔父で実は父親である人物に育てられるジルベールの方は興味深いが、子爵とジプシーの娼婦の間に生まれたセルジュのお話はやや類型的である。もっとも、このようなセルジュなしではジルベールも存在しないのだから文句の言えることではない。これは登場する女性たちの像がややありきたりであることについても、同様であろう。

少女マンガといっても、一般の少女たちはあまりこのような作品を好まないだろうと思われる。しかし、最近は自分の内界の存在に気づく――気づかされる――少女が増えてきたように思うので、その人たちはこの作品にひかれることであろう。内界の存在に気づくといっても、ここまで形象化する力を持たぬときは、ただ奈落に引きこまれるような恐怖があるだけで、それは精神の病へと至る可能性さえもっている。おそらく奈落のがけぶちに立たされていて、『風と木の詩』に救われた少女も多いことであろう。

内界の少年たちは時空の制約を受けず、永遠に少年として生きている。しかし、物語は時空の制限を受けねばならない。この永遠の少年たちの物語に、作者がどのような「終わり」を見たのかに興味がある。

『銀河鉄道999』

松本零士の『銀河鉄道999《スリーナイン》』はなかなか評判の高いマンガである。全十八巻の単行本がでているが、中高校生の間に圧倒的な人気を博した。題名がそもそも魅力的だが、確かに現代のティーン・エイジャーを男女を問わず惹きつけるような内容に満ちたお話である。時代は二十一世紀の終わり、地球からアンドロメダまで宇宙を翔る銀河特急。しかも、走っている列車の機関車はなつかしいC62蒸気機関車の外型をしている。宇宙旅行の主人公は、お世辞にも美男子とはいい難いが純情で勇敢な少年・星野鉄郎と、その保護者のような絶世の美人で限りなく優しいメーテルである。このような道具立てを見るだけでも、作者が少年たちの心をつかむ練達の士であることが推測されるだろう。

物語の時代設定は、科学が極端な発達を遂げ、宇宙空間を自由に旅行することができるばかりでなく、人間は命の永続性を願って、自分の体をすべて機械に変えてしまっているほどの超科学文明の時代になっている。地球に住む主人公の鉄郎は、お金がないために珍しく生身の人間のままである。母親と二人で夜道を歩いていると、機械の体をもった機械伯爵が母親を殺してしまう。生身の人間は珍しいので、剝製にして飾るためである。鉄郎は死んでゆく母から「銀河特急999号に乗り、機械の体がタダでもらえる惑星にゆく」ように言われる。母に死なれて凍死しそうになった鉄郎は不思議な女性メーテルに救われ、彼女に伴われて銀河特急に乗り、アンドロメダを目指して旅することになる。

地球を発車した列車は、火星、土星、冥王星などを経て、太陽系を出て、次には、かげろう星、不定形惑星、装甲惑星《アーマープラネット》などという怪しげな天体を歴訪してゆく。列車は時刻表に従ってそこに停車し、鉄郎とメーテルは、地球とはまったく条件の異なるところで、機械でつくられた人間や怪物に会って、つぎつぎと冒険を重ねてゆく。主人公の命ももはや危ないと思われるようなとき、メーテルの超能力や、鉄郎の勇気や純真さが武器となって危機を克服し、二人は「タダで機械の体をくれる惑星」へ向かっての旅を続けるのである。

このような筋道を紹介すると、西遊記を連想する人もあろう。つぎつぎと奇想天外の怪物が現れ、それを退治しつつ大目的に向かって旅を続けるパターンは、なるほどよく似ているが、むしろ、基本的なパターンでみると、『母をたずねて三千里』の旅の方によく似ている。なるほど、主人公の母親は物語の冒頭で殺される。しかし、彼の長途の旅を支えているのは、亡き母の意志であり、その旅は子どもを抱きしめてくれる、何でもしてくれる、い、い、い、母なるものを求めての旅と感じられる。それに、この作品全体の基調となっている感傷性が、ますます「母もの」の感じを強くさせるのである。

実際、この本ほど感傷性と残虐性の親近性を感じさせるものは少ない。人間は自ら耐えられぬほどの過剰な感情を、外に向かって爆発させるときは残虐性を示し、内に向かって弱い自分を溺れこませるとき、感傷のとりことなるのである。六〇年代のマンガは、むしろ残虐性を正面から取りあげるようなところがあった。あるいは、それをできるだけ乾いた手法で描き上げることによって、日本人特有のウェットさを脱却しようとした。しかし、七〇年代も後半になって、その反動がきたようだ。

若者たちは感傷の世界に戻りたがっている。しかし、その心情はそれほど単純ではない。外側においては冷たく、時には残虐ですらあるのだが、内部においてはやり切れないほどの感傷に満ちているのである。残虐と感傷は同一物の二面であるといっていいほどのものであるが、これを人間の個性の中に燃焼させロマンを生み出すことは、日本人のもっとも不得意とするところであろう。残虐と感傷の共存パターンは、戦争もの、やくざもの、母ものなどの日本人好みの物語として栄えてきたが、『銀河鉄道９９９』は、まったくその延長線上に存在している。宇宙とか機械文明という飾りものが今日的な様相をそれにもたらしてはいるが、感傷からロマンに到る中間に立つような絶世の美人メーテルの存在が興味深いが、これもおそらく過剰な感傷の中に消え去ってゆくことが予感される。このマンガは、いかに科学が発達しても、日本人の心性が簡単には変わらぬことを教えてくれる。

『マカロニほうれん荘』

『マカロニほうれん荘』、なにやら変テコな書名だが、登場する主人公も大いに変テコリンである。登場人物のひとりルミちゃんの口まねをすると、「変テコリンのコロコロリンですねん」ということになる。

沖田そうじ君、十五歳。高校に入学すると、スカートめくりをやっているような品の悪いOBらしい二人に会う。ところが、なんとこれが同級生で、一人はひざかた歳三、二十五歳、落第十回生であり、もう一人は、きんどー日陽という変わった名の落第二十四回生である。「お近づきのしるしに、あたしたちのかくし芸を」というわけで、ひざかた君は「きえーっ」とか「ちょーっ」とか叫んで空をとび、超人ぶりを発揮するし、きんどーちゃんは、ホモ的で女性のような裸体をさらして裸踊りをするありさまに、クラスは肝をつぶしてしまう。

さて、沖田そうじ君が下校して、下宿の「菠薐荘《ほうれん》」にゆくと、なんと例の二人が同宿者であることがわかる。ここから、この三人を中心にしててんやわんや、奇想天外の生活が展開することになる。

奇想天外と言っても、自転車で空をとぶなどは序の口で、ふろで洗いすぎて骨だけになってしまったり、自衛隊から(黙って)借りてきた戦車で登校したり、というようなことがつぎつぎと起こる。しかも、話のテンポが速く、話の流れはどこにとんでゆくかわからない。どこからでも大砲の弾丸がとんでくるような感じである。トボケもフザケも今までのものを一段と超えていて、思わず吹き出すときがある。

沖田そうじと「ほうれん荘」の美人の管理人かおりさんは、きんどーちゃんとトシ君(歳三)というバケモノの世界を浮き出させるために、むしろ常識的な世界を代表するものとして配されている。担任教師の後藤熊男という、どこかで名前を聞いたことのあるような中年男は、徹底的に痛めつけられる。まったく、よくぞ生きながらえることができると思うほどだが、結構タフに役割を果たしている。

最近ではマンガの表現も残酷さや性描写にずいぶんとすさまじいのがあって、マンガ通でないとついてゆけないとも言われる。筆者のようにあまりマンガを見なれないものは、確かに一見してとまどいを感じるが、そのマンガの持つ独特の世界に入りこんでゆくと、相当な表現も気にならなくなるものである。

ところで、この『マカロニほうれん荘』は、その発想の奇抜さで若者の間に人気を博したと思うが、われわれ老人でも案外その世界に、すーっと入ってゆきやすいものである。

いったいこれはどうしてだろうかと考えてみて、筆者はこれが漫才の手法によっていること——作者はおそらく意識していないと思うが——に気がついた。そう思うと、二人の主人公は往年の漫才の名手エンタツ、アチャコになにやら似ているようである。漫才はストーリーの構成ではなく、連想の流れの面白さで勝負する。『マカロニほうれん荘』は、連想の世界を大胆に映像化している。

戦車に乗ってきた二人の落第生が、誤って大砲のボタンを押すと、それは急に戦争のシーンに変わり、負けそうになっても「陸軍だけは最後まで戦いますぞ」ということにもなり、「犯人に警告する、すみやかに返しなさい、君たちのおかーさんは泣いているぞ」ということになると、戦車に乗っていたはずの二人は、知らぬ間に息子に呼びかける母親役の方になっている、という変わり身の早さである。

考えてみると、これは漫才師の役割である。彼らはつぎつぎと異なる人物を演じてみせつつ、連想の奇抜さで聴衆に笑いをもたらす。彼らは自分が戦車になったり、将校になったり兵隊になったり、敵になったり味方になったり、と忙しい。しかし、これを生きた人間が演じるのでなく、マンガの世界でするると、もっと奇抜で思い切ったことが可能である。現在の青年たちは、このようなテンポの速い転換を喜ぶので、本モノの漫才の方にはむしろ関心が向かなくなってしまったのであろう。

『マカロニほうれん荘』は、マンガの技法としては新しいものであるが、漫才という伝統的なものによっているだけに、心情的には古い味を持っている。「二〇三高地」などという昔なつかしい言葉がでてくるのも、このためであろう。現在の状況は、漫才マンガが漫才を駆逐した感じだが、マンガの方は生きた人間が演じている味というものを捨象してしまったわけで、これは今後どのような効果を青年たちにもたらすだろうか、と思われる。

『綿の国星』

大島弓子作『綿の国星』の主人公は猫である。猫といっても、その姿は人間の少女そっくりであり、頭からちょっとでている耳が猫であることを示しているだけである。ところでこのチビ猫は、人間の世界と猫の世界という、二つの世界、あるいはその中間帯に住んでいるとも考えられる。チビ猫は人間の言葉を解し、人間らしい行動をする。しかし、その半面、ときにはゴミを入れたポリバケツの中のものをあさるような、人間の少女なら決してしない行動もする。それに、猫の集会――といっても、ここに集まる猫たちは相当人間的だが――に参加したりもする。

思春期に近づいた少女は、ふとある日、自分が他の人たちとは異種な存在であると感じるときがある。彼女の世界は大人たちの常識の世界から隔絶される。今まで最も近いと感じていた母親でさえ、よその世界の存在のように感じられる。こんなとき、少女が自分は急に猫になり、お母さんは猫アレルギーになったように思ったとしても不思議ではない。

『綿の国星』は、飼い主に置き去りにされたチビ猫が飢え死にしそうなところで、須和野時夫という青年に拾われるが、時夫のお母さんは猫アレルギーで困ってしまう、という設定で話が始まる。これは思春期に達した少女の、世界とのかかわりが急激に変化する状況を見事に反映している。

チビ猫は人間になりたいと苦心しているうちに、ラフィエルという、どこか神秘的な感じをもつ雄猫に会い心をひかれる。ラフィエルの「猫は人間にならない、猫は猫から生まれて猫でおわる」という言葉はチビ猫に衝撃を与える。

このようなショックも原因となったのか、チビ猫はラフィエルを追って家出をし、須和野家の家族はチビ猫を探し求める。お母さんがとうとうチビ猫を見つけ、お互いに抱き合うとき、お母さんの猫アレルギーは解消する。この家出はチビ猫にとってのイニシエーション(通過儀礼)であったろうが、お母さんにとってもそうであっただろう。母親は息子の連れてくる「猫」に必ずアレルギーを感じるが、それを克服しなくてはならないのだ。

チビ猫は少女らしい発想で、自分の第一の恋人は時夫であり、第二はラフィエルであるという。それに第三には時夫のお父さん、お母さんをはじめ多くの人間と猫の男女を並べたて、ほほ笑みをさそうが、ここにも、前に竹宮恵子の『風と木の詩』を取り上げたときにのべた少女の内界の住人としての男性群像、それに時夫とラフィエルという「二人」の男性の対照性が特徴的に示されている。

大島弓子も少女の「内界」を描き出す稀有な才能をもっている。しかし、竹宮恵子が「内界」を客観的な目でながめ構成してゆく——これも一種のリアリズムと思うが——作家であるのに対して、大島はチビ猫という変幻自在の主人公が示すように、外界と内界を行ったり来たり、漂ったりする主観的な体験を描きだしている。人間の心と体の結びつきは微妙極まりないものであるが、男性よりも女性の方が、心と体の相関は微妙で、緊密でもある。多くの少女にとって、体感としてのみ感じられるような世界を、作者は映像化する才能をもっている。

おそらくこのような世界は、われわれ男性には知ることが不可能なものであろう。これは推察であるが、竹宮恵子には男性ファンも多いことだろうが、大島弓子の方はそれほどでもないのではないだろうか。もっとも、理解を超えたものを好きになるマニアはどこにでもいるものだが。

マニアと言えば、この物語には「猫マニア」という面白い人物が登場する。不思議な猫ラフィエルを捕えようと必死になるのだが、なかなか成功しない。これを見ているうちに、私はマンガマニアとか評論家とかいう人たちが、いくら大島弓子の創作の秘密をとらえようと努力しても、なかなかうまくゆかないことを暗示しているように思っておかしくなった。その秘密を言語化して語ることは、おそらく作者自身にとっても不可能であろう。

誤解のないようにつけ加えておくが、「少女の内界を描く」ことは、その内容が幼稚であることを意味するものではない。これは、少年の内界を描いた傑作『デミアン』が、ヘルマン・ヘッセが四十歳をこしたときにはじめて書かれた事実に照らし合わすと明らかである。体感にまで結びつく少女の内界は、マンガという手段によって見事に描き出すことができたのである。

児童文学の中の「もう一人の私」

はじめに

子どもはその成長の途上において、何度も「私とは何か」という問に遭遇する。それは大人が想像しているよりは、はるかに深刻に、はるかにしばしば生じているように思われる。この問は、私は「どこから来て、どこへ行くのか」という根元的な問につながっている。子どもは、相当に幼い時から死のことも考えているようである。森崎和江は自分の二人の子どもが三、四歳の頃に死について問うたことを報告している。(1) あるいは、子どもが赤ちゃんがどうして生まれてくるかに関心をもつとき、それは「私はどこから来たか」という問に関連して生じている面もあると思われる。

人間が「私」ということを、しっかりと定位しようとするとき、それはこの世の存在を超えた何かと関連づけられることを必要とする。この世のものとの関連においても、それは定位され、そのことは非常に大切なことではあるが、何といってもそれは「はかない」ものである。子どもたちは、自分は自分の父、母によって守られていることを知り安心はするものの、その父も母も死に、自分自身も死ぬことを知り、「それから……」と考えこむのである。もっとも、子どもたちはこのような問がいかに大人を不安にさせ、時には不機嫌にさせるかを知っているので、めったに大人に対して直接に問いかけることはしないようである。

人間にとって、最後のより処となるのは自分自身であると言えるのだが、その自分自身についていったいわれわれはどれほど知っているだろうか。最後のより処とされる自分自身でさえ、「われにもあらず」変なことをすることもあるし、いくら考えてみても自分の力はそれほど頼むに足らぬと思われるときもある。あるいは、自分のなかに二人の人間が住んで戦っているのではないかと思われるときさえあるだろう。子どもたちはこれらのことを、相当早くから体験を通じて知っている。しかも、大人のように常識や、自分の体面を保つことにそれほども縛られていないので、現象を澄んだ目で見やすいところがある。

「私とは何か」「私はどのようにして定位されるのか」などという根元的な問に対して、従って、「子どもの目」でものごとを見た方が有意義な答を引き出しやすい利点をもっている。このような考えから、人間における超越の問題を考える上において、児童文学の作品を素材として用いることにしたのである。「私」と「私を超えるもの」との関係の問題は、児童文学のなかでの「もう一人の私」の主題として展開されている。もっとも、このことは成人の文学にも認められるし、その点については既に論じたことがあるが、以上に述べたことから、やはり「子どもの目」を通してこの問題を見ることが、極めて適切であると思うので、ここに児童文学における「もう一人の私」を取りあげることにした。

一　『ぼくと〈ジョージ〉』

アメリカの児童文学者カニグズバーグは、数々の名作を発表してきているが、ここに取りあげる『ぼくと〈ジョージ〉』(2)は、まさに「もう一人の私」そのものを主題としており、それが現代文明のなかでどのような意味をもつのかを、見事に描写している。この作品に沿って、少し詳しく考察してみたい。

1　自分のなかの他人

この物語の主人公、ベンジャミン・ディキンソン・カーは、よく出来る六年生の男の子だが、彼の弟以外は誰も知らぬ秘密を持っていた。それは、彼の体のなかに「ジョージ」という「世界一といっていいくらいおかしな、ちっぽけなやつで、おまけに悪いことばを使うやつ」が住んでいたのである。ベン（ベンジャミン）はそのことを母に告げたことがあるが、母親はベンの「空想上の遊び相手」くらいに思って、大して気にとめなかった。母親というものは、子どものこまごまとしたことにはよく気がつくが、子どもにとって極めて大切なことには無頓着なことが多いものである。ジョージはベンに対して、「言葉なし」で話しかけたり、実際にベンの口を借りて言葉を出して話しかけたりする。言葉つきは悪いが「悪いやつ」ではなく、むしろ、ベンのことをいろいろと助けてくれると言った方がいいだろう。ベンはもの静かなはにかみやであったが、ジョージは騒々しい方で、面白いジョークを言ったりしてベンを喜ばせたりした。従って、「ベンとジョージはずっと仲良く、共生生物的にくらしてきた」のである。

ベンの母親は離婚している。ベンの家は父親が不在で、母親とベンの弟のハワードとの三人暮らしである。母親は仕事に忙しく、家事は手抜きがちである。それにこの母親は「ナイロンの靴下を置き忘れてベンにさがさせる。ねんがらねんじゅう」というような有様であり、ベンは男の子でありながら、何となくこの家の「主婦」の役割をさせられることが多い。作者のカニグズバーグは何ら感傷的になることもなく、むしろ淡々と記述しているが、アメリカの文化のなかで育ってゆく子どもたちの背負っている重荷を実に的確にとらえて述べている。ベンは別に経済的に困っているわけでもない。特に母親の愛情が少ないとか、その他のいろいろな問題や障害を背負っているわけでもない。しかし、生きてゆくことはなかなか困難であり、彼が生きてゆくためにはジョージという目に見えぬ助けを必要としたことがよくわかるのである。

アメリカ文化のもつ合理性、善意、幸福を求めての努力などが、どれほど子どもたちを圧迫しているか。この本の訳者も述べているように、「飽食し、満足している」と思われているアメリカの中流階級の子どもたちが、「どんな苦しいたたかいを強いられているかについて」カニグズバーグはさりげなく、そして愛情をこめて描いている。ベンの弟のハワードは、「問題児」であり、幼稚園を退園させられたりしたが、ハワードはこのようにして表立って戦っているのであり、表面では「よい子」であるベンは、どうしてもジョージという助けを必要としたのである。

このような点について、ベンたちの母親のカー夫人は後で気がつくようになるのだが、そのところを作者は次のように述べている。

息子のベンは自分が思っていたほどまとまりの良い、きちんとした小包ではないことがわかった。彼は二つの小包で、片方は彼がこしらえたものなのだ。ハワードは、町のだれからも、どの先生も、どのベビーシッターも、どうしようもないお荷物というけれど、出来の悪い開口部、つまり彼の大口を通して、自分のからだの中から何でも彼でもぶちまけることができるのだ。ところがベンジャミンはそうはいかなかった。ベンジャミンは全部心にしまいこみ、ジョージをつくったのだ。ベンが不安なとき、怒ったとき、恨めしいとき、ジョージがベンの代わりに感情を口に出したのだ。

アメリカの中流社会において、言わば理想的と思われる少年ベンは、大きい犠牲の上にたって出来たものであり、それを贖うためには、ジョージという不思議な存在が必要だったのである。少年ベンはジョージと一組で、ひとつの全体性を構成しているのである。「二人」の協調がうまくいっている間は、それもよかった。しかし、ベンが小学六年生になった頃——つまり、ベンが思春期の入口に立った頃——から、二人の間がおかしくなりはじめたのである。

思春期になると誰しも何らかの人格の変化を体験する。今までの自分とは異なる側面の存在が顕在化してくるからである。ベンは内界の住人ジョージと対話を続ける内向的な性格であったが、外の世界に対しても興味を持ち出した。その顕われとして、ベンは有機化学に興味をもち、上級生で優等生であるウィリアムに接近しはじめた。このことは、ジョージを不機嫌にさせた。

ジョージは、人はただものを知るだけではなく、ものを知るまでの過程を楽しまなければいけないと信じていた。ところが科学の勉強で、がむしゃらに目標ばかり見て走っているベンの内側に乗っているジョージは、道の途中に咲く花の匂いをかぐことさえ許してもらえなかったのだ。

それにジョージはウィリアムも嫌いであった。

本当に他人と違っているのではなくて、違っていると見せかけようとつとめている人間を、ジョージは嫌っていた。本当に頭が良いのではなく、頭が良いように見せかけようとしているやつを。ジョージは好奇心があり、ものごとの内面を見ることのできる人間が好きだった。ウィリアムはそんな力はふみつけにして(かりにあったとして、だけど)、そのかわりに見栄を張ることだの、成績をあげることだのに汲々としていた。

こんなのを見ると、アメリカに限らず、現代における優等生というものの実体をうまく描き出していると感心させられる。ベンはウィリアムを尊敬し、ジョージの忠告にもかかわらず接近を続け、ついにベンとジョージは大げんかをしてしまった。その上、化学実験室の盗難事件――実はウィリアムがやっていたのだが――の容疑がベンにかかってくることになり、ベンは気分が沈んだ。人間は新しい変化を体験するためには、相当な苦しみを味わわねばならないのである。

2　大人と子ども

ベンとハワードはクリスマス休暇に、母親と離婚し他の女性と結婚している父親を訪ねていった。このようなことは、現在のアメリカではよく行なわれている。夫婦が離婚したとしても親子の絆は切れないものであり、子どもたちも別居している片方の親に会いたいだろうし、親の方も子に会いたいだろう。あるいは、そのような親子の接触は子どもの成長のために必要なことだろう。このような配慮から親子の「面会権」という権利が法律的に保証されているところもある。日本の家族問題の評論家が、日本でも女性が結婚生活で忍従するのみではなく、不満な夫に対して離婚を申し立てるようになったのは嬉しいことだが、それにしても、アメリカのように親子の面会権を設定したりして、離婚に伴う問題を少なくするように社会的に配慮することが必要である、とアメリカの制度を大変に羨ましがって論じているのを読んだことがある。確かに、このような配慮にアメリカ人らしい善意を読みとることができるが、それは日本の評論家が感激するほど、実際的にいつも素晴らしいものとは限らないところに、親子関係、あるいは、人間関係の難しさがあるようである。そのあたりのことを、児童文学者は見落すことなく記述している。つまり、われわれの話に沿って言えば、ベンとハワードの父親訪問は、それほど楽しいものではないのである。

ベンは父親の家の訪問を期待と嫌悪の混ざった気持で待った。……父親に会う時は、できるだけ背伸びをしたいという気持があった。……もし自分がほんものの恐るべき英才だったら、父親は家を出たりしなかったのではないか、という疑問がいつも胸を嚙んでいた。

ベンは父親に会うときは、父親が離婚によって、どれほど素晴らしいもの(つまり、ベンという子)を失ったかを見せつけてやりたかった。それで、彼は父親の家に滞在中は、精一杯「よい子」ぶりを発揮しようと努力するのであった。このような親と子との「面会」が子どもたちにとって、まったくナンセンスであることを、大人たちは気づかないのだ。それは、大人たちがこれらすべてのことを、子どもの幸福のためという「善意」によってなそうとしているからである。「善意」に取りつかれた人は、他人の気持を推しはかろうとすることがない。

父親の家に滞在している夜、ジョージとベンは長い「会話」をした、というよりは、大声で口論をした。ジョージはベンが接近したがっているウィリアムが化学実験室でやっていることが何か怪しいとまくしたてた。ベンはウィリアムと事を起こしたくないので、返事をあいまいにして、ごまかそうとした。ジョージは怒って叫んだ。

　ぼくのからだベンジャミン君、ぼくはおまえさんを人間にしたい。ぼくが誇りをもって中に住んでいられるような人間に。

これは痛烈な叫びである。しかし考えてみると、現代人の多くに対して、その内部に存在する魂はジョージがベンに対して叫んだと同様の叫び声をあげて警告しているのではなかろうか。しかも、ほとんどの人はそれを聴く耳をもたないのである。ベンはジョージの声を聞くことはできた。しかし彼は「眠い」ことを理由に、ジョージのせっかくの忠告をないがしろにしてしまう。

ところで、このことは思いがけない事件に発展した。ベンの父親の妻であるマリリンがジョージとベンの「会話」を聞いていて、ベンがてっきり「精神分裂症」に違いないと思いこんでしまったのである。マリリンは大学時代に「心理学」を準専攻課目として取ったことがあり、その知識がこの診断に役立ったことをベンに告げる。考えてみると生半可な「知識」ほど恐ろしいものはない。それは他人にラベル——それもしばしば誤ったラベル——を貼りつけるのに役立つのみである。このマリリンの態度を、児童文学のなかの名作である『思い出のマーニー』[3]のなかにでてくる、ペグ夫人の態度と比較すると、生半可な「知識」をもたない強さ、ということがよく了解されるだろう。『思い出のマーニー』の主人公であるアンナという少女も、病理的な「診断名」をつけようとすればつけることのできるような行為をする。しかし、彼女をあずかっているペグさんは、田舎の人の好いおばさんで、変な判断を下すことなく、ただただアンナを受け容れ、愛するのである。といって、筆者はペグ夫人を「無知な人」と言う気はない。彼女はマリリンが大学で生半可に得たのとは異なる「知」を持っているのだ。彼女は自分自身の長い人生経験から得た「知」によって、不幸な少女に最も適切な方法で接してゆくのである。超越に到る道に役立つ知と、その道を妨げる知とがある、と言えようか。大人のもっている知識は後者の方が多いようだ。

マリリンは知識があるだけではなく、「親切」でもあったので、ベンをすぐ母親のもとに戻し、精神科医の治療を受けられるように取り計らってしまう。まさに子どもの魂が大人たちの配慮によってもてあそばされている、という感じであるが、精神科医に会ったこと自体は、それほど悪いことではなかった。精神科医のヘロルド先生はベンが分裂症だなどというマリリンの偽診断を否定してくれたし、「そのうち、この二重人格をなくすことができる」という見通しを母親に語ってくれたからである。もっとも、厳密に「二重人格」というときは、二つの人格の間に意識の連続性が存在しないときを指すので、本当の専門家なら、ベンを二重人格とは診断しないであろう。この点は訳者も指摘しているが、さりとて、ベンとジョージのような現象を「成長の危機(節)にある人間なら、誰でも起こる現象で、決して異常な状態ではない」と言うのも言いすぎであろう。(4)

ともかく、こんな病理学の議論はあまり重要ではない。われわれとしては、作者の述べたがっている内的真実に目を向けるべきであろう。ところで、ここで話はまったく思いがけない展開をする。つまり、ベンは尊敬するウィリアムがそのガールフレンドのチェリルと、化学の自主研究の実験に名をかりて、ＬＳＤを製造していたことを探知するのである。ウィリアムは禁制のＬＳＤを密造し、それを大学生にそっと売りつけるつもりだったのである。それにしても、お金持のウィリアムが、そんなことまでして金もうけをする必要はないのに、どうしてそんなことをするのか、とベンが不思議がったとき、ジョージがそれに的確に答えてくれた。

ＬＳＤを売るってより、ＬＳＤを使って自分たちを売りこみたいのさ――大学生の連中に。かれらには自分だけの特徴ってものが何ひとつないんだ、ベン。だから自分らの仲間連中と違って見えることに懸命なんだ。

これは現代に生きる若者の苦悩を見事に把えている言葉である。お金があって時間があって、好きなことは何でも出来るようでありながら、「自分だけの特徴」というものを確立し難い時代。ウィリアムのように頭のいい子は、せめて学校でいい成績をあげることによって、自分と他人との差をつけようとする。しかし、それだって「自分だけの特徴」とは言い難い。そうなると、余程思い切ったことをしなくてはならない。そうなると、法律を破って、ＬＳＤを作るなどということになるのだ。しかし、それにしたって、ジョージが言うように、「結局べつな仲間の一人になっちゃう」ことに気がつかない。仲間はかわっても、自分はもとの自分なのに」ということになるだけのことなのである。

3　個性の確立

こんなのを見ると、個性の確立ということの難しさを痛感させられる。現代の子どもたちは、特に先進国の国々にあっては、限りない自由を許されているようでありながら、没個性的なコンフォーミティーのなかに閉じこめられやすいのである。ここで、それに反抗して法律を破ってみても、ジョージが鋭く指摘しているように、「結局べつな仲間の一人になっちゃう」だけのことである。しかし、ウィリアムが同じ法律を破るにしても、特にＬＳＤを選んだことは偶然とは思われない。と言うのは、ＬＳＤこそ「超越」の世界に触れる、手っとり早い方法を提供するものだからである。ただ、ＬＳＤは薬物の力によってそれをするので、危険度があまりに高く、法律によって禁じられているのである。(5) それは高山の頂上にヘリコプターで降りるようなものである。そのときは高山病に襲われて、せっかく高山の頂上に立っても何の意味もない。やはり高山は下から一歩一歩登って来ないと駄目なのである。

それでは個性の確立のためにどうすればいいのか。その解答のひとつがまさにこの『ぼくと〈ジョージ〉』である。「ぼく」ベンジャミンは、内界に住むジョージとの関係の確立によってこそ、その個性を発揮できるのだ。外的世界との関係が、どれほどコンフォーミティーによって整一化されるとしても、この世界を超えた超越性とどうかかわるかは、まったく個々の人間にまかされている。このジョージは、はっきりと次のようにベンに言っている。

いつもぼくのいうことを注意して聞くこと——ぼくを無視しないことさ、ベン。いま、とくにいま、きみの学科や、クラスの友だちが、ぼくの声を永久に消そうとしている時に、ぼくを覚えていてくれ。いまは危険だぞ、ベン。いつもぼくのいうことを聞いてくれ、ベン。いま、きみがぼくを黙らせてしまわなければ、ぼくはきみの中でゆたかになっていく。きみはいつでも、ぼくという頼もしい味方をもつわけだ。

確かにジョージの言うとおりだ。ここでベンがジョージを完全に無視してしまったら、彼は「治った」ことになり「正常」な大人へと近づいてゆく。しかし、それはまったく没個性的な大人になるだけのことなのである。

確かに、ここはジョージの言うとおり「危機」である。しかし、それは二重の意味でそうなのだ。というのは、ベンとジョージが今までどおりの在り方を続けるなら、彼らはこの社会のなかでうまく生きてゆけぬことだろう。大人たちの貼りつける「異常」のラベルは、個人の行動を極端に制限するのだ。

ベンとジョージ、それにハワードまで加わって、ウィリアムの悪事をあばき、苦心を重ねて幸福な結果へと到るところは、省略しておこう。ともかく、ベンはジョージとの接触を失うことなく、しかも、思いどおりに事を運ぶことができた。そして、ジョージはどうなっただろう。「ベンは事件の後一年半で、精神医から解放された。そのころには、ベン自身の声が低くなってしまったので、もうジョージの声と区別ができなくなった。しかし、彼は一生自分の内部を大切にするだろう。」つまり、ジョージとベンとの対話は完全に内化され、外部のものには解らなくなったのだ。外部から見るかぎり、ベンは普通の少年と変りなくなったが、「一生自分の内部を大切にする」点において、極めて個性的な生き方を身につけたということができる。

カニグズバーグの『ぼくと〈ジョージ〉』を、相当詳細に検討してきたが、これによって、「もう一人の私」という存在が、いかに超越の世界と結びつき、個性の確立と関連しているかが明らかにされたと思う。今までの論によって、本稿の述べたい主題はすべて取り扱ったと言ってもいいほどであるが、これらの点を、他の児童文学の作品との関連において、個別的に述べてゆくことにする。ただ、それぞれの作品の内容については『ぼくと〈ジョージ〉』ほど詳細に触れずに論をすすめることになろう。

二　相補性

少年ベンの心の中に住むジョージは、ベンが「よい子」になろうとして、あまりにも一面的になるのを、裏から補ってくれているような傾向を示していた。児童文学のみならず、文学に取りあげられる「もう一人の私」が、第一の人格に対して相補性をもつことは、容易に認められるところである。このような相補性が特に強調されていると思われる作品について、次に論じてみよう。

1　双子の主人公

ジョージは、一人の少年の内的な世界の住人であった。このことは子どもたちに語るのに少し難しい内容でもあるので、「もう一人の私」の問題を端的に解りやすく提示する方法として、双子を主人公として取りあげることがある。あるいは、それの変形として、いわゆる「瓜二つ」の似た者二人を主人公とすることが考えられるであろう。

双子の主人公を扱った児童文学の名作と言うと、誰しもケストナーの『ふたりのロッテ』(6)をあげることであろう。これは双子という珍しい内容を取りあげただけではなく、児童文学の世界では、それまでタブー視されていた「離婚」ということを最初に取りあげた作品として、記念碑的なものである。

この話の主人公、ルイーゼとロッテは双子の姉妹である。両親が離婚するとき二人は幼かったが、ロッテは母親と、ルイーゼは父親と、暮らすことになる。二人は互いに自分の姉妹がこの世に居ることなど知らされてなかったが、夏の休暇をあるキャンプですごすときに偶然にいっしょになり、お互いの境遇を知ることになる。

二人の少女は両親をもう一度和解させるために知恵を絞り、愉快な展開を経て、話はハッピーエンドになる。話の筋は省略するが、ここで注目すべきことは、双子のルイーゼとロッテの性格がまったく対称的に描かれていることである。ロッテは大人しくて口数も少なく、少女ではあるが料理が上手で、外で働いている母を助けて

「主婦」のような役割をしている。これに対して、ルイーゼはやんちゃで、よく喋り、女の子だけれど腕力もふるうほどの気の強さがある。この「ふたりのロッテ」の性格がまったく相補的であることは、誰の目にも明らかであろう。

この話の面白いところは、この二人の少女が作戦を練り、休暇から帰るとき、ルイーゼとロッテがそれぞれ入れ代って、父母のところに行くという発想にある。ルイーゼはロッテになりすますため、料理に手をやくことになったり、ロッテはロッテでお父さん相手に陽気にふるまうことに努めたり、二人はなかなかの苦労をする。これらの努力が実って、彼女たちの父母はめでたく再婚するのだが、ルイーゼとロッテの苦労は、結婚という両性の結合の背後に、いかに多くの努力が必要とされるかを、ケストナーが象徴的に語っているようにさえ感じられる。

夫婦がめでたく結合を完成してゆくためには、「もう一人の私」とも言うべき半面との結合の努力が必要なのである。双子の子どもたちは、そのために「冒険、涙、不安、うそ、絶望、病気。ありとあらゆる目にあいました」とケストナーは語っている。「もう一人の私」とのつき合いは、やはり一筋縄ではできぬことを、この話はよく示している。

双子の姉妹を扱った他の作品として、ボーゲルの『ふたりのひみつ』(7)があげられる。主人公は七、八歳くらいの双子の姉妹、エリカとインゲである。この際も、彼女たちの性格は対照的に描かれ、エリカが何かにつけ積極的であるのに対して、インゲの方は受動的である。インゲも少しはエリカに反抗しようとしたりもするが、結局はエリカが主導権を握り、インゲはそれに従ってしまうのである。物語については述べないが、彼女たちの性格の相補性は明らかである。

双子ではなく「瓜二つ」の少年の物語としては、マーク・トウェインの『王子と乞食』があまりにも有名であろう。この主人公たちは性格的な対照性よりは、身分の対照性の方が強調されている。この場合はルイーゼとロッテのような意図的な身代りではなく、偶然の力によって、これらの少年の立場が変り、そのために苦労することになる。きっかけは異なっているが、アイデアとして似通っている点は、表面的、社会的に承認されている自分とは、まったく反対の存在になることを体験してこそ、人間性の統合ということが可能になる、という点にある。

ただ、このように見えやすい相補性が内容となるときは、超越性の問題を感じさせることが少なく、統合と言っても了解しやすいものであると言わねばならない。『ふたりのひみつ』の場合は、最後にエリカの死ということが生じ、その点においては、にわかに超越の問題を感じさせる。この点については後に論じるであろう。双子の話であるが、児童文学ではなく、また既に他に詳しく論じたので、ここには取りあげないが、グリムの童話の「二人兄弟」(8)は、われわれのテーマと関連の深い話であることだけを指摘しておきたい。これは双子の兄弟であるが、単純な相補性よりも、むしろ、兄の超越性の方に重点がおかれているようである。

2　まっぷたつの子爵

イタロ・カルヴィーノ『まっぷたつの子爵』(9)は、「もう一人の私」を考える上で、極めて大切な作品である。これを児童文学に分類しない人もいるかも知れないが、もともと筆者は児童文学とは、児童にも大人にも読める文学と考えているので、別に、この作品を児童文学とすることに問題はないと思っている。

この物語の主人公は、テッラルバのメダルド子爵である。彼は戦争に行き、弾丸に当って、まっぷたつに引き裂かれてしまったが、奇跡的にその両方の半分が生きながらえ、その上、片方はまったくの善玉、他の一方はまったくの悪玉になって存在することになったのである。これはまったく寓話的な構成であるが、イタロ・カルヴィーノはこのような話を単なる寓話としてではなく、文学的な作品に仕立てあげる力量をそなえている。

物語の筋については省略し、この話に示された特徴的な点について、述べることにする。まず、善と悪ということも、広義に考えてみると一種の相補性をなすとも言えるが、こうまで「まっぷたつ」に分裂してしまうと、相補的などというよりも、破壊的になってくるということである。前節にあげた、ルイーゼとロッテ、あるいは、エリカとインゲたちは、その個々人はそれなりの統合性をもっていて、それ自身が一つの人格として存在するものであった。相補性ということは、お互いの間にそれにも拘わらず存在し、それによって高次の統合への志向が生じてくるのである。しかし、この物語のような、徹底した分裂は、個々の半分が既に統合性を欠いているので、そこに存在する危険性は極めて高い。そして、カルヴィーノが主張したいことは、そのような徹底した分裂がわれわれの心に生じているのに、われわれは見かけの統合にだまされていて、それを自覚していないのではないかという点にあると感じられる。そして、カルヴィーノは、われわれの心の中に存在する分裂の痛みをはっきりと自覚することからこそ、治癒の道が拓けると主張したいのである。まっぷたつにされたメダルドの善半は、悪半に対して同情心をもつ、その点について、パメーラという女性が、「あなたもちょっと片端だけれど、あなたは善い心の持ち主だわ」と言ったのに対して、彼は次のように答える。

ああ、パメーラ。そこがまっぷたつにされているものの良い点なのだよ。この世のすべての人が、そしてすべての生き物が、それぞれに不完全であることのつらさに気づいてさえくれれば。かつて、完全な姿をしていたときには、わたしもそれがわからなかった。そしていたるところにばら撒かれた傷や苦しみに気づかずに、わたしは平気で歩きまわっていた。完全な姿のものには、なかなか信じがたいのだ。パメーラ、わたしだけではないのだよ、引き裂かれた存在は。あなたも、そしてすべてのものが、そうなのだ。いまにしてようやく、わたしは、かつて完全な姿のときには知らなかった連帯の感覚をもっている。それはこの世のすべての片端な存在と、すべての欠如した存在とに対する連帯感だ。

ここでメダルドの善半は、すべてのものが実のところまっぷたつに引き裂かれている、と主張しているのだ。ただ、それらは見かけの完全さにまやかされてその内的真実に気づかずにいるだけである。その点、まっぷたつにされたメダルドは、すべての人の痛みを明確に自覚でき、従って、すべての欠如した存在に対する連帯感をもつことができるのである。

善と悪とまっぷたつにされたとき、善はもはや善であり得ないというパラドックスが存在する。内容については省略するが、この物語のなかで、「ふたつの半分のうち、悪いほうより善いほうがはるかに始末が悪い」ことが巧みに語られている。悪と切り離された「まったくの善」というものは、しばしば独りよがりになる。この例を、われわれは現代において、アメリカやソ連などが——それに日本も——「善」の名によってどれほどの悪を他国に対して行なったかという点にすぐに認めることができる。

善と悪とにわかれたそれぞれの半分は、先程にも少し述べたパメーラという女性を愛することになる。そして、善半は善意からパメーラが悪半と結婚することを願い、悪半は悪意によって下心を隠しつつ、パメーラが善半のプロポーズを受けいれるようにと忠告する。ややこしい話であるが、結局、善半と悪半と決闘になり、両者がそれぞれ真向唐竹割りに、各々まっぷたつにされた線にそって切りつけ、そのために、両者の血管という血管は断ち切られ両者を分けていた傷口はひらかれた。そしていまや、あお向けに横たわって、かつてひとつのものであった、たがいの血がとび散り、草原のうえで混りあった。その結果、両者はうまく結合され、もとの一人にもどるのである。

かくして、主人公メダルド子爵は、

善くも悪くもない、悪意と善意の入り混った、すなわちまっぷたつにされる以前の身体と見かけは同じだが、いまは完全なひとりの人間にもどった。しかも彼にはひとつになる以前の半分ずつの経験があったから、いまでは充分に思慮ぶかくなっていた。

同じ「ひとつ」の体でも、分裂の経験のあるものとないものとでは違っている。分裂の痛みを体験しない人は、みせかけの完全性のなかに安住しているのだ。そのみせかけの安住は、実はこの世とあの世、外的現実と超越などの無意識な完全な分裂の上に立っているものである。メダルドの経験した、深い縦の分裂は、そのような裂け目への深い下降を通じてのみ、われわれが超越に触れられることを暗示している。そのような痛みの体験が癒されるときに、愛と流血の戦いが必要であることも忘れてならないであろう。現代に生きる若者たちは、このような深い縦の分裂に悩んでいるので、カルヴィーノのこの作品が現代青年に愛好されることもよく了解できる。

三　影

先に取りあげた『ぼくと〈ジョージ〉』において、最後のところのさし絵を見ると、ベンとハワードが歩いているところなのだが、ベンとハワードの影の間に、ひとつ小さい影が描かれているのに気づかされる。これはもちろん、ジョージの影である。ベンは話の最後のところで、外見的にはまったく普通の少年になるわけだが、その影をみると、やはり普通ではない——これはもちろん悪い意味でなく——ことが解るということを示している。人間の影は思わぬ真実を露呈するものなのである。

影は誰が考えても「もう一人の私」を表現するのにふさわしい存在である。従って文学作品のなかでそのような意味でよく取り扱われている。分析心理学者ユングはそのような点から考えて、「影」を彼の心理学における用語として用い、「影」について次のように述べている。

> 影はその主体が自分自身について認めることを拒否しているが、それでも常に、直接または間接に自分の上に押しつけられてくるすべてのこと——たとえば、性格の劣等な傾向やその他の両立し難い傾向——を人格化したものである。(10)

ユングは夢の分析を重要視したが、多くの人の夢に、その人の「認めたくない半面」が人格化された形でしばしば現われる現象に注目し、それらに「影」という名称を与えたのである。ユングの影はこのように非常に広い概念であるが、次節においては、実際の影が児童文学で取り扱われている場合について考察する。もちろん、これはユングの影、ひいては、われわれの問題としている「もう一人の私」ということに密接に関連してくるのであるが。

1　影の喪失

影の喪失の問題は既に他に論じたものであるが[11]、「もう一人の私」について述べる際に省略できぬことであるので、簡単に触れておく。影の喪失というよりは影の反逆とでも言うべきことを、アンデルセンは「影法師[12]」という作品のなかに描いている。ある学者の影が向かいの家の壁にうつったとき、学者が冗談半分に、自分の影法師に対して、その家の部屋にはいってみてはなどと言うと、影法師は本当に向かいの家の中にはいってしまう。ここから影法師は独り歩きをはじめ、大変な金持になる。一方、学者の方は真善美について学ぶが、誰も彼に耳を傾けてくれず落ちぶれてゆく。結局、影法師と学者は逆転して、学者の方が自分の影法師の影にならされてしまう。そして、影法師は王女と結婚し、邪魔者扱いされた学者は、その結婚式の日に殺されてしまうのである。

これは、影を失うことの危険性を充分に知らしめる物語である。影を失った学者がいくら真善美について学んでも、他人の興味を惹きつけられないというところが印象的である。この場合は、「もう一人の私」としての影との接触をうっかり絶ってしまったために、大変な悲劇が生じたものである。「もう一人の私」が肥大して、「私」そのものは死んでしまったのである。

「死」と言えば、『ふたりのひみつ』の場合も、死ということが生じている。しかし、この場合は、むしろ、インゲという少女にとって、「もう一人の私」であるエリカの死は限りなく悲しいことでありながら、彼女の成長のための一つの節目として受けとめられている。このあたりの差は、「もう一人の私」との関係の在り方の微妙さを示しているものであろう。われわれがいかに「もう一人の私」を大切にしていても、それは時に暫く姿を隠し、また出現してくる。それは死と再生という形をとることもあろう。これに対して、「影法師」の場合のように不用意な一言が決定的な悲劇をもたらすこともある。超越との関係のもち方はまったく微妙なものである。常に相当な慎重さを必要とする。

シャミッソーの有名な『ペーター・シュレミールの不思議な物語』(13)の場合は、影を売りとばしてしまうのだから、この主人公の失敗は明らかである。もちろん、シュレミールにすれば欲しいだけの金が手にはいるのだから、たかが影くらい大したこともないと判断したのであろう。確かに影は目に見えるものだし、それが無いことはおかしくはあるだろうが、それによって何か利益を得ることなど少しもない。それに対して、お金の効用はあらためて言うまでもないことだ。

影があるからと言って別に何ともないのだが、それが無いということは決定的なマイナスであった。シュレミールは大金持になり、ミーナという美しい恋人までできる。しかし、シュレミールの部下の悪党ラスカルは、ミーナにシュレミールに影がないことを告げて、その恋をあきらめさせると共に、自分がミーナを横取りしようとする。つまり、影が無いことのために、恋人を部下の悪党に取られるという実害が生じてきたのである。そこでシュレミールは何とか影を取り戻したいと思う。そのとき、彼から影を買い取った「灰色の男」が現われ、彼の影を彼の魂と交換しようと言う。シュレミールがそれを断ると、「灰色の男」は大笑いをしながら、

ではおたずねいたしますが、あなたの魂とやらはいかなるシロモノですかな。ご自分の目でごらんになったことがおありですか？　あの世にいってから、そいつを元手に何かを始めるおつもりですかね。

と問いかけてくる。それに今、影を獲得すれば恋人を失うことなく、悪党の鼻をあかすこともできるのだから、そのような「現実的なもの」を、わけの解らないX、つまり魂と交換できるなんて大したことではないか、とたたみかけてくる。このあたり「灰色の男」の手法はまったく巧妙である。お金に比べれば影などまったく非現実的であると思わせて、まず影を手に入れ、続いて、影に比べると、魂など目には見えないし、わけの解らぬものだからという論法で交換を迫ってくるのである。

こんなのを見ると、現代においては、この「灰色の男」の言う意味での「現実的なもの」のみを重視して、影を売ったり、魂を売ったりしている人が多いのではないかと思わされる。そして、それは「灰色の男」の論理に従う限り、何も問題はないどころか、それをしない人こそ、馬鹿げているとか、時代遅れとか言われるのではなかろうか。シャミッソーがこの作品を発表したのは一八一三年であり、当時の人々の間に大きい反響を呼び起こしたものである。現在ではこの物語を読む人はあまり無い。ただ、子どものための読物としては、現在でも生き残っているという事実は、まったく象徴的に思われる。この本を子どものためのものと思わず、曇りのない子どもの目をもって、大人が読み直してみることは、現在も大いに意義あるのではなかろうか。

2　影との戦い

ル＝グウィンの児童文学の名作、『ゲド戦記』三部作の第一作は邦訳に際して、『影との戦い』(14)という題名を付されている。確かに、この本は影との戦いを描いているものであり、適切な命名である。これはアースシーというファンタジーの世界の住人ゲドが、誕生してから大魔法使いにまで成長してゆく過程を述べたものであるが、その成長の過程の第一段階として、「影との戦い」が描かれている。

ゲドは少年の頃から他に優れた能力を示していたが、魔法使いを養成する学院にはいり、そこで修養を積む。そこでも優秀な成績を収めていたが、傲慢さのために同級生と争い、自分の能力を誇示しようとして、決してしてはならないこと、死霊を呼び出すことを試みる。そのとき「気味の悪い、黒い影の固まりのようなもの」が現われ、ゲドの体に爪をたて、彼は瀕死の重傷を負う。ゲドは奇跡的に助かり、今度は謙虚な気持をもって、学院での修養を続け、魔法使いの資格を獲得するが、それ以後、彼が不用意にも呼び出してしまった「影」に常におびやかされることになる。

魔法使いはいろいろな術を使い、多くのものを魔法によってコントロールできる。しかし、それもそのものの「真の名」を知ってこそできることであると言う。このアイデアはなかなか面白い。われわれが、たとえば、椅子というものを見ても、その椅子というのはこの世にそれが姿をとっている仮像であり、椅子そのものの本質というのは、われわれに見えていない。それが見えたものこそが、その「真の名」を知ることができるし、それを自分のコントロールの下に収められる、とでもこのことは解釈されるだろう。

ところで、ゲドを襲った影には名前がないのだ。そんなことになったのも、ゲドが高慢と憎しみの心から、「自分の力を越える魔法をかけてしまった」ので、死霊と共に、名というもののない死の世界からそれはやってきたのだ。このようなことをゲドに説明した大賢人は、
そなたはそのものを呼び出す力を持っていた。そのために、そのものも、また、そなたの上に力を及ぼすことが可能になったのだ。そなたとそのものとは、もはや、離れられはせぬ。それは、そなたの投げる、そ

なた自身の無知と傲慢の影なのだ。影に名まえがあったかな？

と問いかけ、ゲドは答に窮してしまう。

悪いことに、この不可解な影の方は、ゲドの名前を知っており、それを利用してゲドを圧迫してくる。ゲドはつかまえどころのない相手の追跡を逃れようと努めるが、それは困難を極める。そのときに、ゲドの少年時代の指導者オジオンは、逃げるのではなく、それに対して「向きなおる」ことをすすめる。「そなたを追ってきたものを、今度はそなたが追跡するのじゃ。そなたを追ってきた狩人はそなたが狩らねばならん」と言うオジオンの言葉に従うことをゲドは決心する。

ゲドはここから立場をかえて、影を追うために船旅に出る。


それにしても、ゲドの今度の船旅は何とも妙なものだった。彼自身よく承知していたように、自分が狩る者でありながら、何を狩るのか、それがアースシーのどこにゆけば見つかるのか、皆目わかってはいなかったのだから。


というわけで、ゲドの旅は困難を極める。影との二、三の接触の機会があったが、その都度、把まえ損ね、彼は当てのない旅を続けねばならない。

そのうち、ゲドは自分とそっくりの姿をした人間が自分が訪ねてゆく先々に立ち現われているということを知る。つまり、把まえどころのなかった対象が、だんだんと人間の形をとり、対決し得る存在となってきたのだ。

もっとも、それはゲドとそっくりの姿になってきたと言うことはあるにしても、このような相手の形相の変化について、ゲドは友人に対して、

影から逃げるのをやめて、逆に影を追い始めた時、相手に対するおれのそういう気構えの変化が当の相手に姿形を与えたんだと思う。……おれの行動はどれもこれも、必ず向こうに反応をおこさせるんだ。おれの分身みたいだよ。

と言っている。これらの記述はなかなか示唆的である。人間誰しも自分の「影」の脅威を受けていると言えようが、それから逃げてばかりいるのではなく、それに立ち向かおうと決意するとき、「影」は人格化され、対決し得る対象としての形態を取りはじめ、「もう一人の私」としての姿を明らかにしてくるというのだ。

ゲドは長い苦労の末、影と出会う。ゲドと影は無言のまま向かい合う。その後に生じたことをル＝グウィンは次のように描写している。

一瞬の後、太古の静寂を破って、ゲドが大声で、はっきりと影の名を語った。時を同じくして、影もまた、唇も舌もないというのに、まったく同じ名を語った。

「ゲド！」

しかも、そのふたつの声はひとつだった。

ゲドは杖をとりおとして、両手をさしのべ、自分に向かってのびてきた己の影を、その黒い分身をしかと

抱きしめた。光と闇とは出会い、とけあって、ひとつになった。

「もう一人の私」との戦いに勝ち負けはない。どちらがどちらに勝つというのではなく、両者が一体となること、相手をも含めることによって全体性を獲得し、お互いに他を支配したり圧迫したりということが生じなくなるのだ。ル＝グウィンの名作は、人間の「影との戦い」について、深い示唆を与えてくれる。

四　超越の世界

これまで述べてきたように、児童文学における「もう一人の私」の物語は、何らかの意味において、超越の世界とのかかわりを示すものであった。われわれが見聞し、知っている「この世界」、それを超えた世界の存在を想定してみることと、私がよく知っており、意識化し得る存在としての「私」と異なる「もう一人の私」が存在すると考えてみることとは、相当に重なり合う事柄である。もちろん、既に示してきたように、「もう一人の私」も、多分に「この世界」のこととして受けとめられるものもある。しかし、『まっぷたつの子爵』の場合に論じたように、相当に超越とのかかわりを感じさせるものも存在している。

「この世界」における自分と、超越の世界における自分とを語る、他の方法として、「夢の中の私」について述べる方法と、タイムトンネル式のファンタジーの手法によって、この世の時間と異なる時における「私」について述べる方法がある。後者のような作品のなかの傑作としては、アリスン・アトリーの『時の旅人』があるが、これについては他に論じたので、ここでは「夢の中の私」を取り扱った作品について考察することにする。

1　夢の中の「私」

人間は誰しも夢を見るが、夢のなかでは現実と相当異なることが起こる。その相違があまりにも大きいので、夢などは問題にしない人が多い。しかし、筆者は夢を極めて大切なものであると考えている。また実際に、夢分析ということを仕事としているために、多くの夢に接し、その夢の意味について考えることを行なってきている。その経験を通して言えることは、夢というものは、本論におけるわれわれの関心と結びつけて言うならば、人間が超越の世界との接触によって体験することとさえ言えるであろう。ただ、それは通常の意識にとっては不可解なことが多く、なかなかその意味を把握し難いものである。従って、夢の中の「私」はもちろん通常の「私」とは異なるが、さりとて、超越の状態にあると言えないのも当然であり、この世界と超越の世界の中間にあって、どちらともつかぬ状態にあるものと言わねばならない。

児童文学の中には、多くの夢が作品の中で語られ、たとえば既にあげたケストナーの『ふたりのロッテ』でも、興味深い夢が語られる。しかし、夢のなかの「私」ということが一貫した流れのなかで語られてゆくものとしては、何と言ってもキャサリン・ストー作の『マリアンヌの夢』[15]をあげるべきであろう。この作品の主人公マリアンヌは十歳の誕生日を迎えたばかりの少女である。彼女は誕生日の日より病気になり、安静を続けねばならず、その間に一連の興味深い夢を見る。その夢がこの作品の重要な部分を占めるのである。

マリアンヌは退屈しのぎに、裁縫箱から出てきた鉛筆で、一枚の絵を描く。草原のなかの一軒家で、窓が四つ、玄関が一つ、煙突からは煙の出ている、ありきたりの家である。ところが、夢のなかでマリアンヌはその家を訪ねることになる。そして、マリアンヌが例の鉛筆でその絵のなかに描き足してゆくことが、そのまま夢にも現われてくることに気づくのである。そこで、彼女は絵の家の中に一人の少年を描き、夢の中で家の中にはいっていって少年に出会うことになる。ここで「読むこと・書くこと」で論じた吉村敬子の『ゆめのおはなしきいてェなあ』に出てきた「少年」のことを想起していただきたい(一七六—一七九頁)。この「少年」は少女たちの内面で、このように常に活躍しているのだ。

一方、現実の世界では、マリアンヌが病気中に学業がおくれぬように、家庭教師の先生が来てくれることになる。この先生はマリアンヌだけでなく、他の病欠中の生徒たちを訪問して教えているのだが、それらの生徒たちの中で、マークという少年のことにマリアンヌは何となく心を惹かれる。マークは体の一部が麻痺しており、だんだん回復しつつあるが、歩行訓練をするのが嫌で、完全に治りきるのかどうか心配されているとのことである。マリアンヌは「マークは運動をしなくちゃいけないのに、やりたがらない。あたしは寝ていなくちゃいけないのに、起きたがっているんだわ」と、二人が反対の立場にあることに興味をもつ。

ところで、夢の中でマリアンヌが会う少年もマークと言い、彼も足が麻痺していて歩行訓練を必要とするのであった。マリアンヌが夢の中で体験するマークとの事柄は、外的世界に存在する少年マークの病状と不思議な一致を見せた。話の筋は省略するが、マリアンヌが夢の中で、少年マークを助け、この不気味な一軒家からうまく脱け出して、海岸の燈台へとたどりつく冒険をやり抜くのと、マークの回復、そして、マリアンヌの回復とはうまく重なりあって進行するのである。

この物語ほどうまくはゆかないにしても、夢の中の世界と、外界とが思いがけない一致や対応を示すときがある。われわれはそれについて合理的説明を与えることができない。超越的なはたらきとして、そのようなことが起こるという事実を認められるだけである。合理的説明が与えられないからといって、その現象そのものまで否定することは馬鹿げている。われわれは在ることは在ることとして受け容れることが必要である。

ところで、現実のマリアンヌと夢の中のマリアンヌはどのような関係にあるのだろう。夢の中のマリアンヌは、既に述べたように、マリアンヌが超越の世界に触れるところに居る。人間はある年齢のときに、特に超越との触れ合い、超越による支えを必要とするように思われる。確言することはできないが、十歳という年齢は、どうもそのような時期のひとつであるように思われる。十歳くらいの子どもが、不安や神経症症状のようなものを示して、われわれ臨床家のところに送られてくる。そのようなとき、われわれとの治療の経過のなかで、その子どもが超越に触れる体験をし、それによってより確実な自我の基盤を得、従って不安も解消されてゆくのに気づかされるのである。それは狭い意味の「治療」というのではなく、少年の心の成長が見事になされてゆく、と言うべきである。『マリアンヌの夢』は、それを象徴的な技法で巧みに描いているものということができる。

2 過程としての「私」

児童文学において、「もう一人の私」に関連するいろいろな作品について論じてきた。「もう一人の私」というテーマの存在は、「私」ということ自体について深く考えさせられる。われわれは自分のことは自分がよく知っていると思っている。しかし、自分がよく知っている「私」というものが、本当に私という存在そのものであろうか、という疑問をこれらの作品は投げかけてくるのである。このことは、「私がよく知っている私」という場合、それをよく知っているというとき、それは私というものを固定的に把えているという欠点に根ざしているようである。つまり、「私」という存在は固定しているのではなく、常に変化し、また変化の可能性を含んでいる。常に変化しつつ、しかも同一であるというパラドックスを、「私」というものは内包しており、前者の可能性という点から言えば、私自身さえそれを知らないと言うべきかも知れない。

「私」という存在を、大人はある程度、不変のものとして把えたがる。それは信頼性と結びつくものとさえ考えられる。しかし、それは一方では停滞とか、硬化とかに通じるとも考えられる。その点、子どもたちは成長の途上にあるので、自分たちの変化について敏感であり、その期待も強い。その柔軟な在り方は、「もう一人の私」の存在を容易に肯定する姿勢につながるものである。

しかしながら、子どもたちは一方では不安である。どんどん変化してゆく自分は、いったいどのような不変のものに支えられているのか、と不安になってくるのである。もちろん、幼い間、彼らは自分の親を不変の基盤として支えとするだろう。なかには、早くからそのような基盤を欠いている子たちも居る。この子たちは、不安と戦いつつ、他の子たちに比して早く超越との接触をもつことになる。つまり、子どもたちは、不変の基盤として超越の問題に触れるからである。最初にも述べたように、繊細な子どもや鋭敏な子どもは、相当に早くから両親の死のことを考える。つまり、両親が不変の支えでないことに気づき始めるのである。そのようなとき、「私」と超越との触れ合いが大切となる。

超越とのかかわりは実のところ、大人の方が深刻であると言えるかも知れない。子どもたちは時に不安になるにしろ、ともかく、彼らの変化の過程は進歩や発達と結びついている。従って、子どもたちは「上を向いて」進んでゆける。これに対して、大人の変化の過程は、だんだんと「下を向いて」いることに誰しも気づくのではなかろうか。その過程の一応の終点が死であることは誰も知っている。その際、その死に至る過程を、下向きとしてではなく、上向きに受けとめるためには、やはり超越の存在が必要となるのではなかろうか。従って、大人も児童の目を通して見た「もう一人の私」の物語から多くのものを得ることができるはずである。

自己実現の過程を歩みつつある「私」は、さまざまの形の「もう一人の私」の姿と「私」とを比べ、お互いに他を照射し合うことによって、その歩みをより豊かに、より意味あるものにすることができると思われる。

注

（1）森崎和江「生活童話」、『飛ぶ教室』六号、一九八三年。
（2）E・L・カニグズバーグ、松永ふみ子訳『ぼくと〈ジョージ〉』岩波書店、一九七八年。以下の『ぼくと〈ジョージ〉』の引用は、本訳書による。
（3）J・ロビンソン、松野正子訳『思い出のマーニー』上下、岩波書店、一九八〇年。
（4）二重人格の問題に関しては下記を参照されたい。河合隼雄『コンプレックス』岩波新書、一九七一年、所収の「二重人格」（三八―四七頁）。
（5）ヨーロッパ、アメリカにおいて、ＬＳＤは最初、分裂症の治療のために用いられたが、この薬物によって「超越体験」に達することができることを積極的に用いようとする学者も現われてきた（たとえば、スタラスラフ・グロフなどが有名である）。しかし、その後は危険性の高さのため、ＬＳＤ使用は法律で禁止されるようになった。
（6）エーリヒ・ケストナー、高橋健二訳『ふたりのロッテ』岩波書店、一九六二年。
（7）I・ボーゲル、掛川恭子訳『ふたりのひみつ』あかね書房、一九七八年。
（8）河合隼雄『昔話の深層』福音館書店、一九七七年、にこの「二人兄弟」について、「影の自覚」の問題として論じている。〔本著作集第五巻所収〕
（9）イタロ・カルヴィーノ、河島英昭訳『まっぷたつの子爵』晶文社、一九七九年。
（10）C. G. Jung, The Archetypes and the Collective Unconscious, Pantheon Books, 1959.
（11）河合隼雄『影の現象学』講談社学術文庫、一九八七年。この書物において、影、もう一人の私などのテーマにつき、成人のための文学などを引用して論じている。〔本著作集第二巻所収〕
（12）アンデルセン「影法師」、大畑末吉訳『アンデルセン童話集 三』岩波書店、一九六四年、所収。
（13）Chamisso, Peter Schlemihls Wundersame Geschichte, Reclam, 1967.

本書はもともと成人のための小説である。ところで、これは、シャミッソー原作「影をなくした男」として、小学館『少年少女世界の名作文学28 ドイツ編2』に抄訳が収録されている。少年少女の読むのに適切な本であると判断されたのである。これはシャミッソー原作とわざわざ断ってあるので、話の筋が原作と異なっているところがあるのもあまり責められないが、私としてはどうして筋の変更が行なわれたのか理解し難いところがある。

　引用は、シャミッソー、池内紀訳『影をなくした男』岩波文庫、一九八五年、を使用した。

(14)　アーシュラ・K・ル＝グウィン、清水真砂子訳『影との戦い　ゲド戦記I』岩波書店、一九七六年。

(15)　キャサリン・ストー、猪熊葉子訳『マリアンヌの夢』冨山房、一九七七年。

子どもとファンタジー

健全な子ども

一般的に言って、親は自分の子が健全に育つことを願っていると考えられる。何事にも例外ということがあるから、すべての親がそうだとは言い難いだろうが、一応一般的な傾向としては、そう言えるであろう。そして、問題はどうすれば健全な子どもが育つだろうか、健全な子どもを育てるよい方法はあるのか、などということになるであろう。あるいは、どのような家庭に健全な子が育つのだろうか、などと考えてみる人もあろう。

この問題を考えるにあたって、われわれはまず、健全とは何か、という点について考えてみる必要があるように思われる。われわれは実際、親が自分の子を健全に育てようと一所懸命になり、そのことによってかえって子どもが不健全になるような例に接することがある。たとえば、最近よく問題にされる家庭内暴力を振う子どもたちが、思春期までは極めて「よい子」であることが多いという事実は、そのような例のひとつと言えるであろう。勉強もよく出来るし、あまり病気もしない、先生や他の大人たちに対しても礼儀正しい。このような子どもを見て、誰も「健全」と思うのではなかろうか。ところが、その子が中学生や高校生になって、親に暴力を振いはじめるのだから、問題は深刻である。その子が家庭で暴力を振い、親は自分の子どもを精神病ではないかと疑っているような時でさえ、その子の家庭外での行動を見て、近隣の人や先生などは「健全」な子であると思っていることさえある。ここには詳述しないが、われわれ心理療法家がこのような親子にお会いして、親が子どもに対して描いていた「健全」というイメージに問題があると感じることは多いのである。何もかも「よい」ことずくめが「健全」とは考えられないのである。

健全ということはどういうことか、明確に定義できないにしても、それが病気とか何かが欠けた状態の反対概念であるとは、誰しも思うことであろう。確かに「概念」としてはそうかも知れないが、人間の生きている実状を考えると、簡単にそのように割り切ってばかりもいられないのである。たとえば、一病長寿などという言葉があるが、これなどは何らかの病気を持っている人の方が、まったく病気を持たない人よりも長生きをするという「実状」を表現しているのであり、何ら病気をしない人が自分の身体に自信を持ち過ぎ、そのために無理を重ねて早死にすることを示している。つまり、あまりにも「健全」な在り方が、次に来る急激な「不健全」の準備状態となっているとさえ言えるのである。これは何も身体の病気についてのみ言えることではなく、先にあげた家庭内暴力の子が、ずっと「よい子」である状態も、同様の解釈をすることが可能と思われる。

このような例を見ていると、われわれは一応、「健全」ということを常識的に定義するにしろ、それに対する短絡的な追求や固執がかえって逆効果をもたらすことは認めねばならない。われわれは相当に柔軟性のある広い視野のなかで、それを考えねばならないのである。本論では、健全な子どもとは何かについて、正面から論じるのではないが、健全な子どものイメージが内包するいろいろなパラドックスのなかで、ファンタジーという点に焦点をあてて考えてみたい。というのは、現代という時代は、どうしても外的現実が重視される傾向が強いと感じられるからである。たとえば、「空想にふける子」などというイメージからは、すぐに「不健全」ということが連想されるのではなかろうか。ともすれば、マイナスのイメージと結びつけられやすいファンタジーということの意義について考察すると共に、それが子どもにとってどのように受けとめられているかをみることにしよう。

ファンタジーの意義

最近ではファンタジーの意義ということも以前よりは割に認められてきたように思われるが、この点はアメリカにおいても同様らしい。ファンタジー作家としてアメリカでも日本でも人気の高い、アーシュラ・K・ル＝グウィンは、一九七五年に、それより十年ほど前の出来事として、彼女の友人がある図書館の児童室へ行き、トールキンの書いた有名なファンタジーの作品『ホビットの冒険』を借りようとしたら、そこの図書館員が、「ああ、その本は、大人の部門にしか置いてありません。あの本の逃避主義は、子どもにふさわしくないと思いますから」と言ったというエピソードを紹介している。[1] しかし、その後に、「私たちは、大笑いしたりぞっとしたり。十年ですっかり事情が変わったわねと話しあいました。ファンタジー作品に対するこのような教育的な批評選別は、現在、児童図書館ではほとんど見られません」と述べているので、アメリカではファンタジーに対する評価が急激に変化したことがわかる。わが国の現状はどうであろう。まだまだ古いアメリカと似た状態にあるのではなかろうか。ル＝グウィンは、このように児童図書館などでは変化したものの、アメリカでも一般的には、まだまだファンタジーに対する反発が強いことを指摘している。

ファンタジーはどうして、一般に評判が悪いのだろう。それはアメリカの図書館員も言ったように、現実からの逃避として考えられるからであろう。あるいは、小、中学校の教師のなかには、子どもがファンタジー好きになると、科学的な思考法ができなくなるとか、現実と空想がごっちゃになってしまうのではないかと心配する人もある。しかし、実際はそうではない。子どもたちはファンタジーと現実の差をよく知っている。たとえば、子どもたちがウルトラマンに感激して、どれほどその真似をするにしても、実際に空を飛ぼうとして死傷したなどということは聞いたことがない。ファンタジーのなかで動物が話すのを別に不思議がりはしない子どもたちが、実際に動物が人間の言葉を話すことを期待することがあるだろうか。子どもたちは非常によく知っている。彼らは現実とファンタジーを取り違えたりしない。それでは、子どもたちはどうして、ファンタジーをあれほど好むのだろう。それは現実からの逃避なのだろうか。

子どもたちがファンタジーを好むのは、それが彼らの心にぴったりくるからなのだ。あるいは、彼らの内的世界を表現している、と言ってもいいだろう。人間の内的世界においても、外的世界と同様に、戦いや破壊や救済などのドラマが生じているのである。それがファンタジーとして表現される。

ある時、筆者はある幼稚園を訪れ、園児たちが先生の話される「ジャックと豆の木」を聞いた後で描いた絵を見せてもらった。それらの絵の真ん中に、どんどん伸びて天に至る豆の木が描かれているものが実に多く、すっかり感心させられた。(2) 六歳のあたりで子どもたちは、それなりの自我をつくりあげるものであるが、心の中で生成されてくるその過程は、天にまで至る植物のイメージとぴったりなのであろう。従って、多くの園児が「ジャックと豆の木」の話のなかで、どんどん伸びてゆく木のイメージに感激するのだ。しかし、だからと言って、彼らは世の中にそのような豆の木など存在しないことは、よく知っているのである。幼稚園の木がどうして天まで伸びないのかとか、自分の家で実際にそのような豆の木を植えてみようとは思わないのである。そのように外的現実を知った上で、やはり内界のドラマを楽しむこと、というよりは、内的な人生を生きることを子どもたちは行なっているのである。

子どもたちだけでなく、本当は大人たちもこのようなことが必要なのである。ただ、大人たちは外的現実とのかかわりに心を奪われすぎて、そのことを忘れ去ったり、気づかずにいたりするだけのことなのである。大人は外的現実とのかかわりがすべてと思いつつ、どこかで不満を感じるようになる。従って、ル＝グウィンが言うように、ファンタジーを馬鹿にする大人たちは、「だいたいが血なまぐさい推理ものを見るか、三文西部小説や三文スポーツ小説を読むか、『プレイボーイ』やもっとひどいポルノ雑誌を読みふけることになるようです。これは飢えきった想像力が栄養を求める必然的な行為なのです(3)」ということになる。

外的世界と内的世界の両者とのかかわりによって、人間存在は確かな位置づけを得るのである。この世のなかに自分をしっかりと位置づけること、それは健全であるための相当基本的な条件ではなかろうか。そのために、ファンタジーは大きい役割を背負っているのである。

超越とのかかわり

これまでに述べてきたことは、教育学者の蜂屋慶が重視する「超越」の問題と深くかかわることである(4)。それについての理論的考察については蜂屋を参照されたいが、ここでは実際に子どもたちが超越とのかかわりをどのように体験しているかを見ることにしたい。その具体的な例として、次に取りあげるのは、子どもたちが神様に書いた手紙なのである。これはアメリカで“Children's Letters To God”という原題で出版されたものを谷川俊太郎が訳したものである(5)。

『かみさまへのてがみ』、および、『かみさまへのてがみ　もっと』を読むと、子どもたちが神に対してどのようなイメージを抱き、それとどのようにかかわろうとしているかが生き生きと伝わってきて大変興味深い。早速、その例をあげてみよう。

かみさま、
ユダヤじんたちがみんな、うみのみずのあったところを　とおりぬけて、エジプトからでていったところを、せんせいが　よんでくれました。これからも　がんばって　ください。わたしは　ユダヤじんです。
あいをこめて　ポーラ

これを読んで筆者は深い感動を覚えた。最後の「わたしは　ユダヤじんです」という一句がわれわれの心を強く打つのである。この子は小さいときから、自分がユダヤ人であるということをどう受けとめるかという問題を背負い続けてきたのに違いない。日本人には簡単に了解し難いことであるが、この子にとっては他の子どもたちと同じ言葉を話し、同じように勉強したりしながら、ユダヤ人ということで、どこかで他と異なることを感じさせられ、「私はユダヤ人だ」ということを、どのように心の中に位置づけるかに悩んできたのに違いない。そんなときに、幼いポーラちゃんは、自分たちの先祖が神に導かれ、「うみのみずのあったところを　とおりぬけて、エジプトからでていったところ」について先生から話を聞いたのである。

「聖書」世界について、極めて興味深い考察を行なった谷泰は、この出エジプトの事件について、「それがエジプトにおけるイスラエルの民の奴隷的位置からの解放、失われつつあった民族的アイデンティティの危機からの回復のための記念的出奔であった」[6]ことを指摘している。それ以来長い年月を経た後に、この物語が、現代に生きているポーラちゃんという子どもの「失われつつあった民族的アイデンティティの危機からの回復」に役立ったであろうことは、十分に推察できることなのである。「うみのみずのあったところを　とおりぬけて」行くことなど、まったく馬鹿げた空想だと彼女は感じなかった。それどころか、その話によって、彼女のアイデンティティは強化されたのである。「これからも　がんばって　ください」という彼女の神に対する呼びかけは「さあ私も頑張ろう」という決意の表明ではなかろうか。

神による支えという点から言うと、次のような例は、その典型と言えるだろう。

かみさま、
あなたが　どこにでもいると　しっているので　わたしは　あんしんです。それだけ。
けいぐ　マーガレット

「わたしは　あんしんです」とはっきり言えるのは本当に幸福である。「それだけ」で十分である。ところが、神さまがいるからといって、いつも安心して居られると限らないところに、人間と超越者とのかかわりの不思議さがある。たとえば、次のような例はどうであろうか。

いつも　どようびには　あめをふらさずに　おくことくらい　どうして　できないの？
ローズ

幼いローズちゃんは神に対して怒っているのではなかろうか。「かみさま」という呼びかけもないし、「あいをこめて」などという挨拶もない。単刀直入に神に尋ねている、というより非難していると言っていいくらいである。

神は全智全能であると言う。そして、神は人を愛していると言われる。そうすると、土曜日にはせっかく週末の楽しみに家族や友人と遊びの計画があるのに、どうして神は雨を降らして楽しみを奪うようなことをするのだろう。全智全能であれば、土曜日に雨を降らさないことぐらい簡単なことではないのか。ローズちゃんの神に対する疑問はまことにもっともなことである。これに対して大人は何と答えればいいのだろうか。ローズちゃんの本当に満足のいく答を大人は与えてくれないかも知れない。しかし、神という超越存在に対してこのような問いかけを行ない、その答を自らいろいろと推察することによって、子どもは成長をとげるのではないだろうか。ローズちゃんの疑問と似ていながら、それとはニュアンスを異にしている神への問いかけを次に示してみよう。

かみさま、
かぜを　ひくのは　なんの　やくにたつのですか?

ロッド・W

風邪をひくのは不愉快である。しかし、神は人間を愛しているのだから人間にとって不利益なことをするはずはない。とすると、「かぜを　ひくのは　なんの　やくにたつのですか?」と考えざるを得なくなってくる。しかし、これは神を非難するのではなく、その問いを自らに課して神の真意を知ろうとする態度に近づいてきている。神の意志は解らないことが多い。しかし、それを知ろうと努めることによって、われわれの人生も豊かになり、意味づけが与えられるのではなかろうか。子どもたちの一見無邪気に見える神への問いかけは、深い意味を含んでおり、彼らの人生が神とのかかわりを考えてみることによって深められていくことが、これらの手紙から感じられるのである。

日本の神様

『かみさまへのてがみ』が大変興味深かったので、日本の子どもたちに書いてもらうとどうなるかを試みてみた。[7] もちろんアメリカの神と日本の神は明確に異なっている。アメリカの子どもたちにとって、神は唯一の最高神であり、そのイメージも相当に明確である。ところが、日本で神と言っても、それが何を指すのか、子どもによって相当異なっているかも知れない。しかし、そのようなことを含めて、ともかく「かみさまへのてがみ」ということで、日本の子どもたちに書いてもらうとどうなることだろうと思って、ひとつの試みをしたわけである。小学一年生、二年生の子どもに書いてもらったのだが、ともかく例をあげて考えてみることにしよう。二年生の男子の手紙を次に示す。

かみさまへ
べんきょうのことで、おねがいがあります。さんすうが早くできるようにしてください。いつもいつもおそくて、まるつけもできません。
それともう一つ。さく文を、早くさせてください。でもいったい何ものですか。
おしえて下さい。

これは典型的なものである。というのは、ほとんどの手紙が、何らかの「願い」か、いったい神様とはどんな存在かという問いかけになっているからである。この点、バラエティという点から言えば、日本の神様への手紙の方がアメリカのそれより、はるかに変化に乏しい感じを受ける。これはアメリカにおいては、キリスト教の神が人格化された存在であり、それに対する「手紙」がいろいろと書きやすいのに対して、わが国では、神は漠然と「願いごとをかなえてくれる存在」であるにしろ、いったいそんなのは存在するのか、という疑問符つきでイメージされているからであろう。神という存在に対する疑問は、次のような手紙によく示されている。二年生の男子の手紙である。

かみさまへ
かみさまは人げんですか。かみさまて大男ですか。
かみさまはえらいか、どじか、どっちですか。せいがちいさいか、せが大きいかどっちかなあ。
かみさまは、わるいこを、たべるのですか。かみさまて天ごくに、いるのですか。

これは神様への疑問に満ちているが、神様に向って、「どじか」と尋ねているのだから、キリスト教徒にとっては考えられないことであろう。キリスト教に限らずとも、信仰に支えられて生きている人たちからすれば、驚くべき「神への手紙」だということになろうが、わが国の小学二年生だったら、これくらいのことを書いても、別に不思議ではないであろう。超越者とのかかわりによってアイデンティティが確立するようなことを先に述べたが、このような日本の子どものアイデンティティの問題はどうなってゆくのだろう。この点について考えるために、二年生女子の例をあげる。少し長いがそのまま示すことにしよう。

かみさまへ
かみさまはどうやってかみさまになれたのですか。おばあちゃんが、「かみさまは、しんだ人。それからかみさまは月にいるよ。」といっています。
おじいちゃんがしなはったからおじいちゃんも月へいってかみさまになっているかな。とおもいます。わたしはおばあちゃんがしなはってかみさまにならはったらどんなかみさまができるだろう。きっとがんこなかみさまになるとおもいます。だってわたしのおとうとと、いつもいつもてれびのとりあいをしているからです。おとうとはやきゅうだし、おばあちゃんはじだいげきだからです。わたしもよくおばあちゃんとてれびのとりあいのけんかをします。わたしはまんががとってもだいすきです。だからけんかをします。かみさまそんなところをみないでね。わたしはずかしいからね。わたしもいずれかしんでかみさまになります。かみさまになったらえらいかみさまになろうとおもいます。

これも人と神の距離の近さが印象的である。キリスト教においては、神と人との間には画然とした差がある。しかし、この子にとって、神は人が死ぬとなるもので、しかも、おばあちゃんが死ぬと、「がんこなかみさま」になるだろうと極めて具体的にイメージしているのである。そして、それに続いて「わたしもいずれかしんでかみさまになります」ということが、はっきりと語られる。自分が死ぬと神様になり、先に神様となっている祖父や祖母たちと共に月に住むという確信は、先に示したユダヤの子どもとはまったく異なる形ではあるが、この子のアイデンティティを支えるものと言えないであろうか。自分も何時の日か死ぬのだということを、これほどすんなりと、しかも死を受け容れた形で小学校二年生の子が言えることは、驚きと言えば驚きではないだろうか。
超越の問題を考えるとき、人は必然的に死のことを考えるようである。小学校一年や二年の子どもたちも、大人が想像するよりははるかに死について考えているようである。アメリカの「かみさまへのてがみ」には、それでもあまり死について言及しているものがなかった。比較の意味で、ひとつあげておこう。

ひとを　しなせて　あたらしいひとを　つくんなきゃならないのなら　かわりに　いま　いるひとを　そのままに　しといたら　どう?

ジェーン

これは間接的には自分の死の回避を願っているものと解されるが、いかにも理づめなところにアメリカらしさを感じる。これを、先ほどの「わたしもいずれかしんで……」の文と比較すると彼我の差が歴然としてくるであろう。

お化けのイメージ

超越を考える上で、神様だけでなくお化けも考えてみれば何か引き出せるかも知れぬと思い、日本の子どもたちに神様だけではなくお化けにも手紙を書いてもらった。ところが、こちらの方は正直のところ、あまり興味深い結果が得られなかった。大体が類型的で、どんな姿か見たいとか、いっぺん遊んでみたいとかいうのが多く、その反対に怖いから出て来ないようにというのがあり、こちらの方は数的に前者より大分少なかった。これも西洋の悪魔と異なり、あまり明確な人格性をもたない漠然としたイメージなので当然かも知れない。それでも一応典型的なものをあげておこう。

おばけさんへ
わたしは、おばけさんといっかいあそんで、みたいと、おもっています。おばけさんのうちは、どこですか。
わたしのうちは、あぱーとです。さようなら。

これは一年生の女子からの手紙であるが、このような親愛感情を示して、一度遊んでみたいと言うのが、あんがい多いのである。なかには、「おばけさんにあうのはこわいですがこわくないです」などと書いてあって、少し力んでいるところが表現されていてほほえましいのもある。これと逆にお化けを怖がっている代表として、次に小学二年女子の例をあげる。

おばけへ
おばけさんあんまりでないでください。ゆめの中とかにでないでくださいおねがい。あのねみんなおばけなんかいないとおもってるの　でもあたしはいるとおもうは　よるにかべにでたりするとかてれびでいってるもん。だけど人のゆめの中にでてきちゃいやよ。だからおばけさんでないでちょうだい。ほんとにこまるんだもーんおねがいね。

このように怖さを表明していても、それでも会いたいとか、一度握手してみたいなどと書かれているものも多い。怖いもの見たさの態度が示されている。お化けに対するそのようなアンビバレントな態度は、どこかで、お化けも神も類似の存在として把えるようなことにまで拡張されてくる。たとえば、次に示すのは二年生男子の手紙である。

おばけへ
おばけさんは、こわいおばけさんとやさしいおばけさんがいるのですかぼくのおばあちゃんはやさしいおばけさんですかこわいおばけさんですかどちらなのかはかりません。こはいおばけさんもやさしいおばけさんになってください。それにおばけさんとかみさまとなかまですか。どちらですか。こころのなかでおしえてください。

この子のおばあさんはおそらく亡くなられたのであろう。死人がお化けになるし、神様にもなるとしたら、両者は仲間かも知れないし、ともかく、このようなお化けに対する態度は、日本人の善悪の判断が欧米人に比してあいまいとなってくる様子をよく表わしている。西洋の神、人、悪魔という存在が明確にされ、善悪の差が明らかにされている世界観に比して、わが国では、神も人もお化けも、あいまいな全体性のなかに位置づけられ、善悪の相対化の程度が高いと考えられる。

アイデンティティの深化

アイデンティティという用語が一般によく知られるようになったのは、エリクソンの提言によるものである。この用語は広義にも狭義にも解釈され、いろいろな解釈を生み出すものであるが、簡単に言ってしまって、「自分が自分であること」をどれほど充実感や明確さをもって示し得るかということになろう。もともと、アイデンティティ・カードなどと言うときは身分証明書のことを指すわけであり、アイデンティティということも浅くとれば、自分が自分であることを他人に証明し得ること、というふうになって、極端にいえば身分証明書があれば済むことになる。しかし、心理学でアイデンティティという場合は、もっと深く考えて、自分が自分であるという主観的感覚が充実感や生命力、歴史的連続性などによって裏づけられていることを必要と考えている。

このようにアイデンティティを考えるにしろ、自分が自分であることの証明を、他人に対してすることと考えやすく、アイデンティティということを考える際に、外的現実とのかかわりで考える傾向が強かったように思われる。つまり、自分は親としてのアイデンティティをもつというときは、子という他者との関係を前提としているし、教師としてのアイデンティティというときも生徒との関係を考えている。従ってアイデンティティということが社会的役割の確立と結びつく傾向が強かった。このような点について、アメリカでは反省が生じてきて、アイデンティティということをもっと深く考えようとする傾向が最近になって生じてきたように思われる。これは、アメリカの社会がどれほど物質的に豊かになっても、やはり人間のもつ不安感や不満足感は簡単に消え去るものではないことが明らかとなってくるし、公害の問題に触発され、自然科学の発展が即ち人間の幸福であるという思い込みに対する反省が生じてきたことと軌を一にしていると思われる。(8) つまり、アイデンティティとの関連で言えば、それを外的現実との関連にのみ重点をおいて考えていたのでは駄目であることに気づきはじめたのである。自分が自分であることの証明を他者に対してするだけではなく、自分自身あるいは自分の内界との関連においてなすべきことに気づいたと言うこともできるであろう。

はじめに、ル＝グウィンの言葉を引用して、アメリカにおいてファンタジーに対する評価が変わってきたことを示したが、この変化が前述したようなアメリカにおける変化と相呼応していることは、すぐに了解できることと思う。自分の内界との関連におけるアイデンティティの深化には、ファンタジーを必要とするのである。

自分はこの祖母の孫であると思い、祖母との関連で孫アイデンティティに生きるという次元と、祖母が死ぬと「がんこなかみさま」になって月に住み、自分も「いつしかしんで」その神の仲間入りをすると感じることによって生きている次元は異なるものである。後者の場合は、単に現在における祖母と孫という関係よりはるかに深化され、死という現実をすら含み、日本伝来の超越的な存在との関連のなかに自分が位置づけられているのである。死後の話などまったく馬鹿げているし、非合理なことだという人もあろう。しかし、アイデンティティということを深く考える限り、このようなことは避けられないのである。

このような点について、先にも引用したが谷泰は次のように的確に本質をついた論を展開している。(9)「自己のアイデンティティを失う危機感におそわれている人にとって、一般的真理といったたちの、普遍的な命題は、なんの慰めにもならない。なんらかの社会的なスティグマ(傷痕)をもっているため悩んでいる者にとって、自己の悩みの原因についての学問的見地からの説明はもちろんのこと、おまえは他の人びとと同じく社会的に等しい基本的人権をあたえられているのだといった憲章のうたい文句のような一般的説明は、空念仏にすぎない。」そのような一般的説明でなく、自己に固有なものを見出してこそ、アイデンティティは支えられるのだ。「特殊個別的であろうとするものは、だから、つねに外から示された普遍的原理に発する論理的説明の糸からはみ出しつづけなくてはならない。アイデンティティの標徴が、しばしば一般にとりこまれることのない、秘儀性、背理性をもつのはまさにこのためである。」

ここに述べられた秘儀性、背理性をもつものとしてファンタジーが存在する。つまり、超越とのかかわりによって生じるファンタジーがアイデンティティを支えるものとして重要となってくるのである。このように考えてくると、ファンタジーを逃避と結びつけることなど論外と言うべきであろう。ル＝グウィンが言うように、ファンタジーを馬鹿にしながら推理小説や三文西部小説を読んでいる大人の方がよほど逃避的と言えないだろうか。『ナルニア国ものがたり』という素晴らしいファンタジーを書いたC・S・ルイスは、ファンタジーの本質について次のようにはっきりと言明している。

危険なファンタジーは、きまって表面的にはリアリスティックです。成功の夢ばかりを追って、心をそこなわれてしまった人たちは、けっして、『オデッセイ』や『テンペスト』や『邪竜ウロボロス』をむさぼり読むようなことはしないものです。そのような男性(または女性)は、百万長者や、絶世の美女や、豪勢なホテルや、やしのしげる海辺や、ベッド・シーンの出てくる物語、つまり現実に起こりうる話、起こってしかるべき話、運さえよければ自分にも起こったであろう話を読みたがります。というのは、前にもいったように願望には二種類あるからで、ひとつはアスケシス、つまり一種の精神活動であり、もうひとつは病気です。(10)

ルイスの言うように、ファンタジーのなかで彼がアスケシス(精神訓練)とさえ呼ぶようなものと、病的な逃避にのみ終るものとを区別することが大切であるが、後者の場合の方が、より外的現実の方に引き寄せられるお話となりがちなこともよく知っておくべきことと思われる。

子どもが成長してゆくにつれ、だんだんと外的現実に直面し、それに立ち向かってゆくことができるように、われわれは期待しているのであるが、そのような態度を支えるものとしてファンタジーが存在するというパラドックスを、大人はよくよく心得ておく必要がある。子どもからファンタジーを奪うことによって、彼らはまったく存在の根を絶たれてしまうことになるのである。ファンタジーの名作に数多く登場する小人たちについて、上野瞭は端的に次のように述べている。「こうした小人にだれ一人気づかなくなった時、人間は破滅するのかも知れない。[11]」われわれは人類の破滅をおそれるのなら、「小人の国」の存在にもっと心くばりをするべきであろう。

注

(1) アーシュラ・K・ル＝グウィン「竜を恐れるアメリカ人」、エドワード・ブリッシェン編、神宮輝夫訳『とげのあるパラダイス』偕成社、一九八二年、所収。

本論でル＝グウィンが竜をファンタジーのシンボルとして用いているのは興味深い。西洋の「英雄」がしばしば竜を殺す事実と、西洋におけるファンタジーの喪失を関連づけて考えているのであろう。

(2) この典型的な例としては下記を参照されたい。河合隼雄『ユング心理学入門』培風館、一九六七年、一一七頁。〔本著作集第一巻所収〕

(3) アーシュラ・K・ル＝グウィン、前掲注(1)論文。

(4) 蜂屋慶「子どもと神さま、子どもとお化け」、河合隼雄編『子どもと生きる』創元社、一九八五年、所収。

(5) 谷川俊太郎訳、葉祥明絵『かみさまへのてがみ』、『かみさまへのてがみ　もっと』サンリオ、一九七七―七八年。

(6) 谷泰『「聖書」世界の構成論理』岩波書店、一九八四年。

(7) 京都市教育委員会カウンセリング室のカウンセラーの方々を通じて、京都市内の小学校にお願いして、子どもたちに書いてもらったものである。ここに援助下さった方々に対してお礼申し上げたい。

なお、アメリカの「かみさまへのてがみ」は多くの応募作品から、エリック・マーシャルとスチュアート・ハンブルという編者が選び出して、アメリカの新聞や雑誌に掲載したものである。日米の「かみさまへのてがみ」の内容などを統計的に検討してみると面白い結果がでると思われるが、今回は両者の集め方がまったく異なっているので、比較の対象とならないと思い、統計的検討は行なわなかった。

(8) このようなアメリカの事情については、河合隼雄「日米のアイデンティティ」、『図書』一九八五年一月号、に少し述べておいた。〔本著作集第十二巻所収〕

(9) 谷泰、前掲注(6)書。

(10) C・S・ルイス「子どもの本の書き方三つ」、イーゴフ／スタブス／アシュレイ編、猪熊葉子／清水真砂子／渡辺茂男訳『オンリー・コネクトII』岩波書店、一九七九年、所収。

(11) 上野瞭『アリスたちの麦わら帽子』理論社、一九八四年。

解　題

■子どもの宇宙

子どもに内在する可能性の世界の素晴らしさをひろく一般の人に伝えたいと願って、それまでの仕事のまとめという気持をもって一九八七年に岩波新書として発刊。大人は子どもの小さい姿に惑わされてしまうが、実は子どもたちは思いの外に人生の真実を見ている。それは大人の常識によって目がくらまされていないだけに、はるかに透徹した目をもっていると言える。

「子どもの目」を通してみた、家族、それに人生のライフサイクルの現象などについて語ることは、すなわち年齢や性の差を超えた人間全般のことにもかかわってくる。従って、この書物は単に子どものことのみを論じているのではなく、人間の生き方全体について、もう一度異なる視座から見直そうとするような意図ももっている。発刊以来、実に多くの読者を得て嬉しく思っている。なお、本書は後の岩波新書『子どもと学校』（一九九二年）へとつながってゆくものである。

■「うさぎ穴」の意味するもの

児童文学に関する最初の評論。今江祥智、上野瞭両氏の誘いによって、一九七九年に発表。主としてファンタジーの重要性を説く。

■読むこと・書くこと

前者に続き一九八一年に発表した。ここでは西洋の作品のみならず日本の作者、作品についても言及している。児童文学を私の「余技」としてではなく、自分の生き方に深くかかわるものとして読んでいることを示した。

■アイデンティティの多層性

私の好きなカニグズバーグの作品を順次とりあげて、人間の心の多層性、現実の多層性ということを割とシステマティックに論じた。一九八九年にもなると、このような児童文学論を雑誌『文学』に掲載してもらえるようになった。

■『モモ』の時間と「私」の時間

一九七八年の『ゲド戦記』に関する講演に続いて、比較的理解しやすいものとして、一九七九年に『図書』に発表した。その後、エンデの『モモ』は好評を博し、一九九三年には百万部発刊記念のシンポジウムが催され、参加できたのは嬉しいことであった。

■現代青年の感性

『岩波講座 子どもの発達と教育』のなかの青年期における感性の章を、作田啓一さんと共に分担執筆したもの。作田さんの原稿を先に読ませていただいたので、その考えを踏まえながら、当時読んでいたマンガを素材として、青年期の感性について論じた。一九七九年の当時から見ると、現在の青年は大分変化しているが、底流にはやはり通じるものも見ることができる。

■現代マンガを読む

鶴見俊輔さんのおだてに乗って、多田道太郎さんと共に一九八七年に発表。私にとっては少女マンガに特に斬新な印象をもった。以後、昔話や児童文学に対するほどの関心をマンガに対して持続させることはできなかった。

■児童文学の中の「もう一人の私」

京都大学教育学部に在職中、同学部の教育学者、蜂屋慶教授の教育における「超越」の重要性という考えに触発されて、一九八五年に発表。「超越」は私の言うたましいの世界にも通じるものがあるが、そのことは自分のなかに存在する「もう一人の私」という形で意識されることがある。児童文学の名作には、この主題に関連するものが多くあり、それらをまとめて論じた。

■子どもとファンタジー

ファンタジーの重要性について論じると共に、子どもたちの書いた「神さまへの手紙」や、「お化けへの手紙」を例として取りあげて論じた。これも前者と同じく一九八五年に発表した。子どもたちの「手紙」に示される洞察には心を打たれた。

初出一覧

序説　〈子どもの宇宙〉へ　書下し。

I

子どもの宇宙　一九八七年九月、岩波書店刊。

II

「うさぎ穴」の意味するもの　『空想の部屋』一九七九年五月、世界思想社刊。『中空構造日本の深層』一九八二年一月、中央公論社刊、『〈うさぎ穴〉からの発信』一九九〇年十一月、マガジンハウス刊に収録。

読むこと・書くこと　『想像力の冒険』一九八一年十二月、理論社刊。『〈うさぎ穴〉からの発信』一九九〇年十一月、マガジンハウス刊に収録。

アイデンティティの多層性　『文学』一九八九年九月、岩波書店。『〈うさぎ穴〉からの発信』一九九〇年十一月、マガジンハウス刊に収録。

『モモ』の時間と「私」の時間　『図書』一九七九年二月、岩波書店。『人間の深層にひそむもの』一九七九年六月、大和書房刊に収録。

現代青年の感性　『岩波講座　子どもの発達と教育』第六巻、一九七九年九月、岩波書店刊。

現代マンガを読む　『昭和マンガのヒーローたち』一九八七年一月、講談社刊。

児童文学の中の「もう一人の私」『教育と超越』一九八五年七月、玉川大学出版部。『〈うさぎ穴〉からの発信』一九九〇年十一月、マガジンハウス刊に収録。

子どもとファンタジー　『子どもと生きる』一九八五年四月、創元社刊。『〈うさぎ穴〉からの発信』一九九〇年十一月、マガジンハウス刊に収録。

■岩波オンデマンドブックス■

河合隼雄著作集 6
子どもの宇宙

1994年 1月10日 第1刷発行
1998年 5月6日 第2刷発行
2015年11月10日 オンデマンド版発行

著 者 河合隼雄《かわいはやお》

発行者 岡本 厚

発行所 株式会社 岩波書店
〒101-8002 東京都千代田区一ツ橋 2-5-5
電話案内 03-5210-4000
http://www.iwanami.co.jp/

印刷/製本・法令印刷

ISBN 978-4-00-730315-9 Printed in Japan